35
ANOS

O GESTO E A PALAVRA

FERNANDO HENRIQUE CARDOSO

O gesto e a palavra

Escritos em defesa da democracia (1972-2021)

COMPANHIA DAS LETRAS

Copyright © 2022 by Fernando Henrique Cardoso

Grafia atualizada segundo o Acordo Ortográfico da Língua Portuguesa de 1990, que entrou em vigor no Brasil em 2009.

Capa
Victor Burton

Foto de capa
nergizozkan/ Shutterstock

Preparação
Fábio Fujita

Revisão
Clara Diament
Aminah Haman

Dados Internacionais de Catalogação na Publicação (CIP)
(Câmara Brasileira do Livro, SP, Brasil)

Cardoso, Fernando Henrique
O gesto e a palavra : Escritos em defesa da democracia (1972-
-2021) / Fernando Henrique Cardoso. — 1ª ed. — São Paulo : Companhia das Letras, 2022.

ISBN 978-65-5921-208-8

1. Brasil – Política e governo 2. Democracia – Aspectos morais e éticos 3. Ética política – Brasil 4. Presidentes – Brasil 5. Política – Brasil – História I. Título.

22-102645 CDD-320.981

Índice para catálogo sistemático:
1. Brasil : Política e governo : Ciências políticas   895.635

Eliete Marques da Silva – Bibliotecária – CRB-8/9380

[2022]
Todos os direitos desta edição reservados à
EDITORA SCHWARCZ S.A.
Rua Bandeira Paulista, 702, cj. 32
04532-002 — São Paulo — SP
Telefone (11) 3707-3500
www.companhiadasletras.com.br
www.blogdacompanhia.com.br
facebook.com/companhiadasletras
instagram.com/companhiadasletras
twitter.com/cialetras

Sumário

Prefácio.. 9

I. RESISTÊNCIA (1972-8)

   1. Uma "austera, apagada e vil tristeza".............. 15
   2. A esfinge fantasiada............................. 19
   3. Gladiadores de marionetes....................... 24
   4. As injustiças e o silêncio........................ 28
   5. Os males do presente e as esperanças do futuro.... 32
   6. A cidade e d. Paulo 36
   7. Os trabalhadores e a democracia................. 39
   8. A saída civil.................................... 43

II. TRANSIÇÃO (1979-87)

   9. O Brasil depois de Geisel 51
   10. Os rumos da oposição (1) 68
   11. Os rumos da oposição (2) 73

12. Ainda a greve 78
13. Sem esquecimento 83
14. Política e desespero 85
15. A cruz e a caldeirinha 88
16. Ética e política 91
17. Elis Regina 94
18. A crueldade da história 97
19. A responsabilidade da vitória 100
20. A nossa solidariedade 103
21. Brasília sitiada 106
22. A ventura da mudança 109
23. A hora, agora 113
24. Convergir no essencial 116

III. RECONSTRUÇÃO (1988-94)

25. A condensação de tudo que nega a mesmice 121
26. A Constituição das mudanças 126
27. A Amazônia e a ecologia 129
28. A revolução e sua falta 132
29. Voto certo 135
30. Tocqueville narra a grande história das classes 138
31. Alvíssaras 142
32. Tudo a ver 145
33. Problemas de mercado 148
34. Bolsonaro e o fantasma autoritário 151
35. Collor deposto? 155
36. A maturidade de um grande país 158

IV. EUFORIA (2003-10)

37. Depois da guerra 165
38. O unilateralismo global 170
39. Nova agenda 174
40. Novos dilemas, novas esperanças 178
41. Utopias e história 183
42. Os herdeiros 187
43. Democracia e terrorismo 191
44. Esquerda e populismo na América Latina 196
45. Desequilíbrio de poder 200
46. Uma cúpula mundial do clima 205
47. A China das pessoas 209
48. Perdidos na crise 213
49. O gesto e a palavra 217
50. Mudança climática: decisão já! 221
51. Os limites da tolerância 225
52. A difícil paz 229
53. O desafio das drogas 233

V. DESENCANTO (2011-8)

54. Silêncios que falam 239
55. Um novo Brasil 243
56. A soma e o resto 247
57. Encruzilhadas mundiais 251
58. Crime sem castigo 255
59. Política e moral 260
60. As classes médias na berlinda 264
61. Pessoas e histórias 268
62. O poder em tempo de Facebook 272
63. Tempos difíceis 276

64. Cartas na mesa 280
65. Sem complacência 284
66. A que ponto chegamos! 288
67. Vitória amarga 292
68. Chegou a hora 296
69. A miséria da política 300
70. Um pouco de bom senso 304
71. Triste fim 308
72. Reflexões amargas 312
73. Crise, não só política 316
74. Ainda há tempo? 320
75. Civilização ou barbárie 324
76. Decifra-me ou te devoro 328
77. Um novo caminho 332

VI. INCERTEZA (2019-21)

78. A vez da Venezuela 339
79. 1964: lembranças e tormentos 343
80. Basta de gols contra 347
81. A esfinge e os líderes 351
82. Democracia e explosões sociais 355
83. Cidadania e prosperidade 359
84. Angústias e crença 363
85. Tempos incertos 367
86. Agonia e esperanças 371
87. A hora se aproxima 375
88. A ação indispensável 379
89. Cuidado, presidente 383
90. Modernidade e desigualdades 386

Prefácio

Miguel Darcy de Oliveira

O gesto e a palavra: Escritos em defesa da democracia reúne noventa artigos de Fernando Henrique Cardoso publicados em jornais desde 1972, com uma única interrupção — quando do exercício da Presidência, de 1995 a 2002. Os artigos estão agrupados cronologicamente em seis blocos.

O primeiro, "Resistência (1972-8)", exprime o árduo esforço de ampliação do campo do possível em face à ameaça permanente da censura e da repressão. Seu artigo inicial ("Uma 'austera, apagada e vil tristeza'") fala por si: "Em certos momentos, é proibido gritar. Que se fale, ao menos. Que se sussurre". "Os trabalhadores e a democracia" celebra a emergência dos operários como atores sociais: "A greve no ABC é a democratização em marcha a partir dos pés do povo. Renasce o afã de falar, propor alternativas, negociar. Sem medo, com firmeza, com esperança".

O segundo bloco, "Transição (1979-87)", retrata a longa travessia do autoritarismo à democracia, abrangendo temas como o novo sindicalismo, a anistia, o Atentado do Riocentro, o movimento pelas Diretas Já, a eleição pelo Congresso de Tancredo

Neves e a comoção nacional por sua agonia e morte. O artigo "Os rumos da oposição" indica caminhos para a reconquista da democracia: "Já não bastam o sangue e as lágrimas do passado para justificar a ação política. Agora é preciso apontar as esperanças e tecer as articulações que fortaleçam a ordem democrática". Já "Sem esquecimento" é um alerta de que nenhuma conquista está garantida para sempre: "Toda vez que me vêm à memória os dias de incerteza e de medo da ditadura, penso que o compromisso de minha geração é o de não esquecer. Cada um de nós carrega cicatrizes, uns na carne, outros na alma. E uma responsabilidade: assegurar que nada disso se repita".

Na terceira parte, "Reconstrução (1988-94)", é refeito o percurso que passa pelo marco fundador da Constituição de 1988, pela ascensão e queda do governo Collor, pelo fantasma da hiperinflação e pelo sucesso do Plano Real. Em "Bolsonaro e o fantasma autoritário", o autor adverte que não basta liberdade para haver democracia: "Em sociedades como as nossas, será que Fujimori não é uma virtualidade estrutural que, de vez em quando, se faz presença catastrófica? Não é de espantar que vicejem os salvadores da pátria". "A maturidade de um grande país", artigo publicado na véspera da eleição de 3 de outubro de 1994, é um programa de governo e um ato de fé no Brasil.

O bloco seguinte, "Euforia (2003-10)", amplia o foco para temas globais como democracia e terrorismo, transformação tecnológica, mudança climática e capta os primeiros sinais da crise econômica e social que vai levar à ressurgência de um populismo autoritário. O artigo "Utopias e história" analisa o contraste entre um passado idealizado e as agruras do presente, fermento de uma inesperada era regressiva: "A nostalgia de um maravilhoso mundo velho, que nunca existiu, serve de contraponto ao modo globalizado de produção e de vida que não oferece perspectivas para muitos, se não para a maioria".

Por sua vez, a quinta parte, "Desencanto (2011-8)", trata de tempos difíceis e incertos no Brasil e no mundo, em que desemprego, aumento das desigualdades, desmoralização da política e conservadorismo cultural convergem para abalar os alicerces da democracia. "Triste fim", artigo escrito em 2016, antevê o abismo que iria se abrir no Brasil com o colapso do sistema político em seu todo: "O amálgama dos ultraconservadores em matéria comportamental com os oportunistas forma o que denomino de 'o atraso'. Ou bem seremos capazes de reinventar o rumo da política, ou a insatisfação popular se manifestará nas ruas, sabe-se lá contra quem e a favor do quê". "Civilização ou barbárie", publicado seis meses antes das eleições de 2018, é um último alerta que não será ouvido: "A história mostra que a democracia pode morrer sem golpes de Estado quando líderes políticos se aproveitam do rancor ou do medo do povo para sufocá-la em nome da grandeza da pátria, da revolução ou do combate à desordem". Já a análise em "Um novo caminho" constata o colapso do sistema político e convoca à refundação da democracia: "A vitória da candidatura Bolsonaro funcionou como um braço cego da história: acabou de quebrar o que já estava em decomposição. O desafio está em recriar a democracia".

O bloco final, "Incerteza (2019-21)", trata do momento presente, tempos de uma onda autoritária e regressiva que põe em risco as liberdades e as instituições. Tudo isso coexistindo com uma pandemia geradora de morte e sofrimento por toda parte. O artigo "Agonia e esperanças" critica o descaso e a inépcia do governo no combate ao coronavírus. "No auge da pandemia, o governo persiste no negacionismo, na politização e no desprezo ao conhecimento. Isso, que já seria grave em tempos normais, chega às raias do absurdo diante da ameaça que pesa sobre o país".

Um fio condutor e uma mensagem forte, atual, inescapável, perpassam o conjunto dos artigos: a defesa da democracia, definida por Fernando Henrique como o ar que respiramos, de que só nos damos conta de sua grande importância quando nos vemos diante do risco de perdê-la. Sufocamos.

No pensamento e na ação de Fernando Henrique, o compromisso com a democracia coexiste com duas outras constantes: a capacidade de antecipação e o viés pela esperança.

A história, não sendo uma ciência exata, o emergente, o que surge nas margens, a interrogação do que é pressentido, interessam mais do que a repetição do já sabido. Esse olhar sobre o inesperado se aplica tanto ao entendimento da crise da democracia que se imaginava consolidada quanto à valorização das múltiplas formas de resistência que emergem da sociedade e da cultura.

Três anos de governo Bolsonaro não deixam dúvidas: "Olhar para frente e manter a democracia é o que conta". Não por acaso os últimos textos enfatizam a capacidade de resistência das instituições e da sociedade aos arroubos autoritários. Basta olhar para o papel decisivo no enfrentamento da pandemia do SUS, o sistema universal de saúde implantado pela Constituição de 1988, e a adesão massiva da população à vacinação, a despeito da desinformação e do negacionismo.

A mensagem de Fernando Henrique é de confiança e esperança. Confiança na força da verdade, do conhecimento, da ciência e da cultura, de que prevaleçam frente à mentira, ao ódio, à violência e à intolerância.

Esperança no povo brasileiro como uma comunidade de destino. O Brasil é uma grande nação, por seu território e população podemos fazer a diferença no mundo, herdeiros que somos de uma cultura original, mestiça, afeita ao sofrimento, mas movida por uma inquebrantável alegria de viver, e de ativos estratégicos como um patrimônio natural em biodiversidade e biotecnologia que nos projeta no futuro.

I. RESISTÊNCIA
(1972-8)

1. Uma "austera, apagada e vil tristeza"*

A oposição deve assumir riscos e enfrentá-los com bravura. Em certos momentos, é proibido gritar. Que se fale, ao menos. Que se sussurre.

Depois que o líder do governo na Câmara respirou mais tranquilo ao ver que o MDB não desapareceu nas eleições municipais e que, portanto, não haveria o Partidão, os líderes da oposição e do governo sacudiram a poeira, deram a volta por cima e se preparam para "tirar as lições" do pleito. O sr. Freire, grave e responsável, adverte que, "numa democracia", quem hoje vence amanhã pode perder. Logo, nada de dormir sobre os louros da vitória.

O senador Filinto Müller, democrata treinado no Estado Novo, se apronta para "ouvir as bases", pois um partido deve ser organicamente composto de cúpula, quadros intermediários e base, assim como o corpo tem cabeça, tronco e membros. Alguns, afoitos

---

* *Opinião*, 27 de novembro a 4 de dezembro de 1972.

ou, quem sabe, prescientes, desejam mesmo começar a encaminhar as sucessões estaduais, selecionando candidatos, apesar de que o presidente ainda não tenha soado o gongo das sucessões e que, em princípio, as futuras seleções estaduais deverão ser feitas em 1974, já sob a batuta de outro maestro.

Até a oposição, isto é, o MDB, faz seus balanços. Autênticos e moderados veem distintamente as causas do fracasso, sendo poucos os que procuram consolo nas vitórias, algumas expressivas, que a agremiação conseguiu em certas cidades. Para o presidente Ulysses Guimarães, a missão do MDB é tarefa de Sísifo — lutar, mas não vencer.

Talvez, sem querer, esteja aí de fato o segredo do papel do MDB no sistema vigente... É natural que os eleitores se cansem, se abstenham, anulem o voto ou, quem sabe, despenquem para as arenas múltiplas, 1, 2, 3 ou demais números que venham a aparecer, em busca de uma esperança de "oposição interna" que dê a ilusão de chegar ao poder. Afinal, até os tolos sabem que, na arena partidária, ou se visa chegar ao poder com alguma chance para isso, ou então se brinca de cirandinha.

Da mesma forma, os autênticos se queixam. Faltou força à crítica do partido. Também, dizem, com as restrições do AI-5 e de outros atos, como persistir? E lá vem, no bojo da lamentação, a ideia da autodissolução.

Os mandarins, entretanto, não se tocam pelas contorções oposicionistas. Até o senador Carvalho Pinto, patriarca de outra época e paladino do voto direto para a eleição ao governo de São Paulo, viu, no último pleito, um modelo de prática democrática. Lisura na apuração, liberdade de propaganda, candidatos oposicionistas desenvoltos diante do rádio e da TV, oposição não molestada. Enfim, um pleito autenticamente livre e democrático. Com tudo isso e mais o crescimento econômico, é natural, para o senador, que o eleitorado consagre não os governadores (nesse exato pontinho a democracia peca, pois não houve eleições diretas), mas a política do governo federal.

Ainda por cima, a imprensa noticia que se cogita aplicar punições, tanto no MDB quanto na Arena, por infidelidade partidária. Como se, dos 505 prefeitos eleitos pelo MDB em 1970, 303 não tivessem passado para a Arena! Como se não fosse por obra e graça do próprio sistema e de seus Atos que as oposições sofrem sangrias, umas de fato, outras eleitorais. Como se houvesse a firme decisão de fortalecer o bipartidarismo.

Quem no Brasil, exceto a chamada classe política e alguns de seus comentaristas, acredita nessa farândola? Ninguém ignora que, de fato, a campanha política tem de deixar à margem os temas proibidos, que são as essências para a oposição e deveriam sê-lo para os que desejam assumir a qualidade de guardiões da pátria.

Carlos Chagas, comentando a enfadonha soma de derrotas do MDB, deu no cravo. A oposição legal tem de se definir sobre o quadro político-institucional. Deve assumir riscos e enfrentá-los com bravura. Sem pedir permissão e sem fazer tudo que seu mestre mandar. Um pouco do espírito da antiga banda de música da UDN não faz mal a nenhuma oposição. Em certos momentos, é proibido gritar. Que se fale, ao menos. Que se sussurre.

Seria ilusório, no entanto, pensar que uma oposição desse estilo possa amoldar-se aos quadros partidários criados com o Ato II e congelados pelo Ato V. Arena ou MDB não são partidos na acepção real do termo.

Assim, o programa de reinstitucionalização e, mais que ele, a criação de um estado de espírito e de formas de pressão que permitam discutir mais a fundo os problemas de base do "modelo político" dependerão da participação ativa dos formadores de opinião, independentemente de seus rótulos partidários e do fato de estarem dentro ou fora "da política" tal como o sistema a define. É uma tarefa mais ampla e, como se dizia no passado, cívica. Ou seja, civil e dos cidadãos.

Por certo, nada disso basta. Nem é possível sair da situação em que nos encontramos sob as asas gloriosas de uma oposição combativa. O problema é mais complicado. O Estado autoritário e burocrático, agilizado pela competência tecnocrática, gera controles políticos e produz um tipo de "mentalidade" dócil e eficiente nas elites de poder.

Não são fáceis os corretivos para essa situação. A consciência do rumo tomado pode ajudar alguns, mesmo de dentro da máquina do tempo que o Estado pensa ser, a dar marcha a ré. Não será repetindo as frases da farsa — como as dos dirigentes partidários — que se evitará o pior. Os rios levam para o mar. No caminho em que vamos, quase sem resistências, com ou sem Arena, MDB, senadores, deputados e vereadores, vai se solidificando um regime autoritário. Nesse rumo, virá o dia em que até os apologetas terminarão dizendo, como Camões, no cântico x dos *Lusíadas*:

> *O favor com que mais se acende o engenho*
> *Não nos dá a pátria, não, que está metida*
> *No gosto da cobiça e na rudeza*
> *Duma austera, apagada e vil tristeza.*

2. A esfinge fantasiada*

A confusão e a identidade obrigatória entre a nação Brasil e o Estado estão na base de tudo. Criticar o Estado e o regime passa a ser criticar o país; expulsa-se a oposição da pátria.

É chegada a hora ritual do balanço de fim de ano também para a política nacional. Se seu paralelo com as empresas fosse possível, a sensação seria, pelo menos, de concordata. O número de promissórias não resgatadas ultrapassou em muito a capacidade de poupança e a credibilidade do sistema. A releitura do noticiário da imprensa mostra o canto gregoriano monótono das donzelas cobiçadas: a reabertura não vai, vai outra vez e desmaia na hora H. Entre a pregação ritual dos compromissos da "vocação democrática" dos chamados ideais de 1964 e a prática do poder, há mais que um abismo. Há a revelação de que a política não é o resultado da trama das intenções, mas a acumulação dos fatos.

* *Opinião*, 1º a 8 de janeiro de 1973.

Como os balanços de fim de ano costumam juntar mais declarações de princípios e de propósitos do que análises de atos (e menos ainda de Atos), tem-se a impressão de que vivemos no país do faz de conta, no qual para tudo há um plano e sempre se pode dar um jeito. Ninguém minimamente informado se engana, entretanto, quanto à esfinge fantasiada da política brasileira. Por trás das intenções e da "fidelidade aos ideais democráticos", vai sendo constituído com persistência um modelo político parente consanguíneo da "via mexicana" e parente por afinidade do sistema franquista. Há, contudo, entre os dois exemplos de regime político mencionados e o nosso, diferenças importantes. Naqueles houve adesão e arregimentação de partidários que expressavam amplos setores da vida social.

No caso mexicano, graças à via revolucionária e popular dos planos iniciais, à reativação das reformas sociais no período de Cárdenas (1934-40) e à política nacionalista do velho general, o regime manteve até por uma década a imagem de um regime favorável à "reforma social" e foi, portanto, popular. No caso espanhol — sem que jamais os trabalhadores tivessem aderido ao franquismo — houve, porém, a militância ativa, fascista, da classe média falangista e das classes reacionárias dominantes. Além disso, ao contrário do que ocorreu com o Estado mexicano, o Estado espanhol teve a bênção da Igreja católica que, mais tarde, embora começasse a sofrer o desgaste da crítica da ala progressista da Igreja, encontrou no Opus Dei uma força político-social alternativa para a Falange.

No Brasil, o regime de 1964 tratou logo de cortar, na prática, os ímpetos iniciais não só de ativação democrática, como de qualquer forma de participação ampliada. O "curto período" dos oito anos decorridos mostra entre seus resultados (ainda que não em suas intenções declaradas) que toda a discussão havida em torno do problema eleitoral, da questão dos partidos, enfim, da forma de participação política, correu paralela e foi irrelevante para a prática do poder.

O regime parece dispensar o apoio da maioria. Entre o Estado e a nação, entre o regime e a sociedade, aumenta a distância se a medirmos em termos de participação. Não se cria, no entanto, um vácuo: a relação entre a ordem política e a sociedade é preenchida por meio de formas simbólicas e ritualizadas de adesão e pelo *Ersatz* da política que a tecnocracia e a planocracia pretendem estabelecer.

A ponte entre as massas, a vida privada e a ordem pública vem sendo constituída em torno de uma mística leiga que dispensa sacerdotes, consubstanciada nas ideias de crescimento econômico, imagem externa de um Brasil poderoso, coesão de todos em volta do Estado. Quem a essas metas se opuser incorrerá nos riscos da excomunhão, será acusado de estar mancomunado com as maquinações dos inimigos externos. (Que, convém sublinhar, podem ser tanto os temidos sino-soviéticos como os americanos interessados em preservar a dominação econômica do país, para não mencionar os perigosos escandinavos que desejam controlar a nossa expansão demográfica e manter virgem a Amazônia para que eles possam respirar um ar menos poluído...)

A confusão e a identidade obrigatória entre a nação Brasil e o Estado estão na base de tudo isso. Criticar o Estado e o regime começa a ser considerado automaticamente criticar o país. Expulsa-se, dessa maneira, a oposição da pátria. Só a oposição bem-comportada, isto é, que não critica radicalmente as formas atuais de relação entre o Estado e a nação e, menos ainda, o regime, tem lugar ao sol. Passa-se a viver sob o clima de uma expectativa de adesão total.

O regime alenta a ampliação das funções reguladoras e produtoras do Estado. Contrariamente aos "ideais de 1964", os "governos da revolução" vêm alargando de modo sistemático a área das decisões econômicas e sociais que passam à competência do Estado. O peso da burocracia — civil e militar — nas decisões que afetam a vida cotidiana aumenta sem cessar.

Ora, uma burocracia em expansão, com apoios tecnocráticos importantes, num regime que identifica Estado e nação e controla a informação e a crítica, consiste num poderoso eixo de poder que tende a se tornar "irresponsável", em sentido preciso. Ou seja, só responde por seus atos a si mesmo. Constitui-se, assim, uma camada social "acima de qualquer suspeita". Quando no interior desse sistema burocrático os segmentos militares preponderam, a rigidez do conjunto e a crença de que existe uma missão a cumprir pelo bem de todos e da nação, definida pela cúpula que decide, tendem a crescer perigosamente.

Mais ainda, como as decisões do Estado se confundem com os objetivos nacionais e como a área desses objetivos se amplia, quase tudo se transforma em "segredo de Estado", inclusive as decisões que afetam maiorias importantes e cujas repercussões para a segurança do Estado (sempre identificada com a segurança da nação) são relativamente longínquas. A vida política transcorre como se fosse um segredo de Estado. Mesmo — e talvez sobretudo — a decisão. Politicamente principal, a sucessão presidencial se torna uma questão tecnoburocrática, a qual deve ser tão responsavelmente considerada que a respeito dela quase ninguém deve ser ouvido.

O curioso é que esse sistema foi sendo gerado quase à revelia dos ocupantes da Presidência e mesmo de cada um dos responsáveis por sua implementação. Ele nasceu como se derivasse da "força das coisas". Daí que os discursos e as intenções vão para um lado, e a realidade, para o outro. De fato, há em gestação um novo arranjo, não democrático, entre Estado e sociedade, pelo qual os grupos dominantes na sociedade, entre eles, com papel predominante, os setores empresariais nacionais e estrangeiros, se articulam com a burocracia do Estado. Em lugar dos partidos, funcionam anéis que ligam e solidarizam os interesses de grupos privados e de setores das empresas do Estado e do próprio Estado. A massa, naturalmente, é surpreendida com os resultados das políticas que esses anéis político-burocráticos sustentam, sem jamais saber bem por que tal ou qual decisão foi tomada ou cancelada.

Por certo e por sorte, o quadro traçado é tendencial, não está consolidado. Ainda há os que criticam, e existe algum grau de permissividade na máquina do Estado. A crítica ativa, entretanto, é quase imediatamente reprimida. Pode-se, apenas, especular sobre como livrar o país dos males do autoritarismo.

A verdadeira questão do poder só poderá começar a ser encaminhada quando forem reativadas as correntes de opinião, depois de restabelecidos o habeas corpus e os direitos individuais, pelo fluxo mais livre das informações.

Esperar que um belo dia o sistema se abra é uma ilusão. O caminho possível consiste em assumir na prática os riscos e o ônus de forçar o circuito das informações, enfrentar os temas escorregadios da zona de incerteza entre o que pode e o que vale, balizar pelo exemplo as novas fronteiras do possível. Essa tarefa não pode ser concebida como privativa dos civis ou da oposição consentida. Para reerguer um povo mergulhado na apatia e na filosofia de um consumismo de uns poucos que se propõem como exemplo a uma maioria empobrecida, é preciso um esforço tenaz e amplo que, no primeiro momento, tem de ultrapassar os compartimentos estanques que os anos de autoritarismo impuseram aos brasileiros.

3. Gladiadores de marionetes*

Procura-se dar a impressão de que a supressão das liberdades, o conformismo, são modernos porque eficazes. E se de fato fosse assim, é isso o que queremos?

As primeiras semanas de 1973 (que não sejam um presságio, mas um mau passo apenas...) foram férteis em comentários irresponsáveis. O futuro presidente do Senado, Filinto Müller, por exemplo, virou (meu Deus!) cientista político. Decreta a morte de formas de organização política com a mesma desenvoltura com que, no passado, decretava prisões.

O Brasil do milagre é apresentado como uma sociedade dinâmica, enérgica e construtora do futuro. É o Brasil dos índices e das médias per capita. Não vou protestar, uma vez mais, dizendo que o crescimento do PIB não enche barriga de pobre. Isso é certo, embora, como qualquer afirmação genérica, seja uma meia

* *Opinião*, 15 a 22 de janeiro de 1973.

verdade. O famoso crescimento transforma parcialmente a sociedade. Uma transformação em si não é boa nem má. Depende do rumo que a ela se imprima. E é aí que a questão das escolhas, ou seja, da política, começa a se estabelecer.

Concedendo (só para facilitar o argumento) que o Brasil é um país em transformação econômica e social, a primeira preocupação dos que têm responsabilidade política (à direita e à esquerda, no centro ou onde estiverem) deveria ser: como pôr a vida política (tudo: partidos, regimes, formas de participação, ideologias) em compasso com uma sociedade que se transforma. Eu não pediria ao senador Müller ou ao candidato Marcílio que pensassem demasiado no tema. A ingenuidade não pode chegar a tal ponto. A memória dos anos idos dificulta pedir a alguns dos todo-poderosos senhores da República dos Atos que exibam sentimentos democráticos. As declarações e os atos dos setores da "classe política" que se dispõem a ser o escudo civil do governo ressabem ao passado.

Para começar, formulam opções falaciosas e, ainda mais, fazem a pior escolha entre o autoritarismo "eficaz" e a democracia "morosa", são partidários do quanto mais rápido, melhor. Entre a política "sem princípios" e a tecnocracia "neutra", mas "racional", são adeptos da aplicação da ciência à "engenharia política".

As últimas declarações feitas sobre o "fim do liberalismo" são exemplos disso. Procura-se dar a impressão de que a supressão das liberdades, o conformismo, são modernos porque eficazes. Fazem o PIB crescer.

Antes de mais nada, em matéria política, ou seja, no terreno das escolhas, é preciso trazer a questão: e se de fato fosse assim, é isso que queremos? Mas não é preciso ir tão longe e forçar os representantes do partido da ordem junto à "classe política" a se contorcerem em vãs filosofias. O problema inicial, mais direto, é que não é assim.

Vamos ao essencial: a civilização industrial e as sociedades de massa puseram em xeque, de fato, as antigas formas de participação e controle político. As manifestações de rua, por exemplo, os meetings (sem deixarem de existir e de ter funções políticas), perdem passo diante das TVs. O presidente dos Estados Unidos se mete em sangrentas aventuras guerreiras, que parte considerável do Congresso e do povo americano considera, a justo título, imorais. E a repressão policial não é exclusiva do Brasil: a Guerra da Argélia não pertence a um passado tão longínquo que permita esquecer o fato de a França da *liberté, égalité et fraternité* ter sujado suas mãos com o sangue arrancado de corpos amarrados entre quatro paredes.

Daí a optar pela barbárie em nome do "desenvolvimento" e pensar que o crescimento econômico e o progresso técnico requerem banditismo, guerra, apatia etc. vai um passo não só muito grande como mágico.

Essa era a visão da história que teve seu lado mais repugnante em Hitler, seu lado fanfarrão, e nem por isso menos lastimável, com Mussolini, e seu lado burocrático-totalitário de degradação com o Stálin de certos períodos. Entretanto, a força da civilização industrial contemporânea é medida não por essas mazelas, mas pelo esforço que os dirigentes políticos e os povos mais desenvolvidos fazem para enfrentar o desafio e erigir formas de participação nas decisões e no controle político.

É disso que se trata. A discussão em torno dos aspectos organizatório-formais da democracia e da ideologia liberal esconde o verdadeiro problema, que é o da liberdade, da responsabilidade e dos canais para exercê-las.

No caso brasileiro, a pergunta é a mesma: como aumentar os graus de liberdade e atribuir responsabilidades? Os líderes do governo (e, mais do que eles, as Forças Armadas que detêm o poder), para serem "modernos", têm, pelo menos, que deslocar o debate fácil e enganoso sobre o "fim do liberalismo" e questionar: dadas tais e tais situações de fato, como fazer para julgá-las responsavelmente? Como optar se o que aí está é bom ou mau? Por quê? Que alternativas há?

Se entrassem a fundo na questão, veriam que a burocracia (já tão fustigada por Weber e, mais tarde, por Trótski) é a contrapartida real da sociedade industrial de massas. Ela vai crescer, claro. A solução não é se conformar com sua tecnicidade e bradar que a tecnocracia é superior à democracia. Mas, quando o processo de decisões políticas é burocrático (ou seja, quando se dá em gabinetes fechados através de processos que caminham de repartição para repartição sem que se saiba quem, em nome do quê e com que objetivos impulsiona a máquina do Estado), quando a solução imposta dessa forma é proposta e justificada como se fosse "cientificamente" a única possível por motivos técnicos, e quando a rigidez do processo é tal que outro nome não é possível atribuir senão o de uma autocracia, então há algo de podre no reino da Dinamarca.

O governo tem postergado até hoje a discussão sobre o modelo político e vem conformando um molde de burocratismo autoritário. Chegou o momento agora, com a sucessão que se aproxima, de ir além dos fatos e definir os objetivos e os valores. Porém, se essa definição continuar implícita ou tiver o voo rasante das declarações batidas sobre o fim do liberalismo, não haverá mais como esconder o segredo de polichinelo: o modelo é o passado, e não longínquo, mas o de outro tipo de Estado, que, de novo, só teve o nome.

4. As injustiças e o silêncio*

> *Sem que se admita que o mal não está em denunciar injustiças, mas em mantê-las, a violência continuará, e o silêncio do medo funcionará como a grande cortina que separa o Estado da nação.*

Houve tempo em que nossos melhores ensaístas discutiam se o brasileiro seria ou não essencialmente um "homem cordial". O debate sobre esse tema e sobre outro, correlato, das diferenças entre o éthos hispânico e o português, para ressaltar o pragmatismo lusitano frente à tendência mais "principista" dos espanhóis, fez derramar muita tinta e encher de júbilo displicentemente ufanista muita gente.

Hoje parece estarmos longe de poder sustentar que aquelas virtudes são características dos brasileiros. As páginas dos jornais registram a cada semana exemplos de intemperança e violência.

* *Folha de S.Paulo*, 24 de outubro de 1976.

Custa a crer no que lemos. O assassinato do padre Burnier, logo depois da execução sumária de um jovem milionário por seus raptores, não deixa margem para dúvidas: mata-se a troco de nada. Pior ainda, nos dois casos, os assassinos eram policiais. E mais: o padre Burnier morreu porque interferiu num caso de tortura de mulheres, praticado numa delegacia perdida do interior de Mato Grosso.

O que assusta não é só a repetição da violência. É que seu registro pela imprensa, sua difusão na sociedade, não causam reação maior. Tudo se passa como se viesse um fato depois do outro sem que se vissem na sequência uma ameaça e uma lógica. Não quero insinuar que existe uma "conspiração" ou que, no fundo, o braço violento tenha sustentação política. Ninguém nega que em certos casos isso ocorre. Mas acho que a nossa situação é mais grave: não é a luta política ou o choque entre ideologias que geram a violência e o medo; é uma sociedade hipnotizada pelo arbítrio privado (pois um policial que assassina deixa, no exercício do próprio ato criminoso, de fazer parte do poder público) e estancada no silêncio dos órgãos responsáveis. A sociedade se contorce, as vítimas imediatas e o círculo dos que lhes são próximos reclamam, alguns órgãos de imprensa criticam, mas não se consegue estabelecer o caminho para uma convivência civilizada.

A violência que vem se tornando comezinha tem sua base na existência de uma sociedade sufocada por desigualdades sociais, acima da qual o Estado flutua, como se fosse todo-poderoso, mas se isola, cada vez mais, das forças sociais reais. Se os que deveriam garantir o sossego e a ordem pública se convertem, aqui e ali, em motivo para o temor dos cidadãos é porque começa a faltar a fibra de sustentação da ordem pública que só a coerência entre o que se diz e o que se faz pode manter. O homem, utilizado pelos poderosos para assegurar uma ordem social injusta, se sente subjetivamente protegido pelo Estado (embora talvez em cada caso concreto não seja assim) para, guiando-se por seus interesses e por sua percepção sobre o que pode e o que não pode ser feito, torturar mulheres indefesas e atacar, em seu desvario, ora o jovem milionário, que representa a cobiçada riqueza, ora o padre e o bispo, que romperam o silêncio do medo diante das injustiças e das arbitrariedades para dizer: basta!

Em episódio famoso, na Espanha, quando um general falangista deu um viva à morte, com palavras eloquentes, Miguel de Unamuno, que nunca fora um radical, renunciou ao reitorado e sentiu que a celebração da pura violência acaba por ceifar pela raiz a possibilidade de qualquer política. Renunciou o filósofo a todos os seus postos para manter-se coerente com a ideia de que há momentos em que, por cima de quaisquer outras considerações, é preciso dizer: basta!

Por sorte, no caso brasileiro ainda não se brinda à morte. A prática da matança — que se vulgariza — continua provocando o horror de quase todos. Mas por que não assumir, como Unamuno, um compromisso com a vida? Acaso não existem forças de renovação em nossa sociedade e espírito, se não de razão, pelo menos de tolerância em grau suficiente para que o país tome consciência de suas mazelas e comece, sem cegueiras irracionalistas, a se refazer?

Por que seria necessário confundir a denúncia das injustiças e das desigualdades — que outra coisa fazem os padres missionários em seu afã de proteger os índios e dar dignidade aos trabalhadores sem terra — com uma atitude subversiva e antibrasileira? Os que pensam assim não veem que à sombra de uma ideologia de grandeza estão deixando germinar uma prática de abusos que levará a razão de Estado a minguar na motivação dos mais entranhados particularismos?

É cruel, por exemplo, que não se possa celebrar com orgulho

a saga da construção da Cuiabá-Santarém (inaugurada esta semana, depois de seis duros anos de trabalho e do encontro entre dois batalhões de construtores de estrada, um vindo do Norte, outro partindo do Sul) porque a mancha da violência dos donos da terra em suas margens, vitimando os índios e os trabalhadores sem terra, emudece a voz de muitos e aumenta o silêncio da suspeita.

Melhor seria que pudéssemos brindar à vida, sem reservas, com a confiança de que o trabalho árduo e generoso dos que abriram a floresta, soldados na acepção mais nobre, não correria o risco de ser desvirtuado pela cobiça de grandes empresas e de proprietários que vão empregar o braço de outras milícias para fins que nada têm a ver com a motivação dos que trabalharam na estrada.

Caberia ao Estado garantir que amanhã a voz do bispo em prol da justiça não seja deturpada pela cegueira do interesse particular sem limites e que o esforço de transformar a Amazônia em riqueza social para os brasileiros não se desfigure na exploração dos posseiros pelos proprietários, dos indígenas pelos fazendeiros. Por que não utilizar a mesma reserva de generosidade e esforço que moveu batalhões do Sul para o Norte e converteu em vida o esforço de muitos soldados anônimos, para dizer com eles o ruidoso "basta!" nacional a tanto abuso e intemperança e permitir que Estado e sociedade, tropa e povo, busquem um caminho de maior justiça e igualdade?

Sem que o governo torne meta nacional a reconstrução do país em proveito dos brasileiros e não das empresas, sem que se admita que o mal não está em denunciar injustiças e desigualdades, mas em mantê-las, a violência e os desatinos continuarão germinando, e o silêncio do medo e da suspeita funcionará como a grande cortina que separa o Estado da nação.

5. Os males do presente e as esperanças do futuro*

Em abril, o fosso entre o Estado e a sociedade explodiu. É estreita a visão dos que temem o voto, o choque de ideias e a prática de direitos elementares.

Tomei de empréstimo para este artigo o título de livro famoso de Tavares Bastos. Tomara que eu tenha mais sorte, ou melhor, que o Brasil tenha mais sorte do que o pensador liberal do século passado: ele não se cansou de pregar um liberalismo que não chegou a vingar. Pudera: seria difícil esperar que as eleições diretas e os predicamentos da magistratura, lá pelos idos de 1871, pudessem ser os esteios de uma reforma eleitoral e parlamentar num país que vivia atolado na escravidão. Dessa "nódoa negra" de que falava Nabuco, pelo menos, nos livramos. Não nos livramos ainda, contudo, da nódoa cinzenta do autoritarismo elitista.

Não nos livramos, mas ele se transformou. Se há um marco

* *Folha de S.Paulo*, 8 de janeiro de 1978.

do balanço de 1977, é a desmoralização do estado permanente de exceção erigido em filosofia e pedra angular do desenvolvimento nacional. Tudo isso começou a ruir a partir do "pacote de abril". De modo contraditório e inesperado, quando, no auge da exasperação oficial, os poderes da sombra decidiram fechar o Congresso e governar por decretos para enfrentar o "insólito" não do MDB à reforma judiciária, aqueles mesmos poderes se puseram a espargir as cinzas do arbítrio sobre o corpo apodrecido do estado de exceção.

Talvez até abril não tivesse se tornado tão claro o quanto a opinião pública se distanciara dos poderosos. O que fora o fosso entre o Estado e a sociedade, cavado ao longo dos anos pelo arbítrio, pelos privilégios, pela concentração da renda, pela exploração do trabalhador, explodiu, de repente, numa espécie de movimento de náusea coletiva que atingiu os próprios defensores do sistema. Se novembro de 1974 foi o "basta!" das oposições, abril de 1977 foi o momento do enjoo geral. Daí para a frente, o "aperfeiçoamento democrático" passou a emergir, como um girino que vai desabrochar num sapo. Mas o "novo" surgiu escamado pelas deformações das contingências: engatinha entre nós a "democracia biônica", que começou a nascer no pacote de abril, com o repúdio da nação.

Na primeira arremetida mais séria da oposição para sacudir a poeira do autoritarismo, a fúria de Júpiter se abateu sobre quem ousou dizer, cara a cara pela TV, o que todos sabiam e sentiam. A cassação do deputado e líder Alencar Furtado foi o outro momento contraditório do "fim do arbítrio": no próprio ato de decepar, o AI-5 revelou, àqueles poucos setores da sociedade que ainda acreditavam em sua eficácia para construir a nação, que ele só serve para fechar os olhos dos que não querem ver.

E mesmo esse entrechoque verbal foi forte demais para os "revolucionários sinceros" radicais e equivocados. Algum dia, quando houver mais informação e mais perspectiva histórica, alguém há de escrever as páginas inquietantes do golpe que não aconteceu, faz apenas três meses. Pois bem, em pleno outubro de 1977, a nação percebeu, estarrecida, que houve movimentação de tropas, que o presidente foi quase (nas intenções de alguns) deposto e que estávamos à beira do... comunismo. Por quê? Será que seria suficiente para pôr o país em risco o confronto entre o "aperfeiçoamento democrático" e o clamor pela democratização de verdade, tudo isso com esforços para controlar a violência da tortura e com margens razoáveis de liberdade de imprensa?

Meu Deus, mas que país seria este que tremeria pelo choque de ideias e pela prática de alguns direitos elementares? É estreita a visão dos estadistas que temem o voto e não se dão conta de que as soluções que propõem já vêm rotas pelos interesses de rapina política, criados no próprio campo dos que apoiam o sistema de espólios que se quer apresentar como a "nova democracia". "Democracia restrita" e de base oligárquica é o que propõem. Como se estivéssemos antes de 1930, com a política dos governadores, e com os "carcomidos" mandando.

Quem sabe esses males do presente não apontem para as esperanças do futuro? Se o general-presidente, nas meditações solitárias às quais tão imenso poder concentrado em suas mãos há de o impelir, pensar em outros momentos de nossa história, talvez se inspire para a reconciliação com a democracia erigida com fundamento no futuro e não no passado. Pensará, então, que este país tem dono e que seus donos não são os donos do poder.

Existe um povo que gostaria de acreditar que só haverá salvaguarda para a democracia se primeiramente ela existir e que, para dar consistência à defesa do Estado, é preciso que este seja um Estado-nação, constituído a partir de uma população nutrida, alfabetizada, com trabalho bem retribuído.

A esperança do futuro dependerá, em grande parte, da criatividade que demonstrarmos em 1978 para forjar os partidos e propor as ideias ordenadoras que possam realizar o travejamento de uma sociedade que, pela força de sua própria expansão, rompeu o ponto de equilíbrio. Daqui para a frente, não será mais possível caminhar graças ao impulso do que já foi feito, nem no caso dos que tentam construir as bases para uma dominação estável, nem dos que a elas se opõem. Mais ainda, o esforço de criatividade política que precisa ser feito se apresenta como um desafio bem concreto: não bastam "modelos" e planos; é necessária a capacidade de unir forças na sociedade com o cimento da crença e dos interesses.

Quem sabe — são meus votos — 1978 seja o ano da regeneração. Da divergência aberta como fundamento da democracia. Do pensamento que se articula publicamente para que o voto tenha o sentido deliberativo de quem recebeu a informação e fez sua escolha depois de analisá-la, sem o qual eleição vira plebiscito pinochetista. Da construção de uma democracia que irá direto ao grão: sem igualdade como meta e sem organização das forças sociais como condição para obtê-la, o fosso entre regime e sociedade aumenta, e o sistema institucional será percebido pelo povo como manipulação das elites.

6. A cidade e d. Paulo*

D. Paulo não é o milagre nem o profeta. É a expressão maior da vitalidade da sociedade civil de São Paulo. Há momentos em que o "basta!" tem de fundir a convicção moral, a fé e a ação.

Há pessoas que fazem das coisas simples símbolos. Às vezes, mesmo rotinas batidas ganham um toque inesperado de inauguração do novo. Assim será a homenagem a d. Paulo, o bispo que a Câmara de Vereadores tornou cidadão paulistano, por iniciativa de Flavio Bierrenbach. Há tempos tais títulos são concedidos. O uso e o abuso da formalidade poderiam tê-la desgastado, como de fato ocorreu, mas d. Paulo, catarinense e agora paulista, ao aceitar o título de cidadania, restituiu sentido à prática. Por que esse homem de presença discreta e firme — homem de fé, sobretudo, visível até aos que não a compartem, mas a respeitam — sensibilizou a todos e ganhou a dimensão que só é dada aos líderes?

* *Folha de S.Paulo*, 14 de março de 1978.

Recordo-me ainda hoje com emoção da homenagem prestada a Vladimir Herzog na catedral. Ele fora meu aluno, e sempre mantivemos relações de discreta simpatia. Na angústia do inesperado, diante dos rumores de sua morte, quando não era claro o que ocorrera e por que ocorrera, estive com d. Paulo. Não era indignação o que transparecia nele. Nem perplexidade. Era a convicção profunda de que há momentos em que o "basta!" tem de fundir a convicção moral, a fé e a ação. O exemplo do protesto, a despeito de todos os riscos, é um caminho quando a violência se dá ao léu. E o exemplo exige tranquilidade e coragem não para desafiar e gerar mais violência, mas para condenar firmemente e apontar direções.

Assim fez d. Paulo. Sua voz, em geral baixa, de quem reza, conciliadora, de quem evita o dissabor inútil, estrondou na catedral inteira. A Sé, de repente, se transformou: dentro dela foram pronunciadas as palavras que traduziam o que todos, fiéis ou não, sentíamos. D. Paulo era o líder, não porque tivesse carisma; era o político, não porque fosse o homem de facção; era o pastor, não porque estivesse coberto pelas vestes cardinalícias. Era tudo isso porque restituía à comunidade paulista o senso do dever, a coragem do dizer, a serenidade de quem não se apressa, mas não se desvia do rumo traçado.

D. Paulo não é o milagre nem o profeta. Para chegar a ser o que é hoje — e chegou em pouco tempo —, pavimentou seu caminho no conhecimento diário do que é a injustiça social, de como as belas palavras dos donos do poder se distanciam da prática dos milhões que trabalham e não ganham para um sustento decente e dos muitos que nem sequer encontram o almejado trabalho. Foi nas favelas de Petrópolis, como havia sido antes nas minas de carvão do Sul, que esse homem treinou sua sensibilidade popular. E foi o encontro dessa sensibilidade com a metrópole dos trabalhadores brasileiros, através de sua Pastoral Operária, que pôs d. Paulo no cruzamento entre o dever de denunciar e o empenho por compreender. A periferia, a fábrica, as prisões, os exilados (porque também existem, e muitos, nesta São Paulo de tantas facetas) constituem o dia a dia do bispo-líder.

    E é por d. Paulo simbolizar tudo isso, por ser, de certa maneira, a expressão maior da vitalidade da sociedade civil em São Paulo, que a homenagem que lhe prestam hoje é, no fundo, um reconhecimento de que, através dele, a cidade reencontrou sua voz e que o bispo, quando fala, ecoa o que à boca pequena o povo comenta e faz. A Câmara de Vereadores, ao homenagear d. Paulo, se soma — ainda que por um instante — ao murmúrio dos muitos que começam a ser autoconfiantes e, por isso mesmo, sabem que o segredo da força de d. Paulo está em sua capacidade de viver em sintonia com seu rebanho. E esse rebanho não se confina às igrejas, nem se compõe somente dos muitos que são irmãos na fé. Ele engloba, além de todos os explorados, aqueles que, embora não o sejam de forma literal, estão dispostos a juntar sua voz e sua ação no protesto e na alternativa que d. Paulo simboliza em sua luta por uma sociedade mais justa e igualitária, na qual liberdade e direitos humanos estejam fundamentados numa prática social efetiva.

7. Os trabalhadores e a democracia*

A greve no ABC é a democratização em marcha a partir dos pés do povo. Renasce o afã de falar, propor alternativas, negociar. Sem medo, com firmeza, com esperança.

Havia tempos não ouvíamos falar de greve. Para os muito ricos e conservadores e para os pobres de espírito, isso era um sinal de ordem. Para a maioria dos brasileiros, já cansados de tanta arbitrariedade e soluções de fôlego curto, era apenas sinal de que as amarras do autoritarismo, embora mais estridentes no Parlamento castrado, na imprensa censurada, nas prisões inchadas, estavam bem assentadas na fábrica, no mundo do trabalho.

De repente, com vigor, mas sem alarido, com firmeza e sem provocação, espocaram greves no ABC. Seriam "selvagens"? Seriam espontâneas? Estariam os sindicatos por trás ou elas seriam

* *Folha de S.Paulo*, 28 de maio de 1978.

frutos da ação de algum partido encapuzado? Foram as primeiras indagações propostas. E mal propostas. Não foi nada disso e foi tudo isso: é a democratização em marcha, em dura marcha batida, a partir dos pés do povo, de cada um de nós, de todos os que não são direitistas empedernidos nem exploradores inescrupulosos. Renasce o movimento sindical, renasce a esperança por dias melhores, renasce o afã de organizar, falar, propor alternativas, negociar. Sem medo, com firmeza, com esperança.

Agora, sim, podemos começar a falar de democracia, sem adjetivá-la. Ela vem da base, da demanda de mudanças por parte dos que estão cansados de tanta equação matemática do salário perfeito. Não foi só o arrocho salarial por anos a fio, a utilização do PIS e do Pasep para financiar as empresas (até mesmo para ajudar a especulação financeira) em vez de melhorar as condições de vida dos trabalhadores, o Fundo de Garantia para desestabilizar o emprego através das demissões rotativas da mão de obra etc. Foi também o peso surdo de uma ordem política e de um clima de desrespeito aos trabalhadores no cotidiano da fábrica que garantiu o "rigor" das equações ministeriais. Ridículos tecnocratas que fazem uso de fórmulas matemáticas para melhor comprimir os salários, como se equações enchessem barrigas.

O voto de agora em diante, ao contrário do que dizia a demagogia populista, vai encher as barrigas. Democracia, sim, partidos, sim, eleições diretas, sim. Mas para tirar do Congresso e das Câmaras, enquanto não é possível tirar do governo, os que defendem a teoria do "primeiro acumular para depois dividir".

Subordinação dos sindicatos aos partidos? Manipulação eleitoreira através de projetos de efeito para iludir os trabalhadores? Basta ouvir a voz direta, ríspida, dos líderes sindicais. Nem os partidos, nem os que pensam que sabem o que os trabalhadores devem fazer, encontram ressonância em Lula, em Arnaldo Gonçalves, nos líderes das oposições sindicais, muito menos em suas bases. A greve não lhes foi concedida por decreto. A inteireza das reivindicações e sua simplicidade — melhores salários para permitir uma vida decente — não surgiram de nenhum panfleto. Vieram da dura experiência de anos de opressão e exploração. E vêm com o sopro forte do novo e do autêntico.

Os sindicatos vão ao cerne da questão política: sem cortar o nó górdio da tutela do Ministério do Trabalho e sem assegurar, nem sequer frente aos partidos, a independência relativa dos trabalhadores, a manipulação desfigura as lutas, as reivindicações viram concessões, e, com a mesma mão que são dadas, podem ser retiradas.

Por certo esses temas não podem ser encarados com simplismos. Os trabalhadores não reivindicam que, de repente, suas esperanças por melhores condições de vida e pela mudança da sociedade fiquem à mercê da relação direta entre patrões e empregados. Sabem que o grosso dos trabalhadores não dispõe dos mesmos recursos de luta com que contam os operários das grandes fábricas modernas do ABC. E sabem também que a sanha patronal, em média, pode ser tão ávida quanto é castradora a ação do Ministério do Trabalho. Ninguém propõe a eliminação da Justiça do Trabalho, nem se pretende acabar com o salário mínimo. Longe disso. É preciso elevá-lo. Mas, a partir de um percentual geral de aumento e de certo nível de salário mínimo, as negociações entre sindicatos de operários e de patrões devem se realizar livremente.

Sabem também os trabalhadores de Osasco, do ABC, de qualquer grande núcleo industrial, que há um momento que é da política. Que, sem ele, os operários mais pobres, que são explorados pelas empresas menos dinâmicas, acabam sendo superexplorados quando não há centrais sindicais fortes e partidos políticos nacionais que os apoiem.

É por isso que o movimento dos trabalhadores da Scania, da

Ford, da Volkswagen etc., mesmo sendo localizado na área em que existe um dos sindicatos mais combativos de São Paulo (o que, infelizmente, não ocorre em toda parte) — o dos metalúrgicos de São Bernardo do Campo —, tem importância nacional: o encaminhamento positivo dessas reivindicações e o fortalecimento de uma liderança independente abrem as portas para uma reformulação mais ampla da vida sindical brasileira e vão requerer a discussão dos problemas centrais da democratização do país.

E é por isso também que todos os que têm interesse real no fim do autoritarismo e não se limitam a pensar a democracia como uma gaiola de cristal para fazer resplandecer o interesse das oligarquias e das elites saúdam, no movimento dos trabalhadores paulistas, os sinais de um amanhã mais promissor. Que chegue, logo, pois todos queremos democracia, já.

8. A saída civil*

A reconstrução democrática só se fará através da sociedade civil. Isso não exclui o Estado e as Forças Armadas, mas dá prioridade a um estilo de política que sabe que, sem povo, não há democracia.

Na semana passada, um esdrúxulo "colégio eleitoral" consagrou o novo governador de São Paulo. Ao vencedor, as batatas. Por muito menos do que alegado contra o sr. Paulo Maluf — e tão pouco provado lá como aqui —, o presidente da Itália renunciou, porque, bem ou mal, na Europa se mantém a noção de dignidade do cargo. Entre nós, a acusação de comprometimento com a corrupção já não comove. E um "governo revolucionário", que se propunha a moralizar a vida pública com Ademar de Barros, encerra seu ciclo de "reformas" entronizando, no governo do principal estado do país, um homem que, independentemente de outras

---

* *Folha de S.Paulo*, 10 de setembro de 1978.

considerações e da veracidade das acusações, não conseguiu desfazer a imagem do "rouba, mas faz", ou melhor, "rouba, mas leva". Será isso o Brasil?

Não creio. Esse é o lado velho do Brasil. O lado da insensibilidade dos que, por muito governarem sem o povo, esquecem que nus estão eles, o rei, e não nós. Esse "nós" não é somente o MDB, ou as oposições. Esse "nós" é um país inteiro que sente que algo precisa ser mudado, que vai mudar e que é preciso contribuir para uma saída construtiva.

Os leitores sabem que não hesitei em apoiar a indicação do general Euler pelo MDB. Que não acredito na solução do impasse atual pela via autoritária a partir da indicação de um delfim pelo imperador sem consultar as Forças Armadas, e menos ainda nós outros, eleitores desarmados. Não está em jogo apenas uma questão de ritmo — "lento, gradual e seguro". Mas também uma questão de método, de estilo, de conteúdo. Uma distensão, embora desejada pelo presidente (coisa de que não duvido, e nem há como negar que o governo Geisel tenha se esforçado para controlar as torturas e para alargar as brechas pelas quais a informação flui), mas que passa pela "bionocracia" e por "escolhas" como a que foi feita em São Paulo, tem seus dias contados. Ou é substituída de fato pela democracia, ou gera os germes da corrupção e da desmoralização que alimentam as forças da direita, sempre ávidas por ver em conspirações esquerdistas o mal do mundo, mesmo quando o favoritismo, a ganância, a concentração da riqueza e a irresponsabilidade política dos donos do poder sejam as causas reais da pressão social hoje existente.

É nesse contexto que se impõe uma solução civil. Que é isso, atualmente? É, em primeiro lugar, a convicção de que a reconstrução democrática para mudar as estruturas sociais e econômicas em benefício dos marginalizados pela miséria, dos trabalhadores e dos assalariados da classe média requer uma visão não oportunística e de longo prazo. Apoiei o general Euler porque, como militar da reserva, ainda que com um passado de sustentação do regime, ele entendeu num dado momento que, para mudar e melhorar o Brasil, é preciso desfazer as falsas oposições, os preconceitos, o entrincheiramento de tudo e de todos em estreitas posições de interesse personalista. Afastou-se do seu meio militar, sem desonrá-lo, e se incorporou à luta política, entrando no MDB, na oposição, participando da convenção, dos comícios, do debate público com o povo nos sindicatos, na imprensa e nas ruas. Deixou o Estado para se abrir à sociedade civil.

É esse o ponto fundamental. A reconstrução democrática real só se fará através da sociedade civil. Isso não exclui o Estado e as Forças Armadas, mas dá prioridade a um estilo de política que sabe que, sem povo, não há democracia nunca, seja ela lenta ou rápida.

Sendo assim, 15 de outubro — a "eleição" presidencial — é apenas um momento da luta democrática. E talvez não seja sequer o mais importante. Não só porque as eleições são "indiretas" e, portanto, mais facilmente controláveis. Mas porque todas elas no regime atual, mesmo as diretas, com a Lei Falcão em cima, bipartidarismo e tudo o mais, são instrumentos precários para a afirmação da vontade nacional e popular.

A saída civil implica entender que, depois de 15 de outubro, virá o 15 de novembro, e que entre novembro e março serão dadas as cartadas decisivas. Evitemos os equívocos: de pouco valeria liquidar o regime autoritário com um golpe militar. Não é essa a proposta do general Euler, muito menos a do MDB. Será preciso mobilizar a sociedade, utilizar o 15 de novembro para assegurar uma vitória tão esmagadora da oposição que destrua os farrapos, não diria da legitimidade, pois esta não existe, mas da credibilidade na capacidade do exercício do poder por parte dos usurpadores biônicos, sejam eles senadores, sejam governadores, sejam presidentes.

Para isso, é necessário que o candidato do MDB à Presidência denuncie e critique o arbítrio, não no desespero da derrota, mas na confiança de que milhões de brasileiros compreendem hoje que o que está em jogo entre nós é a reconstrução nacional. Será esse o momento glorioso para que aqueles que têm simbolizado a luta pela democracia, como Ulysses Guimarães e Paulo Brossard, juntem suas poderosas vozes aos toques de clarim dos militares que não querem golpes, nem os da tropa nem os dos Atos, de forma que a nação sinta que há um rumo a seguir.

Mas será preciso entender também que a história não se repete. Não queremos um novo tenentismo, nem um Estado Novo, tampouco o estreito quadro da redemocratização de 1945-6. O sopro da renovação nacional exige hoje que os trabalhadores e os assalariados tenham voz e vez. Quem dará à ordem nacional democrática em reconstrução o sentido social que ela requer serão os líderes sindicais de oposição, os Lulas, que são muitos, os bispos do povo, com d. Paulo à frente, os pregoeiros da ordem jurídica, como Faoro, os defensores da imprensa e dos meios de comunicação de massa livres, com a imprensa alternativa ativa e a pressão da opinião pública sobre a grande imprensa para que esta veja que seu primeiro compromisso há de ser com o Brasil e com seu povo. A firme defesa dos interesses nacionais — e não necessariamente privatistas que a economia exige — depende da ação política dos líderes do novo Brasil.

É essa a tarefa das oposições. Unir o povo na campanha eleitoral em defesa de seus interesses específicos. Cobrar das lideranças a clarividência da saída civil e democrática, com firmeza e com esperança; pois, se navegar é preciso, as velas que estão pandas hoje são as da oposição brasileira, cujo rumo, embora ainda não com muita clareza, já se deixa vislumbrar. E será tarefa dos políticos não eleiçoeiros estabelecer, acima de suas vitórias pessoais, o interesse nacional e popular, dizendo a verdade, doa a quem doer, fugindo da demagogia fácil dos projetos de impacto para tentar erguer as pontes capazes de suportar o peso da vontade popular em seu ímpeto de renovação, de construção de uma ordem política democrática, de uma ordem social fundada no consentimento e não na força, e de uma ordem econômica equitativa, afinada com o interesse popular.

II. TRANSIÇÃO
(1979-87)

9. O Brasil depois de Geisel*

Geisel, ao imaginar a distensão como processo controlável, sem grandes mudanças no sistema de alianças, não supôs uma variável crítica: a opinião pública e a reação popular.

Há tempos, quando o governo do general Geisel estava por começar, escrevi um artigo no qual manifestava a vaga esperança de poder, por fim, dizer com desafogo: *Regem habemus*. Estávamos, então, no meio do túnel. Quase sempre os que se encontram nessa situação imaginam que basta caminhar mais alguns passos e uma réstia de esperança se deixará vislumbrar. Não sabíamos, então, até que ponto o autoritarismo cavara fundo no cotidiano do país. Nem sequer sabíamos que ocorriam fatos tão significativos como uma guerrilha em pleno Araguaia, e menos ainda que, para desmantelá-la, as populações locais tivessem pagado preço tão alto nas mãos dos "especialistas". Mas todos nós, que líamos

* *Folha de S.Paulo*, 21 de janeiro de 1979.

jornais no país, e ao lê-los nada sabíamos, sentíamos que o sufoco havia chegado ao auge. Como o homem é um ser teimoso por vocação e acredita no que não está à vista, contra todas as evidências imaginei que o regime não poderia ficar pior: que houvesse pelo menos um rei!

Por aí se vê a que ponto as instituições políticas haviam retroagido. Só restava o consolo que de nada vale em termos práticos: a comparação com outras situações históricas. Não se havia chegado, por certo, às noites de São Bartolomeu que abalaram o Chile depois da queda, naquele setembro tenebroso: nem se chegaria à sistemática destruição da Polis como na Argentina, onde, pré-hobbesianamente, o homem tornou a ser o lobo do homem. Mas, em vez de termos, no mínimo, a responsabilidade pessoal de um ditador ou mesmo a aceitação pública do ônus do poder por alguma instituição — as Forças Armadas —, tínhamos apenas a onipresença e a pouca ciência do que se chamava O Sistema. Era a repressão, o arbítrio não responsabilizável por não ser nem pessoal, nem institucional, mas difuso e persistente, que comandava os 100 milhões de brasileiros. A seu lado — mas sem querer assumi-lo como irmão gêmeo —, as forças do Brasil Grande. Grande para as multinacionais e o grande capital em geral; para a burocracia tornada razão substantiva pela imaginação e pelo interesse não só dos tecnoburocratas, mas dos que tiravam a castanha com as mãos do gato, enriquecendo e "progredindo", fossem eles "executivos de alto nível", enxame de semiempresários da classe média, agenciadores de negócios, e assim por diante.

Foi nesse contexto que me pareceu que a emergência de um rei era a saída conservadora para evitar que a manipulação canhestra do "princípio de chefe" degenerasse, como havia degenerado, na privatização, dentro do Estado, de segmentos do monopólio da violência e também na progressiva privatização de partes do aparelho de Estado — através dos "anéis burocráticos"

— que passavam a servir a interesses pessoais e empresariais. Era necessário que alguém assumisse a representação do Estado para que fosse possível trazer novamente à tona, ao menos, a indagação clássica nessa matéria: a relação entre o Estado e o soberano, posto que a relação entre Estado e povo se esfumara no arbítrio e não fora substituída nem mesmo por alguma outra modalidade perceptível de reconhecimento de poder. Era o Estado-fantasma, predicado de um sujeito oculto, o Sistema. Se na lógica da expansão econômica e, portanto, das classes, da sociedade civil, esse não Estado todo-poderoso funcionava às mil maravilhas, segregando uma burocracia mata-borrão que enxugava os vazios da agressividade empresarial e aparecia como super-Estado, no reino da política ele supunha uma cena na qual os personagens se digladiavam em busca de um autor.

Mas que significaria ser rei? Insinuei no referido artigo duas condições. Na linguagem velada, que era o pão nosso de cada dia da época, disse que o soberano haveria de pôr "a OAS em seu lugar". Ou seja, fazer o que fizera De Gaulle quando a podridão repressivo-colonialista enlameada na Indochina e na Argélia tentara apoderar-se do Estado francês: destruir os "serviços especiais" e os segmentos políticos que lhe davam consistência. Em segundo lugar, e paralelamente, seria necessário, nesse sentido, refazer as alianças entre os setores de classe que davam sustentação ao poder, posto que, bem ou mal, o Sistema tinha seus apoios. De Gaulle firmara seu poder oferecendo aos setores mais dinâmicos do capital monopólico francês a chance de construir a autonomia (relativa) tecnológica e militar da França. Poderia Geisel, num país dependente, encontrar brechas para reorganizar o sistema de alianças que sustenta o Estado oferecendo a alguns setores (burgueses, é claro) da sociedade civil um caminho de participação efetiva num projeto de construção nacional?

Era esse o desafio que, a meu ver, o general Geisel enfrentava. Não se abria para ele — nem seria de seu agrado, imagino — uma alternativa realmente democrática. Estávamos no auge da Reação Termidoriana no continente. No Brasil, todos pagávamos as derrotas populares do início dos anos 1960 e o aventureirismo posterior (dito "pequeno-burguês") de uma política da esquerda sem massas. O operariado fora silenciado pelo arrocho salarial e pela repressão (entre 1968 e 1978, não chegou a haver greve de monta). A universidade e o próprio movimento estudantil não conseguiram até então sair da perplexidade desencadeada pela censura, pela autocensura e pelo policialismo. A imprensa apenas engatinhava através dos semanários alternativos, todos sob censura. A classe média adormecia em berço esplêndido, embalada pelos campeonatos de futebol, pelos êxitos do crescimento do PNB (do qual beliscava porções desprezíveis em nível global, mas confortadoras para alguns setores).

O campo ruminava a miséria e, como secularmente, explodia, vez ou outra, na violência dos desesperados. Só a Igreja, talvez, e alguns punhados de jovens ou de velhos idealistas deixaram sua marca de protesto cravada mais fundo nos pés do Moloch em construção. E, desse protesto, os IPMs e os dossiês sigilosos são testemunhas mudas, talvez para sempre. Com frequência, a intenção do protesto se perdia pelos equívocos da forma que assumia, pela impossibilidade prática de constituí-la como força política efetiva, pelo irrealismo das análises ou pelo envelhecimento das ideias diante das transformações da vida.

Como, nesse quadro, imaginar a democratização? Como, pior ainda, pedir a um governo autoritário que viesse a propô-la? Seria ingênuo e injusto. Os dilemas do general Geisel eram outros, mais conservadores, e nem por isso menos árduos. Terá conseguido enfrentá-los?

Eu acho que sim. E convém dizê-lo claramente. Não para atribuir ao general-presidente, ou ao general Golbery, ou a qualquer outro "gênio da raça" a discutível glória de ter aberto uma via à estabilização conservadora, posto que esta nem mesmo existiria se não houvessem ocorrido modificações importantes no comportamento da sociedade civil e se a pressão das classes médias e dos trabalhadores não tivesse sido desencadeada da forma como foi. Mas convém reconhecer, para depois tirar as conclusões necessárias, que, ao menos em parte, sim, tivemos um rei. Mais difícil, como se verá, foi estabelecer as regras da sucessão e, pior ainda, recriar os caminhos pelos quais a Carruagem Imperial poderá seguir sob o aplauso dos poderosos (ainda que sob o apupo das massas, como Luís XIV).

Encarado desse ângulo, o governo Geisel foi uma tentativa de resolver os impasses que se apresentavam para o regime político. Este, já o anotaram os observadores mais consistentes, inaugurara-se ambiguamente com o marechal Castelo Branco, envergonhado de ser antidemocrático, sempre pronto a fazer concessões verbais a um liberalismo elitista, mas que, pouco a pouco, fora assumindo a feição militarista, burocrática e repressiva que o AI-5 proclamara em 1968 como necessária. A inexistência de "princípios legitimadores" aceitáveis, a luta entre facções, o monstrengo de sistema bipartidário gerado, o aviltamento das funções judiciárias e legislativas e tudo o mais foram cozinhando em caldo morno e descosido institucional.

Geisel herdou tudo isso e logo proclamou a intenção de dar um rumo às coisas: a distensão. Pagou, porém, o preço do aviltamento tecnocrático do pensamento político conservador que ocorrera no país: imaginando a distensão como processo controlável, sem grandes mudanças no sistema de alianças. E não supôs uma variável crítica: a opinião pública e a reação popular.

O ano I da distensão mostrou o preço desse engano: as eleições de novembro de 1974, sem férrea censura aos meios de comunicação, resultaram em derrota política. A Arena, imaginada como canal para reorganizar o sistema político, ainda que contrabalançada pelas outras instituições conservadoras, mostrou-se incapaz de polarizar forças vitalizadoras para sustentar um regime "conservador, mas decente". O "Sistema" cobrou seu preço pelo engano dos *policy makers* oficiais. Ele já atuara violentamente em 1975, enchendo as gavetas do general Golbery de dossiês de cadáveres assassinados logo no início do governo Geisel. Em 1975, o "perigo comunista" foi redescoberto. O próprio ministro da Justiça se fez porta-voz de tão graves preocupações: o Partido Comunista existia, possuía até gráficas, com mimeógrafos... O general Geisel, em agosto daquele ano, pôs um ponto que a muitos pareceu final nos projetos liberalizadores.

Foram precisos novos e mais graves incidentes entre o Sistema e o governo para que, de novo, a visão conservadora, reacionária mesmo em termos políticos, mas não facinorosa do Palácio do Planalto, se alertasse. Foi no episódio da morte de Vladimir Herzog e de Manoel Fiel Filho, e da subsequente destituição do general Ednardo, que o poder imperial começou a "pôr ordem na casa". Nas circunstâncias, não há como negar: o general-presidente atuou como chefe — como rei — e começou a preparar a possibilidade da saída conservadora para a iminência da degenerescência do militarismo em violência quase privada, "à la Argentina".

Nesse ínterim, entretanto, a outra crise, não a do regime, mas a do próprio Estado (isto é, do sistema pelo qual as classes sociais e seus segmentos se organizam para permitir a dominação), se instalará mais fundo. O "milagre econômico" acabara (não entrarei em temas econômicos neste artigo para não repetir o que outros comentaristas dirão), e o governo, como gestor do aparelho burocrático do Estado e como expressão das alianças políticas que permitem a existência do próprio Estado, se via assoberbado pela crítica da sociedade civil. Esta, que silenciara, dando a impressão de consentir sob o governo Médici, começou a espernear. O governo Geisel enfrentava a pesada herança do pós-milagre: a dívida externa, os juros altos, a inflação e, acima de tudo, o sobredimensionamento dos projetos de investimento no Brasil Grande. Tudo isso numa conjuntura internacional recessiva.

Coube, portanto, à administração Geisel a tarefa de redimensionar o gigante, talhando-o em proporções menos paranoicas. Só que a rearrumação da casa teve preços: as caixas (do Tesouro, sob formas múltiplas) baixaram, e, portanto, o repasse para mãos privadas passou a ser mais disputado. Nesse contexto, a presença de empresas estatais (e do setor público em geral) passou a ser "inquietante". Foram os anos da crítica ao "estatismo". Os empresários ditos nacionais (especialmente dos setores de bens de capital) quiseram defender-se do favoritismo às multinacionais e às empresas públicas. Estas, por sua vez, se defenderam como puderam das tentativas do governo e da burocracia da administração direta para discipliná-las e fazê-las atuar como parte do "sistema estatal". As multinacionais manejaram a seu modo o endividamento no mercado internacional e sua superioridade tecnológica, pondo as políticas oficiais frequentemente em xeque, e assim por diante.

Rompido o equilíbrio do "tripé" do desenvolvimento (empresas multinacionais, estatais e privadas), rompeu-se também a unanimidade no governo. Severo Gomes por um lado, Mário Henrique Simonsen pelo outro; BNDE por uma parte, Secretaria-Geral do Planejamento pela outra; moralismo militar versus necessidades imperiosas de cobrir os furos do sistema financeiro: mordomias, salvação das bancarrotas e moralidade administrativa como ideal, bem como toda uma coorte de choques de opinião e de interesse.

Foi, portanto, num duro terreno minado pela discórdia de interesses que o governo Geisel caminhou. Diante disso, se antes já se sentia a necessidade de estabelecer as "regras do jogo", passou a ser crucial, para evitar que a discórdia acabasse por romper o Estado, restabelecer um sistema de válvulas para aliviar a pressão e, ao mesmo tempo, recriar um sistema de freios para salvar, se não os anéis, os dedos das camadas dirigentes. Que a aliança fundamental da dominação poderia romper-se era visível: setores militares, setores empresariais, o MDB, setores oposicionistas não integrados nos partidos do regime e até setores populares começaram a reconhecer-se como peças do jogo: poderiam, mais tarde, exigir não a mera "distensão", mas a democratização.

A liberdade de imprensa foi sendo obtida gota a gota: como pressão da sociedade, mas também como artimanha necessária do Palácio do Planalto. De TV e rádio nem se cogitava: são peças demasiado sensíveis para o cimento ideológico do país. A tortura e as prisões arbitrárias foram se reduzindo, embora não se extinguissem por completo. Até mesmo o exercício da greve veio como conquista dos trabalhadores, mas também com um fechar de olhos de Brasília. Os ministros — e, por vezes, o próprio Júpiter Tonitruante — usaram os meios de comunicação para ameaçar. Porém, mais dentro de uma tática de impor limites do que para coibir totalmente. Foi assim até mesmo com o movimento estudantil, embora, nesse caso, os excessos dos policiais tenham sido maiores.

Nada disso deve ser entendido como "concessão": é que não havia mais a unanimidade na cúpula para que o risco das imposições fosse previsível. Mas nada disso pode ser entendido se não se considerar também que havia uma tática de "liberalização conservadora". Rompido o anterior sistema de alianças que sustentava o Estado, os grupos dirigentes, quase por instinto de conservação, foram buscando novas acomodações. A fim de consegui-las, usaram os instrumentos de liberalização como tática: para ganhar o apoio das partes da opinião pública que ainda se aninhavam na Arena, as que estavam no setor estatal dito "esclarecido" dos gabinetes planificadores, em algumas instituições da classe média (a OAB e a ABI como símbolos), nas Igrejas, no empresariado e, especialmente, nas Forças Armadas. Levantado o véu da censura, agilizavam-se mais facilmente opiniões ao gosto do Planalto; contra determinados setores do governo; degelado o sistema de partidos, certas táticas de envolvimento poderiam ser desempenhadas com mais folga (basta ver a "missão Portela"); e assim sucessivamente.

O desenrolar final desses lances foi cada vez mais dramático. Era preciso vencer o saudosismo do arbitrário (episódio Frota) e deslindar a sucessão. E evitar que a rearrumação da casa fosse feita jogando pela janela todos os móveis antigos. Foi mais fácil o episódio final de "pôr a OAS no lugar" do que vencer politicamente os riscos de perder o controle do processo de liberalização conservadora. De fato, contra os desmandos do militarismo de ultradireita, quando se deu a crise do general Frota, já havia uma quase unanimidade nacional. Contra os anseios de uma democratização mais ampla (que acabou sendo proposta pelo general Euler), era preciso navegar em mar encapelado.

De novo, contudo, o governo Geisel foi consequente em seus propósitos de mudar algo, sem mudar muito. O episódio-chave que garantiu o controle do processo foi a promulgação do pacote de abril, em 1977. A violência do fechamento do Congresso se tornou pequena diante da maior, ocorrida quando a Constituição, outorgada em 1969, foi novamente emendada por obra e graça de meia dúzia de conselheiros pessoais do presidente, os chamados "constituintes do Riacho Fundo", nome do palácio em Brasília no qual se reuniram. Não eram mais as Forças Armadas que arbitravam, nem foram elas consultadas a respeito das emendas casuísticas, feitas para assegurar as vitórias eleitorais do governo e a aprovação de leis constitucionais por maiorias simples. Nunca foi essa pobre Arena de tantos desenganos. Era o "grupo do Palácio". Era o imperador. O "Estado sou eu". Mas "eu", no caso, é a vontade conservadora de uma elite dirigente que expressa, mais que a vontade pessoal do monarca, uma tendência larval das elites econômicas, nos altos mandos militares, em setores limitados, porém influentes, das elites intelectuais e dos meios de comunicação de massa, e até, quem sabe, em segmentos mais amplos das classes médias. Vontade de mudar, sim, mas com segurança e vagar. Vontade esta que resultou agora no "governo de conciliação revolucionária".

Qual o preço dessa mudança?

Os setores ultra estão marginalizados. O *fiat* tecnocrático, dificultado pela ampliação da negociação política ao círculo restrito de notáveis mais próximos aos palácios, a qual se tornou necessária para refazer os esquemas de poder. Ressurgiu uma "classe política" (expressão deturpadora que se refere à existência de uma política de notáveis, típica de uma ordem tradicional) dependente da concessão de prebendas governamentais (postos ministeriais, senatoriais biônicas, governadorias indiretas etc.), porém atuante em defesa própria e ocupando um espaço que antes era privativo dos militares e dos tecnocratas. E sobretudo: um regime que faz concessões "liberalizantes", mas não concessões democráticas.

Dessa forma, o regime cortou algumas das amarras diretas entre si e o sistema. Reorientou o papel das Forças Armadas na direção do exercício de uma função tutelar, considerada pelos donos do poder "necessária e normal". Expeliu o AI-5, ou seja, o reconhecimento expresso do arbítrio presidencial, substituindo-o pelas "salvaguardas constitucionais", determinantes para a manutenção da função tutelar dos militares. Abriu certo espaço para o Judiciário, mas manteve o Legislativo como uma área de incerteza: nem mexeu na estrutura dos partidos, nem ampliou as funções legislativas, todavia assegurou condições mais favoráveis para o exercício dos mandatos, limitando os poderes de cassação do Executivo. Tudo isso sem devolver à sociedade civil as chaves mestras do processo decisório, nem através de eleições, nem por sua presença mais institucionalizada nas decisões nacionais. "Democracia, mas sem povo."

Foi na questão da reorganização do sistema de alianças sobre o qual há de repousar o regime da distensão que se viram, com maior clareza, os estreitos limites conservadores nos quais as reformas geiselianas operam. Nenhuma "abertura" na direção popular. A lei antigreve é a "salvaguarda" contra o povo; escassas concessões políticas aos setores modernizados e educados das classes médias que desejam eleições diretas, reformulação partidária, discussão pública das questões econômico-financeiras (basta ver o caso da compra da Light para ter uma ideia da intolerância governamental nessa matéria); incorporação de novos atores apenas pela via da cooptação daqueles que, por seus interesses e personalidades, são absorvíveis pela "política de notáveis". E, no fundamental, a mesma política econômica de base, reforçando o "tripé desenvolvimentista" nas condições atuais.

A expressão final e cabal do estilo geiseliano de mudança política foi a sucessão presidencial e a composição do novo gabinete. Nesses episódios prevaleceu a vontade férrea do imperador (e de seu círculo imediato de fâmulos) para arbitrar contra tudo e contra todos e impor tanto a candidatura Figueiredo quanto, por outro lado, a imediata recomposição através da formação de um gabinete de "conciliação revolucionária" de boa parte dos interesses contrariados. Ou seja, feitos alguns remendos no regime, em vez de o governo partir para uma composição que levasse a novas alterações, parte para restabelecer a unidade entre os setores dirigentes que se formaram precisamente na vigência do AI-5. Mas estariam enganados os que pensassem ser isso uma estratégia para evitar novas "aberturas": é para fazê-las, sob controle do mesmo grupo de interesses.

Formou-se, assim, um clique, uma fronda conservadora, contra a ameaça de ruptura do Estado. Transformou-se algo do regime para não mudar as bases políticas de sustentação do Estado. E agora?

Para entender contra o que se organiza essa fronda conservadora, é preciso ter presente que, bem ou mal, o Brasil é um país que passa por uma experiência singular no mundo contemporâneo: nele se desenvolve um agressivo processo de crescimento capitalista. E isso não é um fato banal. Ao contrário, poucos países dependentes (que se articulam no mercado mundial como "periferia") conseguiram se reintegrar no processo de divisão internacional de trabalho como produtores parciais de produtos industrializados. A internacionalização do sistema produtivo integrou — através da atuação das multinacionais e agora de algumas grandes empresas locais e estatais — a economia brasileira à economia oligopolista internacional. Mais ainda: isso se faz num espaço nacional amplo que dispõe até hoje de imensas fronteiras agrícolas.

Não é difícil perceber as condições sociais e as consequências políticas desse processo. Urbanização (megalopolização), modernização das estruturas do sistema estatal, formação de enormes complexos burocráticos tanto no nível do Estado quanto no de empresas privadas, intensa migração interna, concentração de renda e, apesar dela, mobilidade social, deslocamentos migratórios maciços etc. nos dão o pano de fundo dos grandes processos estruturais brasileiros. Tudo isso implica a expansão do sistema de classes (exemplo simples: passa-se de 3 milhões para 12 milhões de trabalhadores industriais no espaço de menos de vinte anos; surgem novos setores de "classe média" educada e tecnológica; emergem os "boias-frias" sem que diminua o número de famílias camponesas, e assim por diante). Ainda que Deus fosse mesmo brasileiro, dado que não é possível evitar as crises e as difíceis conjunturas tanto da economia quanto da política, tem-

-se o endividamento externo pesando sobre o país, os interesses das multinacionais não se ajustando automaticamente nem aos desígnios do governo, nem aos interesses de seus sócios nacionais, a inflação comendo os salários e os orçamentos, o custo de vida martelando as famílias da maioria da população, os sindicatos renascendo, as universidades criticando de novo. Enfim: tudo, menos a estabilidade a que a fronda conservadora aspiraria para imprimir sobre a massa imensa do país um destino de grandeza, sem reivindicações incômodas.

As soluções políticas obtidas pelo governo Geisel são acanhadas diante do peso das grandes questões nacionais. Elas protelam, mas não resolvem nem encaminham soluções para os problemas de base do país. Estes, numa enumeração breve para que se tenha uma ideia do que será o "Brasil depois de Geisel", vão desde as mais prementes aflições conjunturais até as questões que os militares gostam de qualificar de atinentes aos "objetivos nacionais permanentes".

Comecemos a exemplificar pelo mais imediato e óbvio: a inflação do ano passado rondou os 40%. Se medidas drásticas não forem tomadas, essa taxa pode alcançar rapidamente uma tendência aos 60%, no ano em curso. Há patamares difíceis de precisar, que mudam qualitativamente o sentido do processo inflacionário e de suas consequências políticas. É provável que uma inflação no nível de 60% já represente algo não absorvível sem crises sociais e políticas. Logo, é imperioso conter a inflação. Mas como e a que preço? Se a fronda conservadora imaginar que o "remédio ortodoxo" vai ser aplicado às custas do nível de salários sabendo que não foi ele que provocou a inflação, e se imaginar que o MDB, os sindicatos e o povo vão absorver o golpe solidariamente com o governo, estará se enganando e terá de enfrentar situações delicadas que porão em xeque a ourivesaria política das miniliberalizações para perda geral do país.

Tomemos o outro lado da medalha: como será feita a propalada redistribuição de renda e como se entrosarão as políticas econômicas com as políticas sociais? A ninguém parece sensato um plano que contenha a inflação e, ao mesmo tempo, dê sinais de redistribuir a renda efetivamente. E existem demandas, a partir de setores sociais diferentes, para que se façam as duas coisas. Como, no quadro apertado de um gabinete de "conciliação revolucionária", lidar com firmeza e com apoio social essas duas intrincadas questões?

Não será a mesma dúvida que se repõe na discussão do problema energético quando as opções e as combinações entre o uso de energia hidráulica e de energia nuclear, entre o consumo crescente de petróleo e sua escassez, entre os padrões de consumo das classes bem aquinhoadas e a realidade do país necessitam de soluções inovadoras e com um grau razoável de consentimento social para ser eficazes? E idêntico raciocínio não se estende para o encaminhamento das questões urbanas prementes (poluição, transporte de massas, habitação etc.)? E as questões agrárias foram acaso encaminhadas?

Por aí se vê que os arranjos políticos de "liberalização contida" e de práticas oligárquicas de uma política de notáveis, se são capazes de contornar o temporal momentaneamente, não conseguem conter as pressões que virão e que estão enraizadas não na "perversidade" ou na "irresponsabilidade" das oposições, sejam elas representadas pelo MDB, pelas Igrejas ou pelas instituições da sociedade civil (como os sindicatos, a imprensa, as organizações profissionais, de moradores etc.), mas na própria natureza do processo de crescimento da sociedade. Se as reformas institucionais propostas não são suficientes é porque elas não entram a fundo nas questões da participação política da modernização dos mecanismos de tomadas de decisões de modo a abri-los à opinião pública, na reformulação partidária e no estabelecimento de um sistema democrático de negociação entre as partes interessadas.

Elas mantêm o arbítrio político em círculos restritos (burocráticos, empresariais e militares), proporcionando certa folga aos direitos individuais, e, ao mesmo tempo, dada a "liberalização", aguçam na massa da população a sede de informações e o desejo de participar das decisões nacionais.

Do ângulo mais estreito dos arranjos políticos de grupo, a estratégia de poder representada pelo gabinete de "conciliação revolucionária", que teve como argamassa para os arranjos de cúpula os frangalhos de um sistema partidário que deu ao governo a Arena, não só parece incapaz de responder aos grandes problemas nacionais encaminhando soluções negociadas para serem estáveis, como se baseia no afastamento de todas as forças "potencialmente disruptivas" dos centros de decisão. Ora, as forças potencialmente disruptivas são exatamente mais "modernas", as que foram criadas ou recriadas pela expansão capitalista recente.

Assim são os operários marginalizados, os técnicos mais críticos e a intelectualidade em sentido amplo (isto é, a classe média que passou pelas universidades), e também os empresários que não se acotovelaram no apertado sistema de notáveis de Brasília. Disso tudo resulta até uma expressão geográfica: São Paulo, em particular, e o Centro-Sul de modo geral, passam a pesar menos no sistema decisório nacional do que sua expressão econômica e cultural indicaria ser necessário para que as decisões nacionais fossem mais abertas e mais consensuais. Não será esse um problema de "geopolítica" que preocupe as mentes militares menos engolfadas nas disputas imediatas de poder?

Dito de maneira analógica: tendo havido a modernização capitalista sem uma "guerra de secessão", não teremos sido condenados a suportar um sistema político inerentemente anacrônico e contraditório que, quanto mais se esforça por fazer o país progredir materialmente, mais se embaraça numa ótica política tacanha que sempre posterga a democratização para manter grupelhos no poder? Daí não poderá surgir, no futuro, uma corrente com graves reflexos em todo o sistema nacional agressivamente anti-Brasília? Isso só não ocorrerá se as oposições do Centro-Sul e de São Paulo, em particular, forem capazes de gerar lideranças com sentido genuinamente nacional.

Mas o que significa hoje uma liderança genuinamente nacional? Para mim, uma liderança que, em primeiro lugar e primordialmente, entenda que as grandes questões nacionais devem ser pensadas do ângulo dos interesses populares.

Portanto, para que o Brasil pós-Geisel não mofe em minirreformas palacianas sem substância de apoio social, nem se estiole em soluções tecnocráticas que encaminhem as questões assinaladas e muitas outras mais presumindo responder ao que os planejadores julgam ser os interesses nacionais (que raramente coincidem com o interesse popular e com frequência se confundem com os interesses das multinacionais), será necessário que sejam discutidas e encaminhadas as questões do país sem separar a democratização dos interesses populares e sem imaginar que as questões nacionais se assentam apenas na razão do Estado, ou no interesse do empresariado. Não basta que essas questões sejam formuladas a partir da ótica atual e estreita de interesses partidários.

Existe, no Brasil de hoje, um desafio maior: não se trata somente da questão da democracia vista do ângulo institucional; trata-se da necessidade de democratizar a própria sociedade. As grandes questões do mundo contemporâneo passam, sem dúvida, nos países democráticos, pelos Congressos. Mas tangencialmente: são discutidas por todo o país e preparadas e implementadas por um sem-número de agências governamentais e privadas. Democratizar a sociedade implica aumentar o número de arenas nas quais a opinião pública esteja presente, e implica que nelas exista lugar para a diversidade de opiniões. Nada disso pode ser feito sem ampla informação, sem organização livre de grupos de opinião e sem partidos que não existam apenas através de comitês eleitorais e da atuação de parlamentares, mas que tenham capacidade de criticar as políticas no dia a dia, de aglutinar os grupos e de racionalizar as decisões.

É esta a conciliação nacional possível: conciliar o povo com os mecanismos decisórios, dando-lhe participação efetiva. O resultado desse processo levará a uma inevitável e drástica reformulação da política de notáveis e a um novo arranjo no equilíbrio entre as forças sociais e regionais.

Teremos a capacidade política de marchar nessa direção sem fraturas ainda maiores no sistema nacional? É nesse ponto que a questão das lideranças se torna crucial. O general Geisel teve a férrea vontade para alterar alguns aspectos do arranjo político anterior. Faltaram-lhe a visão nacional (no sentido já caracterizado) e a grandeza para dar um passo que poderia custar, eventualmente, a perda do controle da situação por parte do grupo ao qual pertence. Fez o sucessor, dotou o país da camisa de força de um novo conjunto de regras políticas que possibilitou o fortalecimento da fronda conservadora, e vai agora descansar, pensando ter cumprido o seu dever.

Não criou, entretanto, um sistema capaz de ser durável, que, se o fosse, encaminharia as reformas de base de que o país necessita. E legou ao país um sucessor que não parece dotado da mesma vontade férrea de sua têmpera e que terá de governar num clima de pressões muito mais fortes. É nesse contexto difícil que a sociedade brasileira enfrentará, nos próximos anos, os pesados desafios que definirão seu perfil até o fim do século. Só mesmo se Deus for brasileiro e se, independentemente dos pequenos interesses de manutenção imediata de poder, for possível projetar novas forças e novas lideranças na vida nacional, escaparemos do clássico impasse entre justas pressões populares sem rumo político viável e a intolerância reacionária que, para manter posições vantajosas de poder, nada cede ao interesse popular.

10. Os rumos da oposição (1)*

O sufoco dos anos da repressão, tortura e censura foi se dissipando. Na "transição", o futuro é aventura e a capacidade de criar saída para o que, pela rotina, desembocaria fatalmente em impasse e retrocesso.

A história recente mostra alguns casos de transição de regimes autoritários — alguns fascistas de fato — para a democracia. Grécia, Portugal, Espanha são os mais notáveis. Em quase todos eles, a ruptura da ordem autoritária se deu concomitantemente à derrota militar dos exércitos que lhes davam sustentação. Sob essa forma, e de modo ainda mais estrepitoso, deu-se também a libertação nacional de países africanos e asiáticos que saltaram algumas vezes de um regime colonial opressivo para regimes socialistas, alguns dos quais autoritários. Raramente, entretanto, houve um processo de redemocratização sem quebra da espinha dorsal do regime anterior

---

* *Folha de S.Paulo*, 24 de maio de 1979.

constituída pelas Forças Armadas. A Espanha é um desses raríssimos casos, com a característica de ser um país sujeito às marchas e contramarchas da política europeia e no qual as classes trabalhadoras têm longa tradição de luta, tendo exercido imensa pressão nos dez anos anteriores à queda do franquismo.

Será que o Brasil constituirá um segundo exemplo da mesma natureza? É cedo para responder a isso. Até agora, criou-se uma situação ambígua: com a pressão popular, a crítica da Igreja, as lutas da classe média e a oposição do MDB (que recolheu as lutas oposicionistas em geral e se incorporou a uma história de resistência), o regime começou a ceder. Não foi só por isso: as fendas abertas no tripé de sustentação econômica do regime graças às dificuldades econômicas (basta referir a inflação e a dívida externa como sintomas) e a persistência de ambiguidades liberais no seio do bloco dominante criaram condições propícias para a "distensão". Mas esta se deu até agora sem focar no essencial: nas regras relativas a quem decide e sobre o que se decide.

Houve, é certo, um desafogo. O sufoco dos anos terríveis de repressão, tortura e censura foi se dissipando. A palavra flui mais livre, sem estancar na garganta entupida pelo sal grosso de tantos suplícios. Até a imagem pela TV aparece mais crítica. Além disso, vai sendo gestado um espaço para a reivindicação social; as greves, contidas, mas não reprimidas, vão criando um novo léxico político. Negar importância a tudo isso e insistir em que nada mudou é miopia de quem se deixa prender pelo passado e insiste em antecipar o futuro como mera projeção do que já acabou. Perguntar pelas garantias desse processo (embora assegurá-las deva ser uma preocupação de todo democrata) significa não entender o que é a "transição": nela o futuro é aventura, e a regra maior, a capacidade de criar saída para o que, pela rotina, desembocaria fatalmente em impasse e retrocesso.

É nesse contexto, de um processo político que, por ora, abriu espaços, mas não decantou alternativas de poder, que se apresentam os desafios à oposição. E as dificuldades são muitas: quando subjetivamente há a impressão de se estar a um passo da normalidade democrática, de repente se percebe que o governo tem ainda a faca e o queijo na mão. Ele não dispõe, é certo, do AI-5. Mas herdou todo o instrumental de exceção que foi construído pela ditadura: um Congresso talhado a golpes do pacote de abril com biônicos e tudo o mais, uma Lei Falcão ainda válida, uma Lei da Magistratura que provoca aposentadorias em cadeia, umas cadeias ainda cheias, milhares de exilados lutando por sua volta e tudo por fazer em matéria de institucionalidade democrática.

É este último ponto precisamente que assegura ao governo margem de manobra. Ele não explicita quase nada: negaceia e ameaça. Talvez acabe com os partidos, talvez não; quem sabe prorrogue mandatos de prefeitos, vereadores, dirigentes partidários, quem sabe, não; virá a anistia: mas quando e de que forma?

E assim, cozinhando em banho-maria os anseios nacionais, o governo tenta desmoralizar a oposição, semeia a descrença nas massas e assusta a todos com o fantasma da inflação e a necessidade do arrocho orçamentário e creditício. Pensa que poderá pôr e dispor do país, talhando a "democracia sob medida" para, ao mesmo tempo, afrouxar as tensões e não ceder milímetro de poder.

Cabe à oposição, nessas circunstâncias, romper o nó górdio. E a ruptura há de ser obtida utilizando-se da tática oposta à do governo: em vez de fazer o jogo escondido, é preciso abri-lo ao sol luminoso da opinião pública.

Mas, para isso, existem precondições. A primeira, e principal, é a busca do "enraizamento", a segunda, a bússola que aponte o rumo certo. Discutirei em artigos posteriores os dois tópicos. Mas convém, ao menos, delineá-los aqui.

Não é só o MDB que "flutua" numa sociedade que começou a movimentar-se, mas ainda sem os passos firmes do andarilho.

É todo o sistema político que perdeu contato com a base. Esta, nos últimos quinze anos, se manifestou quase que exclusivamente durante o período eleitoral (e nem sempre, e nem toda ela). Agora se agita em reivindicações, se improvisa em lideranças, tateia a si mesma em busca de identidade. Quando olha para a política para ver se está refletida nela, encontra espelhos meio foscos, salpicados aqui e ali de pontos que deixam entrever uma relação entre quem olha e o que vê, mas sem nitidez.

É esta a busca das raízes: quem o MDB representa? A todos e a quase ninguém: depende de quem no MDB e em que momento. E também do estado do corpo social: às vezes na letargia de quem não crê possível, mas gostaria que fosse, partes imensas da sociedade jazem sem articulação para propor a mudança e espiam, paralisadas, as piruetas políticas dos que falam generosamente em seu nome, mas não têm as asas sustentadas pelo apoio ativo das massas; outras vezes — como nas greves — segmentos ágeis da sociedade avançam anos-luz e desenham meteoricamente o perfil do futuro, deixando o setor político à margem e boquiaberto com tanta reserva de energia não canalizada de modo sistemático para a luta política.

Culpa do MDB? Transição é desencontro. Política na transição é a busca das raízes para permitir o reencontro. Por certo, as organizações políticas atuais perecerão se não forem capazes de se renovar, e a forma política do futuro (e não longínquo) será refeita em outros moldes.

Porém, como a crise atual não é só dos partidos, mas também da sociedade, os rumos não virão espontaneamente da base. Sem que o setor político (lato sensu: não só os políticos profissionais, mas as lideranças trabalhistas, a Universidade, a Igreja etc.) defina o rumo da transição, os movimentos reivindicatórios se estiolarão neles próprios (curtindo suas vitórias chochas como no ABC ou suas decepções como no caso do funcionalismo público), e as tentativas de revitalização política serão como bolos sem fermento (como as campanhas pela Constituinte ou pelas eleições diretas). Haverá "desafogo", mas não mudança política efetiva.

Nesse sentido, creio que daqui para frente a responsabilidade da redemocratização é nossa. Ou, como oposição, exercitamos a humildade para nos enraizar sem a pretensão de que já expressamos a sociedade e, ao mesmo tempo, não renunciamos a assumir a responsabilidade de propor rumos a serem submetidos à sociedade. Os rumos terão de ser claros e não podem ser apenas institucionais. Todos sabem que a oposição é democrática. O que não sabemos é como exercer essa democracia e o que fazer com ela. Ou a oposição (ou partes dela) se assume como partido popular e partido das reformas, tendo como suporte os assalariados (e, dentre estes, em especial os trabalhadores), ou ela se perderá na busca de uma unidade idílica de todos para "derrubar a ditadura", sem dizer o que fazer e com quem depois da queda.

11. Os rumos da oposição (2)*

Já não bastam o sangue e as lágrimas do passado para justificar a ação política. Agora é preciso apontar as esperanças e tecer as articulações que fortaleçam a ordem democrática.

O desafio que o MDB tem pela frente é grande, mas claro. Passou a época na qual bastava emitir símbolos indiretos de resistência ao regime para unificar as forças oposicionistas e sacudir a letargia da sociedade. Agora se trata de assentar as bases para a democracia. Contraditoriamente, o regime de 1964 a 1968 continua em vigor; mas ele assiste como cadáver insepulto à missa de corpo presente de seu enterro. É possível que resquícios seus se reinstalem na armadura institucional futura, como se fossem fantasmas de casarão inglês; e não nos esqueçamos de que velhos fantasmas matam de susto. É possível, portanto, uma

---

* *Folha de S.Paulo*, 17 de junho de 1979.

recidiva do autoritarismo. Mas cabe a nós da oposição dificultar os nossos sustos.

Como?

Em primeiro lugar e principalmente, movendo-nos. Já não bastam o sangue e as lágrimas do passado para justificar a ação política. É preciso apontar as esperanças e tecer as articulações que fortaleçam a ordem democrática. Nesse esforço, existem temas e tarefas que são comuns a muitos grupos e a várias tonalidades oposicionistas. Não devemos desfazer a grande frente nacional de resistência democrática. Caberá às lideranças do MDB e de fora dele manter as pontes desimpedidas e os diálogos constantes.

Assim, foi positivo que, no Encontro de São Bernardo, os 56 deputados federais presentes, as dezenas de deputados estaduais, os 45 líderes sindicais, os intelectuais e as duas dezenas de líderes cassados que estão no Brasil reafirmassem sua posição contrária à extinção do MDB pela força. E, do mesmo modo, foram positivas as vozes das lideranças nacionais do general Euler Bentes Monteiro, do sr. Severo Gomes, de combativos senadores do Rio de Janeiro, para mostrar que a luta continua e é ampla.

Mas o coro da resistência democrática não deverá abafar a voz das demandas sociais e econômicas específicas. Hoje, o grande desafio da oposição é o de viabilizar propostas políticas de nítida conotação popular.

Que quer dizer isso?

Que as reivindicações salariais e sindicais dos trabalhadores, as reivindicações relativas à qualidade de vida urbana, as lutas dos trabalhadores do campo, a defesa dos interesses econômicos das classes médias, a defesa do consumidor serão a bússola da política do futuro. Mas nada disso se desenvolverá no vazio da boa vontade e do desejo. Caberá à oposição ir definindo as políticas que permitirão que o interesse das classes populares não se dissolva em propostas demagógicas dos que gritam sem nada propor porque não sabem o que fazer. É preciso que a oposição afine seus instrumentos de luta política e diga o que pensa sobre a inflação, sobre a questão energética, sobre a CLT, sobre como vê a presença das multinacionais, sobre os fundos de acumulação, sobre a política tributária, sobre as políticas urbanas, sobre as políticas agrárias, enfim, sobre as grandes questões nacionais. E tudo isso terá de ser equacionado do ângulo dos interesses da maioria da população, e não mais, como até hoje, para reproduzir os privilégios de minorias.

Mas não basta um programa. Está chegando o momento no qual o enraizamento social da oposição implicará que setores populares participem devidamente da vida partidária. E é esse o ponto mais delicado da questão: como abrir espaço à participação efetiva das camadas populares, respeitando, ao mesmo tempo, a indispensável autonomia da sociedade civil, dos sindicatos, das Igrejas, dos movimentos sociais e reivindicatórios?

Em outros termos: é preciso ir construindo os alicerces de um partido popular moderno. Amplo. Sem sectarismos, pois um partido de massas não se confunde com um lobby nem se identifica apenas com um segmento da sociedade, por mais expressivo que ele seja (como as Igrejas ou os sindicatos). Tampouco se construirá um partido apto a encaminhar as grandes questões da transformação social de uma sociedade industrializada se ele contar somente com quadros dirigentes, nem mesmo se alguns desses quadros tiverem vocação carismática. O caudilhismo populista agita e galvaniza, mas não decanta nem encaminha soluções para as maiorias.

Entendo que no debate sobre a reformulação partidária que ora se trava têm faltado clareza e imaginação: uns se aferram à ideia do "partido-ônibus", em que convivem tudo e todos, dos adesistas aos mais lídimos oposicionistas, de negocistas a líderes sindicais e populares. Partido-frente, sem outras especificações que não a da "oposição à ditadura". Outros propõem o "partido dos puros", a pureza definida seja pela origem de classe, seja pela têmpera ideológica. Uns se aferram ao passado, quando as circunstâncias criaram uma vala comum de defesa e sobrevivência. Outros ao utopismo, que não leva em consideração as condições reais da vida política e da sociedade brasileira.

Proponho uma variante ao utopismo e um rechaço mais eficaz ao oportunismo eleitoreiro: necessitamos de um partido popular, de massas, que não seja nem conduzido carismaticamente, nem dirigido por quadros sectários. Um grande partido, maleável regionalmente no tom e nos temas, mas que se una nacionalmente na vontade clara e insofismável de reformar a fundo as estruturas. Que seja radical no sentido preciso: indo à raiz das questões. Que não se esquive do combate à opressão e à exploração, mas que não se contente com a proclamação de princípios. Que entenda que política é força e não apenas propósito, mas que recuse o uso da força sem propósitos.

Como pode nascer partido com semelhantes características? Do encontro do MDB, que somou a maioria dos quadros políticos com vocação popular, com as lideranças e as bases dos trabalhadores, dos moradores da periferia, da classe média assalariada, da intelectualidade, das comunidades de base, dos movimentos do campo etc. Encontro, este sim, de mãos estendidas e coração aberto, não para manipular ou dissolver a especificidade dos movimentos sociais com o pulso firme de lideranças políticas, mas para articular o social com o político, de forma a assegurar as autonomias respectivas. Sem essa articulação, o social se agita e se decompõe pela repressão ou pela impossibilidade de generalizar as demandas (como ocorreu nas últimas greves) e o político se desfigura, apodrecendo em seu próprio caldo, como vemos agora nas imputações recíprocas de emedebistas sobre acordos e conchavos, até mesmo com aqueles que simbolizam, como o sr. Maluf, tanto o regime como a corrupção.

Quer isso dizer que o MDB renovado ou o partido popular

que lhe dê continuidade e vida nova haverá de restringir a participação aos "eleitos" ou aos que estão "à esquerda"?

Obviamente não: a voz firme de Ulysses Guimarães, a luta persistente de tantos senadores e deputados do MDB nos piores anos da repressão, a retidão do brado pelo estado de direito de tantos, como Faoro, sem deixar de mencionar os sermões não partidários em favor dos explorados e oprimidos de d. Helder e de d. Paulo, são ingredientes constitutivos da futura ordem democrática e da oposição popular. Só que, até havia pouco, era esse o timbre de voz quase exclusivo que ressoava, porque o regime não conseguia contê-lo. Agora o "clamor do povo" dá à partitura o tom inequívoco de uma oposição que será popular não apenas por seus propósitos, mas por sua constituição.

É preciso lutar pela continuidade do MDB. É preciso que a oposição se oponha ao casuísmo do governo, que deseja extinguir os partidos para melhor manobrar. Mas só a continuidade não basta: que venha o pluripartidarismo e que nele os que realmente sempre foram oposicionistas, e não apenas nos comícios eleitorais, se juntem e estendam as mãos às lideranças populares para transformar o MDB num partido, aí sim, permanente porque enraizado na livre vontade popular. É esse o desafio. As manobras governamentais podem extinguir a sigla, mas não extinguirão o povo nem a oposição popular. Extinto o MDB pela força, teremos imediatamente um movimento democrático do povo brasileiro, qualquer que seja a nova sigla. Mas, para isso, é preciso repudiar o continuísmo sem princípios e o fisiologismo disfarçado de emedebismo. As oposições, para manterem-se unidas, têm de aceitar o desafio do presente: o MDB tem de enraizar-se nos movimentos sociais e rumar firme para uma proposta popular capaz de propiciar a transformação social de que o Brasil necessita. Com esta ou com a sigla que continue a tradição democrática e popular, a oposição crescerá ainda mais no futuro.

12. Ainda a greve[*]

> *A reivindicação de São Bernardo transcende à fábrica e ao partido. É o batismo de cidadania de uma massa jovem. Trabalhadora, nordestina em larga proporção, urbana, combativa e democrática e, no limite, radicalmente contra as estruturas de opressão sociais, econômicas e políticas.*

A esta altura, tudo de relevante já terá sido dito sobre a greve do ABC. Não obstante o tema da greve ainda é a grande questão. Por quê?

Porque não é São Bernardo apenas que está em jogo; não é apenas a incrível resistência de uma categoria profissional que extrapolou o mês à mingua de trabalho, de salário e de esperança de diálogo; não se trata sequer da fusão momentânea em São Bernardo de tudo que a sociedade possui de mais sensível à hora e à necessidade de mudança: nunca se viu Igreja e políticos, jor-

---

[*] *Folha de S.Paulo*, 7 de maio de 1980.

nalistas e sindicatos, partidos e demais entidades da sociedade civil tão unidos como agora para forçar uma solução que não se resuma ao categórico não do governo e dos empresários. Mas não é só isso: é a decisão sobre o reconhecimento da legitimidade dos trabalhadores como parte do país que está em jogo.

É esse o ângulo crucial da questão. Por certo os líderes sindicais do ABC e a massa operária recorreram à greve porque têm de defender o nível salarial alcançado e precisam lutar com empenho para evitar que novo arrocho despenque sobre eles e sobre o resto dos assalariados brasileiros. Mas os que imaginarem que a reivindicação de São Bernardo aí se esgota e que a prisão dos líderes é suficiente para desarticular os trabalhadores não terão compreendido que, nos anos de resistência democrática, e agora, tempos de lutas sociais, os trabalhadores aprenderam que, para alcançarem esse objetivo, precisam assegurar sua identidade e autonomia. A luta de São Bernardo é também a luta pela dignidade do trabalhador e pelo direito de o operário ser reconhecido como parte deste país. Cidadania tanto quanto mercado; política no mais generoso sentido, tanto quanto sobrevivência econômica. Desapareceu a fronteira entre o sindical e o político.

Pode-se questionar o acerto das lideranças, pode-se indicar o vezo de palavras de ordem arcaicas de organizações políticas que veem na greve o início da revolução social. Nada disso explica a duração da greve, a solidariedade real que existe entre os trabalhadores. Vemos hoje no ABC, e especialmente em São Bernardo, o nascimento do espírito da *comunitas* de modo muito vivo. E é isso que dá à presença da Igreja o fulgor inegável.

Mas, de novo, enganam-se os que pensam que o bispo instiga e o cardeal comanda. A Igreja fornece apenas a moldura; dentro desta, o espírito que frutifica é o da igualdade mística num "nós coletivo" que dissolve momentaneamente hierarquias. É o Alemão chamando de você, pelo telefone e diante de toda a polícia e a imprensa, o líder empresário; é o operário que, ao reconhecer Ulysses Guimarães, grita "nós não estamos sós"; é o bispo que se traja comumente e é percebido como irmão; e, no limite, é o quase alívio da relação entre a massa e a Polícia Militar depois da ordem de permitir a passeata e o comício do Primeiro de Maio.

Os que testemunharam as assembleias da Vila Euclides e os que se deram conta da rápida mudança que se processou quando, depois da retirada da polícia, ainda com os olhos lacrimejantes das bombas de gás, os operários começaram a confraternizar e, mais do que "marchar", caminhar na direção do estádio, viram que a dimensão lúdica de festa coexistiu com a decisão firme de manter a greve.

A reivindicação de São Bernardo transcende à fábrica e ao partido. É o batismo de cidadania de uma massa jovem. Trabalhadora, nordestina em larga proporção, urbana, combativa e democrática e, no limite, radicalmente contra as estruturas de opressão sociais, econômicas e políticas.

Talvez o governo derrote momentaneamente São Bernardo. Lula está preso, junto com valiosos líderes. Pesam-lhes a ameaça da cassação, o enquadramento na Lei de Segurança Nacional que lhes veda o caminho institucional dos partidos e dos sindicatos. A sociedade é frágil — ou melhor, seus setores democráticos o são — para dar um basta a mais essa onda de arbitrariedades. Com isso, o sistema recria os inimigos de que necessita: joga fora da lei — mas que lei é essa, meu Deus? — os porta-vozes da reivindicação social e democrática. Mas do rescaldo sobrará o essencial: o sentimento de autoconfiança dos trabalhadores e a capacidade que desenvolveram de se comportarem como massa que pressiona.

Assim, nessa greve, foi dado um passo decisivo para a constituição de nova ordem política. No momento em que Igreja e grandes lideranças da oposição institucional vão à assembleia dos grevistas — dita ilegal pelo governo — e, juntas, reagem à arbitrariedade do sistema que quer sequestrar as lideranças operárias, mais do que prendê-las, e obrigam o reconhecimento de uma formalidade, a ordem de prisão, a lei começa a emergir como possibilidade de futuro. Contrasta com essa atitude o vaivém de um Tribunal do Trabalho que se desdiz sob pressão oficial e do próprio Superior Tribunal Militar, que fecha os olhos à forma arbitrária das prisões e nega o habeas corpus.

É de lastimar (embora não surpreenda) que, diante desse quadro de reivindicação democrática, não tenha emergido sequer o apoio decidido dos setores empresariais habitualmente menos cegos pelo autoritarismo e pelo interesse econômico imediato. Eles sabem, tão bem quanto os operários, que o que está em jogo não são os magros 7% a mais ou a menos nos salários, que um mês de inflação consome. Sabem que, da agenda de reivindicações operárias, quase tudo se refere a procedimentos e não a cruzeiros. Não obstante, calaram e, com isso, comprometeram a saída democrática para esse tipo de impasse no futuro.

Consola o principal: os trabalhadores recuperaram, com sua luta, a dimensão ética da política. A luta pelo salário não se baseia apenas na força de pressão, mas no sentimento moral de que há algo de profundamente injusto na sociedade. O essencial é o surgimento de novo interlocutor na vida brasileira: João Ferrador é hoje igual, na prática, ao bispo, ao senador, ao intelectual e ao general. Queiram estes ou não. Imponham-se momentaneamente as velhas hierarquias com sua visão autoritária, ou, quem sabe, desponte amanhã, na Constituinte necessária, um novo ordenamento, democrático e profundamente enraizado no querer coletivo que exige mudanças sociais decididas para que a ordem econômica deixe de ser o que tem sido, bastião de privilégios e reprodução da miséria.

Em qualquer dos casos, daqui para a frente, passa a existir

uma nova classe com voz política e própria. Ela falará por si, e dentro de vários partidos, democraticamente. Mas ninguém ousará, em seu nome, tentar negociar o inegociável: a identidade social dos trabalhadores e sua autonomia na sociedade brasileira.

13. Sem esquecimento*

Toda vez que me vêm à memória os dias de incerteza e de medo da ditadura, penso que o compromisso de minha geração é o de não esquecer. Cada um de nós carrega cicatrizes, uns na carne, outros na alma. E uma responsabilidade: assegurar que nada disso se repita.

O Sindicato dos Engenheiros deu o nome de Rubens Paiva a seu auditório. O auditório do Sindicato dos Jornalistas chama-se Vladimir Herzog. Nem todos os mortos dessa batalha em que muitos dos que tombaram não sabiam que participavam de uma guerra foram esquecidos.
Consolo? Para quem? Alguns dos mortos, como nos casos mencionados, se estivessem vivos, não teriam sequer do que ser anistiados. E da morte não há anistia possível para culpados ou inocentes de um ou de outro lado. Anistiados — e por extensão — foram somente os que mataram.

* *Folha de S.Paulo*, 26 de março de 1981.

Não dá para esquecer o custo enorme em vidas, exílio, frustrações, prisões, torturas, incertezas. Não digo isso como quem prega a revanche: de que valeria aumentar pela lei de talião o número de vítimas? Mas uma coisa é a retaliação, outra a reavaliação.

Aos poucos, como nas ruas dos países europeus, vão aparecendo as placas com os nomes dos que tombaram. Também lá as batalhas têm heróis diferentes, de um e de outro lado do confronto. E ficam as marcas, os mausoléus, erigidos para chorar a dor dos mortos e, muitas vezes, honrar o irracional da guerra.

Longe do Brasil, não pude estar com os que descerraram os laços simbólicos do Auditório Rubens Paiva. Algum dos presentes há de ter refletido sobre o quanto a nossa geração foi truncada. Cada um de nós carrega cicatrizes indeléveis. Uns na carne, outros na alma. Somos sobreviventes. E temos uma responsabilidade: assegurar que nada disso se repita.

Toda vez que me vêm à memória os dias de incerteza e de medo da ditadura e da repressão, penso que o compromisso básico de minha geração — que assistiu sem ser atuante, que pagou um alto preço sem sequer ter tido a ilusão de que conduzia um processo de mudança social profunda — é o de não esquecer, para que não se repita. A idolatria da violência exemplar não deve ser incensada no altar das ideologias.

Mas a justificação da degradação do Estado pelo uso da violência é erro ainda maior. É crime sem remissão. Não tem a seu favor a generosidade de um sonho de redenção pela força e terá sempre em sua conta um sem-número de cadáveres sem túmulo, de desaparecidos flutuando na consciência da nação e na saudade de familiares e amigos.

O riso franco de Rubens Paiva, sua bonomia, seu modo de ser generoso e de contribuir para a mudança das coisas vivem hoje apenas na memória dos que o conheceram. Mas viverão enquanto vivermos. E ajudarão a impedir que haja esquecimento.

14. Política e desespero*

> *Como pode o clamor das "locas da Plaza de Mayo" recompor a ordem legítima se há corpos que flutuam na memória e toldam pela lágrima o olhar de tantas mães e famílias?*

Hoje faz quatro anos que as mães da Plaza de Mayo vão chorar seu pranto em Buenos Aires. *Las locas de la Plaza de Mayo*, como são conhecidas na Argentina. São longos anos de desespero em busca do aparecimento dos filhos, considerados presos sumidos.

Até quando? Até que ponto essa desenfreada audácia do Estado-Moloch vai continuar cúmplice da mais vulgar violência e bandidagem? Custa crer que, logo na Argentina — de longe o país social e culturalmente mais desenvolvido da América Latina —, a política tenha se transformado em violência, de parte a parte, e depois em desespero.

Como juntar os cacos para recompor a ordem legítima se há

---

* *Folha de S.Paulo*, 30 de abril de 1981.

corpos que flutuam na memória e toldam pela lágrima o olhar de tantas mães e famílias? É tempo, mais que tempo, para pôr à prova as declarações de intenção democrática. Sem um impulso ético — prévio à política —, não se redimirá o Estado nem se regenerará a sociedade de tanto horror perante os céus.

Resta, a esta altura, pedir justiça. A justiça supõe a ordem legítima já reconstituída. Pede-se hoje decência. Que, ao menos, o governo venha a público e assuma, perante a nação e as famílias, a responsabilidade pelo destino de tantos milhares de desaparecidos. Sem um gesto de dignidade, será difícil enxugar o pranto e transformar a dor em saudade. O desespero por demais candente ecoará na Plaza de Mayo e em todas as praças deste mundo afora para recordar que o Obelisco simboliza hoje a tirania, subvertido que foi seu sentido pela fúria de uma direita irredenta e sanguinária.

Ninguém com noção das coisas há de esperar que, por virtude do arrependimento e em homenagem ao sentido de justiça e de democracia, a "abertura" do general Viola se ilumine com a chama ética que faltou a Videla e tutti quanti. Só a luta dos argentinos e a solidariedade ativa dos povos, em especial dos que são vizinhos e irmãos no sentimento e também no sofrimento, permitirão que os objetivos das mães da Plaza de Mayo sejam atingidos e que pelo menos se saiba publicamente quem está preso, quem está morto.

É por isso, e porque também temos nossa dose de desaparecidos, que hoje é dia de solidariedade. Que os brasileiros saibam até que ponto a política se transforma em desespero quando todos os meios são considerados válidos para atingir fins que são definidos como absolutamente verdadeiros. Que não nos esqueçamos, nós também, de nossos mortos, nem sejamos complacentes com os surtos de terrorismo, venham de onde vierem, mormente quando vêm dos porões do Estado.

Se nada de mais prático pudermos fazer para consolar as mães da Plaza de Mayo, que a palavra sirva como instrumento da razão para demonstrar como são sadias moralmente as "locas de Mayo" e quanta insensatez se abriga por trás das "razões do Estado" quando estas se tornam a antessala do crime e da violência.

15. A cruz e a caldeirinha*

É difícil a transição do autoritarismo para a democracia. Desatinos nas cúpulas, aflições nas bases. Mas o que atormenta as elites não chega a ser sentido pelo povo; o que aflige as massas não comove os donos do poder.

A bomba do Riocentro se transformou agora em "arma da democracia". Está clara a disjuntiva: ou bem o país aceita os condicionantes da lei eleitoral que o governo fará para permitir que o PDS lave a face, ou... Como há experiência recente de dias piores, esperneando e vocalizando o inconformismo, lá vai a classe política tragar goela abaixo os casuísmos sem fim.

Do outro lado da cerca (será outro mesmo?), prossegue o festival dos desconcertos. Já não se sabe se o PTB vai contar com seu trunfo máximo, se ele irá para o PP ou se, em vez de tudo isso,

* *Folha de S.Paulo*, 25 de junho de 1981.

o ex-presidente apenas viajará para o exterior, descompromissado de siglas, à espera de melhores tempos e espaços. Na volta, terá tempo, antes de novembro próximo, que é a data derradeira para os que quiserem inscrever-se nos partidos com fins eleitorais, para fazer nova opção.

Enquanto isso, a fusão-confusão é a única "arma" a ser brandida pelas oposições amedrontadas com a lei-alçapão. Os que ontem criticavam o sr. Ulysses Guimarães quando ele se opunha à dissolução do MDB, hoje — contra a opinião atual do presidente, peemedebista — pressionam os líderes oposicionistas para a recriação do partido único de oposição. Como se o governo fosse acreditar nisso...

O país, em sua imensa e sofredora maioria, não presta atenção em tanto horror perante os céus. Nem pode: o custo de vida disparado, a violência urbana desatada, o desemprego rondando a casa dos pobres (e também da classe média), os empresários gemendo o juro deles de cada dia, a imprensa denunciando contrabandos oficiais de urânio sem dar ao leitor elementos palpáveis de convicção, consomem o cotidiano.

É assim que vamos atravessando a difícil transição do autoritarismo para a democracia enlatada. Desatinos nas cúpulas, aflições nas bases. Mas sem se cruzarem: o que atormenta as elites não chega a ser sentido pelo povo; o que aflige as massas não comove os donos do poder.

É por isso que se tem a sensação de caminhar na areia do deserto. Cada passo é pesado, e logo as marcas se desfazem, deixando o país sem rumo. Não se consegue ligar o social e o econômico com o político. Já não se sabe mais se a saída política evita o impasse social e econômico ou se o agravamento desse impasse força uma saída política. Pior, por temor de que, frente às pressões sociais e econômicas, a saída seja pela direita, termina-se por aceitar o corte entre o institucional e o social e por reduzir as expectativas democráticas a salvar as eleições. Mesmo considerando que elas virão tão condicionadas e desfiguradas que será difícil reconhecer os vestígios da democracia outrora prometida.

16. Ética e política*

Até quando o realismo político será comparsa obrigatório da mentira? São os próprios almirantes, brigadeiros, generais que se veem constrangidos a nada dizer para, assim, dizerem tudo.

O almirante Bierrenbach declarou que o que pensa sobre a bomba do Riocentro é a mesma coisa que outros 50 milhões de brasileiros estão pensando. O almirante foi modesto nos cálculos. Provavelmente porque descontou as crianças e os que não tiveram nenhuma informação sobre o caso. Melhor seria dizer: pensam como ele (que nem precisou dizer o que pensava) todos os que sabem algo sobre o episódio.

O brigadeiro Délio Jardim de Matos acrescentou que se trata de fato "muito pequeno para um país tão grande". A bomba em si talvez seja um fato pequeno. O IPM, sobre o qual todos pensam a mesma coisa — e calam, porque falar é pior —, não é, entretanto,

* *Folha de S.Paulo*, 2 de julho de 1981.

um fato pequeno. Ao contrário, é a evidência de que em nosso país a política (ao menos a do Estado) espanta a ética.

Pobre sociedade. Pobre abertura democrática.

Anteontem se viu a pirotecnia dos slides e provas balísticas para esconder o óbvio. Na véspera, a imprensa publicara a fotografia do líder do governo no Senado votando por um colega ausente. Simultaneamente, condena-se um padre que compôs versos capazes de pôr em dúvida a honradez da justiça, que expulsou outro padre por seu comportamento aberrante.

Até quando? Até que ponto o realismo político — a necessidade de salvar as eleições de 1982 — será comparsa obrigatório da mentira? Até quando o esprit de corps da instituição militar servirá de escudo para proteger os que deslustram por seus métodos a essência mesma da justificativa da existência do poder armado? O descrédito das práticas atuais corroeu tanto a respeitabilidade da palavra militar que, se não houver uma reação interna corporis, o desapreço da sociedade minará o eventual papel do Exército no reencontro futuro do Brasil com seu povo.

Já não são os radicais do verbo os que protestam. São os próprios almirantes, brigadeiros e generais que se veem constrangidos a nada dizerem para, assim, dizer tudo. Porque também há de doer, a alguns pelo menos, ter de mentir para esconder o que todos sabem.

Talvez haja tempo. Talvez os donos do poder percebam a gravidade de tudo isso. Talvez o próprio presidente "expluda" em defesa de sua palavra. Que o façam. Não tanto pelas oposições, pela sociedade civil, pelos políticos que aceitam uma ética de responsabilidade pela qual podem elidir questões e calar para evitar o pior, mas sem consentir com o prosseguimento do terror e da mentira como armas do Estado. Mas que façam por eles próprios. Para imprimirem uma marca que mostre às gerações futuras e à história que não queriam compactuar com a farsa.

Se os homens do governo insistirem que os fatos já foram

apurados, terão uma vitória de Pirro. A sociedade responderá com descrença e indignação. Descrença da palavra dos governantes; indignação diante da tentativa de tomar a todos por beócios. À aparente unanimidade oficial irá se opor a barreira silenciosa, porém eficaz, de um povo cansado de politicalha, mas pronto a acompanhar, nas urnas e talvez nas próprias ruas, quem esteja disposto a mostrar na prática que a ética é dimensão inseparável da verdadeira política.

17. Elis Regina*

> *Elis Regina não se interessava por política. Era uma intérprete do sentimento que há nas ruas e em cada um de nós. Não explodia revoltada contra a ordem injusta: não precisava. Sem nada dizer, dizia tudo.*

Hoje eu não quero escrever sobre política. Chega de pacotes, prorrogações, reeleições, sabujices de toda ordem. Há dias em que, por respeito a sentimentos genuínos, não dá para perder tempo com tanto lixo, tanta desonestidade e tanta ousadia de mequetrefes que viram manchete de jornal por melhor servir ao poder desservindo ao país.

Morreu Elis Regina.

Não cheguei a conhecê-la pessoalmente. Admirei-a de longe, como todo mundo. Recebi dela, certa vez, um bilhetinho que dizia: "Professor, será que vai receber meu voto sem nos conhe-

---

* *Folha de S.Paulo*, 21 de janeiro de 1982.

cermos?". Foi no dia em que ela fez um show e doou a receita para ajudar a campanha eleitoral. Campanha quase sem recursos. Mas os que vieram vieram assim, no embalo da generosidade.

Não pude sequer ir ao show. Estava imerso no cotidiano da campanha, sei lá por onde nesta São Paulo imensa. Enviei a Elis um livrinho de entrevistas à imprensa. E fiquei amargando, agora para sempre, a falta do abraço de reconhecimento. Anos depois, conversamos pelo rádio. Fiz-lhe uma pergunta genérica sobre sua participação na vida política e recordei, envergonhado, minha dívida: faltava aquele abraço.

Hoje dá tristeza. Elis Regina não se interessava por política no sentido banal. Era uma intérprete, como poucas, do sentimento que há nas ruas e em cada um de nós. Não sei se jamais fora "partidária". Tinha, por certo, partido. Tomava partido. Em tudo: basta ouvir suas entrevistas. Via-se tímida, achava-se feia; era pequenina. E naquele peito, naquela voz, tremia muito sentimento. Das coisas fundamentais; das pessoais. No canto, não explodia revoltada contra a ordem injusta: não precisava. Bastava ser, como era, capaz do sentimento mais simples para, sem nada dizer, dizer tudo.

Parece que morreu no desespero. Por não saber e por respeito, é melhor não conjecturar. Morreu triste. A morte é sempre triste. Tinha, possivelmente, um livro em aberto de ajustes de contas pessoais.

Mas deixou esperança: um país que produziu, apesar de toda a canalhice que por aí reina, uma mulher capaz de ser mensagem, e mensagem captada por milhões de pessoas, sem nenhuma demagogia e sem precisar da retórica para que todos sentissem que ela era, era sim, parte da política verdadeira, dos que querem mudar tudo para que a tristeza não esteja sempre pontilhando o sucesso de cada um, não está perdido.

Choro hoje pelo abraço que não dei. Choro pelo que de sofrimento há espalhado nestas ruas de São Paulo de adeus a quem venceu sem encontrar o sossego. Mas enxugo as lágrimas na certeza de que o estofo desse tipo de artista é o arcabouço de um mundo que, a despeito de tudo, ainda será construído.

18. A crueldade da história*

> *Na guerra das Malvinas nem o general Galtieri nem a sra. Thatcher calcularam os riscos e as consequências. À derrota argentina, seguir-se-á a fria lógica da imposição dos interesses do Norte sobre o Sul.*

Na semana passada, em Paris, encontrei-me com Raymond Aron num almoço em homenagem a Albert Hirschman, que ministrava naquele dia a conferência "Mare Bloch", na Escola de Altos Estudos. Aron, a propósito da guerra das Malvinas, se desvanecia com sua vitória teórica: uma guerra na qual a volúpia do poder, o nacionalismo e a vontade (que levava a equívocos) imperavam sobre a economia, a razão e as classes. Será?

Não há dúvida quanto às circunstâncias precipitadoras da guerra. O fracasso continuado do regime militar argentino na condução do país levou os dirigentes a projetarem sobre as Mal-

---

* *Folha de S.Paulo*, 3 de junho de 1982.

vinas a esperança de um reencontro entre a ação do governo e o sentido histórico. Nada disso diminui a crueldade dos acontecimentos e os caminhos tortuosos que escondem o fio condutor da ação. Um exército que nega a seu próprio povo a soberania política efetiva e que se preparava para, eventualmente, ajudar outros exércitos a esmagarem as tentativas de soberania do povo de El Salvador foi buscar na integração simbólica das ilhas longínquas do Atlântico Sul à Argentina a redenção de sua incapacidade política e da pesada carga de mortos, desaparecidos e torturados.

Também não deixa de ser cruel e curioso, para dizer o mínimo, ver como a Inglaterra (a "pérfida Albion" do colonialismo), também enredada nos desatinos do governo ultraconservador de Margaret Thatcher, desvia a atenção dos problemas do desemprego, da crise econômica e da incapacidade de renovar-se, aceitando passivamente, de início, as ameaças de Galtieri e, depois, jogando o peso da Armada, do preconceito em relação à América Latina e da solidariedade do mundo desenvolvido para restabelecer sua soberania sobre as Malvinas e o direito dos ilhéus de serem britânicos.

Provavelmente nem o general Galtieri nem a sra. Thatcher calcularam os riscos e as consequências. Menos ainda os combatentes poderiam imaginar quantas vidas seriam tragadas pelo mar ou pelas balas. Um só Exocet transforma em fogueira os navios de alumínio; um só disparo afoga para sempre centenas de jovens pateticamente patriotas, vítimas da urdidura sinistra tecida pelos problemas econômicos e políticos internos dos dois países que, de repente, viraram conflito externo.

Quanto às consequências, elas sempre vêm depois, como diria o conselheiro Acácio. Mas algumas já estão aí. A solidariedade precipitada dos países do Norte e a sem-cerimônia do secretário de Estado americano, Haig, facilitaram a ironia da história quebrando antigos alinhamentos automáticos: entre os torturadores de Buenos Aires e os revolucionários da Líbia, estabeleceu-se o elo tácito do interesse comum. A doutrina Monroe foi substituída pela solidariedade (tímida e não homogênea, mas, ainda assim, real) dos latino-americanos.

Outras consequências mais hão de vir. Derrotada militarmente a Argentina, como governarão seus generais? Que capacidade de cobrança terão agora as "locas da Plaza de Mayo" senão maior? Serão capazes os sindicatos e a multipartidária Argentina de oferecer uma alternativa de governo? A massa trabalhadora reencontrará, na sinuosidade do processo político, caminhos antes barrados?

O custo de tudo isso é enorme. Os riscos também (basta pensar nas consequências do conflito sobre o sistema financeiro mundialmente debilitado), e seria insuficiente imaginar que, na guerra das Malvinas, nada mais há do que o sentimento nacional e a vontade do poder. Bem ou mal, à derrota argentina seguir-se-á a fria lógica da imposição dos interesses do Norte sobre o Sul. No rescaldo, não serão apenas os argentinos a pagar o preço. Nós também, como parte do Sul, teremos de arcar com o nosso quinhão à velha ordem dominante internacional. Basta ver o quanto já custou, no último mês, obter o refinanciamento necessário para manter o *roll-over* da dívida.

É melhor, portanto, evitarmos a indiferença frente ao conflito nas Malvinas, como se lá se desenrolasse uma fábula que não conta nada de nossas próprias agruras.

19. A responsabilidade da vitória*

Nas eleições, houve imenso progresso das oposições. E agora? É hora de democratizar e reformar a sociedade.

Os resultados gerais das eleições no Brasil ainda não são definitivos. Vemos, não obstante, que houve imenso progresso das oposições. O PMDB leva 5 milhões de votos sobre o PDS. As oposições somadas, ainda mais. A mancha de votos oposicionistas se derrama sobre o mapa do Brasil, cobrindo dois terços de seu território e outro tanto da população. Os suportes do regime — com a exceção arrancada a bico de pena do Rio Grande do Sul e de Santa Catarina — se encolheram e se concentraram nos bastiões das áreas menos desenvolvidas do país.

Em São Paulo, a vitória do PMDB foi estrondosa. As declarações feitas no final da campanha pelos dirigentes partidários não eram bazófias, nem visavam apenas aliciar os votos dos indecisos.

* *Folha de S.Paulo*, 25 de novembro de 1982.

Partido que se modernizou, o PMDB seguia passo a passo as tendências eleitorais através das pesquisas de preferência partidária. Atuava respaldado pela informação e orientado por diretrizes políticas simples e claras.

E agora?

Pesam imensas responsabilidades sobre os ombros de Franco Montoro e do PMDB. O eleitorado acreditou na mensagem: é preciso mudar; necessitamos democratizar e reformar a sociedade.

Não há por que desconfiar da capacidade do partido e do governador para implementar as mudanças, nem dos bons propósitos de cumprir o prometido.

Talvez no início — no primeiro ano de governo —, o ônus de receber um Estado endividado, com uma situação financeira calamitosa e com o câncer da corrupção enquistado, limite as chances de realização. Não limitará, entretanto, a orientação fundamental, que há de ser a de sobrepor a tudo o critério do bem-estar social (principalmente no que diz respeito à expansão do emprego) e de impor, com o apoio do povo, a moralidade pública.

Mais claramente ainda, não há por que duvidar do avanço democratizador esperado. A descentralização administrativa e o aumento da participação são os indicadores fundamentais do bom caminho. Nas democracias modernas, ou se descentraliza, ou se torna inviável a participação. Outra não é, neste momento, a preocupação do governo socialista francês, por exemplo.

Por outro lado, no conceito moderno de democracia, não basta a noção — indispensável — de representação parlamentar e de independência dos poderes. Como contrapeso à força avassaladora do Estado e da burocracia, é preciso incentivar as formas de controle mais diretas a serem exercidas pelos cidadãos e pelas comunidades sociais. É insuficiente a noção individualista liberal de responsabilidade do cidadão, delegada pelo voto. São demandados procedimentos que permitam ativar a participação popular.

Será longa a marcha. Mas o PMDB e o governador Montoro, que prega com convicção esses ideais, sem exclusividades ou pretensões de descabida autossuficiência, têm condições para dar a largada nessa corrida democrática. Esperemos que as correntes renovadoras da sociedade civil e os partidos de oposição democráticos e socialistas se unam nessa grandiosa competição, para assegurar maiores chances de êxito à experiência política de São Paulo.

20. A nossa solidariedade*

O povo chileno luta para recobrar a liberdade. Cabe a nós, brasileiros, que por nossa luta conseguimos sacudir as amarras do autoritarismo, juntar nossas vozes ao murmúrio das que resistem lá fora.

No próximo dia 11, o golpe de Pinochet cumprirá dez anos. Pobre Chile. Vivi quatro anos em Santiago, durante o governo Frei. Voltei algumas vezes durante o governo Allende. Guardo daqueles períodos recordações e saudades. Sinto-me quase chileno, por adoção.

Não poderia, pois, deixar de registrar, nesta semana que antecede à década do golpe, que hoje a luta em Santiago e em todo o país é para recobrar a liberdade. Não lutam apenas os partidos, mas o povo todo: a classe média, os trabalhadores, os homens do campo, os intelectuais, as Igrejas.

* *Folha de S.Paulo*, 1º de setembro de 1983.

Sabemos nós, brasileiros, por experiência vivida e sofrida, o quanto vale a solidariedade dos outros povos quando a luta é contra a tirania. É o momento, portanto, para que todos nós nos manifestemos clamando alto e bom som que, sem liberdade, sem democracia, sem o espaço do social respeitado, pode até eventualmente haver prosperidade, mas não felicidade.

E a luta não se dá apenas no Chile. No vizinho Paraguai, os presos políticos estão em greve de fome. Esfalfam-se no isolamento de suas celas para devolver a dignidade política a seu país. E não estão sozinhos: formou-se uma Assembleia Permanente de Solidariedade.

Por outro lado, repetindo o memorável esforço das mães e familiares de presos e desaparecidos políticos argentinos — que resultou na conquista de mais liberdade graças à luta política de centenas de milhares de pessoas que seguiram o exemplo das famílias das vítimas —, os paraguaios também organizaram a solidariedade das famílias dos prisioneiros.

E no Uruguai, que de nós se separa apenas pelos rios que cortam prados contínuos da mesma paisagem geográfica e humana de nosso Sul, há poucos dias foi estabelecida a data nacional do protesto.

Cabe a nós, brasileiros, que por nossa luta conseguimos sacudir as amarras do autoritarismo e aos quais nunca faltou a solidariedade ativa dos povos vizinhos, juntar nossas vozes ao murmúrio das que resistem lá fora.

Não sou iluso e não imagino que o nosso gesto tenha a força necessária para acelerar as mudanças políticas desejáveis. Mas, pelo menos, quando da resistência dos povos do Cone Sul resultar o restabelecimento da democracia e da justiça, teremos o orgulho de sentir a vitória como um processo ao qual subjetivamente nos ligamos, e não como algo estranho a nós.

Mais do que isso: se cada um dos democratas brasileiros

expressar seu repúdio às ditaduras ainda vigentes e seu apoio à libertação dos presos que apodrecem nas masmorras da injustiça, mostraremos aos governantes daqueles países que eles estão isolados não só de seus povos, mas da parte das Américas que luta contra a miséria e a opressão.

Sei que não devemos falar de corda em casa de enforcado. Mas a forca que imolou a tantos brasileiros já não serve ao povo de mortalha. Os algozes ainda rondam por aqui, mas são fantasmas; faltam-lhes hoje a coesão e a convicção para assustar até mesmo os indefesos.

21. Brasília sitiada*

> *Nunca em nossa história se viu o povo unir-se ao redor de uma reivindicação política: o voto direto. Sitiada Brasília, furaremos o bloqueio. Chegaremos lá: "Diretas Já" para que possa haver democracia com justiça social.*

Escrevo do Congresso, na undécima hora. Dentro de pouco tempo, deputados e senadores terão a chance histórica de restabelecer a norma democrática fundamental e, com ela, uma ponte entre a nação e o futuro governo.

Infelizmente — mas sem surpresa para os avisados —, os líderes do PDS e os homens do Estado ignoraram com teimosia a vontade popular e insistiram em dizer não ao país. Pior do que isso: optaram pela intimidação como recurso político.

Brasília vive desde ontem um clima estranho. Cidade asteca, feita para ser o santuário do poder, vibrou, de repente, ao ritmo

---

* *Folha de S.Paulo*, 26 de abril de 1984.

do Brasil: ruas cheias, amarelo por toda parte, buzinas que falam mais do que o mais candente discurso.

Os donos do poder não suportaram tanta alegria pura e democrática. Medidas de emergência que deveriam apenas conter os mais incautos se transformaram em truculência contra pacíficos manifestantes. O executor das medidas não podia ter sido outro: aquele mesmo cujo porte, dizem, o presidente compara ao de Mussolini.

Pobre Brasília, sujeita ao desvario de quem, em nome da República — a deles, a dos oligarcas —, se investiu das funções de ditador de prazo marcado: sessenta dias de opróbrio!

Mas não é só Brasília: os porões da República foram abertos para que os homens de má catadura saíssem a fazer tropelias, confiscando jornais, impondo censuras, ameaçando e desmandando Brasil afora.

Será esta a democracia que nos oferecem? Será em nome dela que nos propõem a "transição"?

Erraram crassamente os que imaginaram que, pela intimidação, conseguiriam impor o rumo às oposições. Deixaram de ver que, nas ruas, nas casas, nas fábricas e nas escolas, ocorre uma verdadeira sublevação branca. Nunca em nossa história, e raramente na de outros povos, se viu um povo, que padecia de autoritarismo e da crise econômica e social, unir-se espontaneamente ao redor de uma reivindicação política: o voto direto.

É essa a precondição para que possamos estabelecer uma ordem verdadeiramente democrática. Chegaremos lá. Hoje, o Congresso tem a possibilidade e o dever de abreviar o caminho. Se falhar, não faltarão à nação, aos partidos de oposição e aos líderes políticos verdadeiramente responsáveis de todos os partidos engenho e arte para que a luta continue.

Chegaremos lá: "Diretas Já" como lema, igualdade social como norte, para que possa haver democracia com justiça social. E chegaremos lá no embalo do maior movimento de opinião pública a que o país jamais assistiu. A sociedade está construindo, a duras penas, uma ordem política que não se resumirá ao acordo de elites, mesmo porque ele não subsistiria às expectativas da população.

Sitiada Brasília, furaremos o bloqueio. Ninguém teme. Torna-se ridícula a força bruta. De nada valem os velhos fantasmas da subversão diante de tão esmagadora unanimidade pelas rápidas mudanças. A serenidade e a alegria do povo exorcizarão os capetas que a ordem moribunda soltou — infelizmente vestidos de verde — na ilusão de que a nação confundiria o desejo ardente de democracia com a baderna.

Mas não fazem baderna no país os que, sem apoio real em lei legítima, tumultuam a arrancada ordeira que levou milhões de brasileiros às ruas se não tivesse havido o menor incidente, o menor atropelo.

O país não se deixará levar pelos baderneiros, pelos "subversivos" à la 1964: construiremos, sim, democracia já, contra a minoria autoritária que deseja a perpetuação da *cosa nostra* e usa a violência para impedir a democratização.

22. A ventura da mudança*

> *A energia social e política da transição veio da luta pelas Diretas Já, herdeira das lutas da resistência democrática. Mas Tancredo sabe que sua (nossa) vitória se deu menos pela força nova de uma sociedade dinâmica que pela fadiga na estrutura do poder.*

Fui dos primeiros a proclamarem que o governo Tancredo Neves seria um "governo de transição". À época, as críticas em meu próprio partido — posto que lancei essa obviedade no jornal do PMDB, o *São Paulo-Hoje* — foram inúmeras: eu estaria abdicando do predomínio do PMDB no futuro governo e, pior ainda, emprestando um caráter de fragilidade ou de instabilidade ao novo regime, por considerá-lo "de transição".

Hoje, acredito que pouca gente duvida do caráter de governo-ponte, entre um passado autoritário e um futuro democrático.

* *Folha de S.Paulo*, 10 de março de 1985.

Ponte, naturalmente, não levadiça, quer dizer, cujas pilastras democráticas estão sendo fincadas com a preocupação obsessiva de impedir o retrocesso. Apenas os muito maldosos atribuem ao qualificativo "transição" a conotação de fragilidade ou de pouca durabilidade. Estabeleçamos, pois, este ponto de partida: o governo Tancredo Neves se forma para permitir uma transição.

Essa transição não apenas é "do regime", mas deve ser também na direção do que se espera que possa vir a ser, no futuro, a sociedade brasileira.

Chovendo no molhado, é preciso recordar que a energia social e política da transição veio da luta pelas Diretas Já, ela própria herdeira das anteriores lutas da resistência democrática, inclusive as da anistia, da reformulação partidária, da pressão sindical, dos direitos humanos e das eleições dos governadores (para mencionar apenas algumas).

Mas a energia mobilizada pela sociedade na luta pelas diretas não explica, por si, o desmoronamento da ordem autoritária. Não só as parciais vitórias anteriores das correntes democráticas, mas a crise econômica (tornando menos solidários o empresariado e a grande mídia do Estado) e a incompetência e o desgaste político do governo Figueiredo serviram de caldo de cultura para a transição política.

Em artigos anteriores, comparei a luta pela democratização com uma guerra de cerco a castelos senhoriais. A sociedade civil cercara a fortaleza do poder. Esta começava a apodrecer pela falta de alimentos. Nenhum dos dois lados, entretanto, tinha força para o golpe final: nem os que cercavam a fortaleza dispunham de petardos para romper as muralhas do autoritarismo, nem os donos do poder tinham força suficiente para romper o cerco. Travava-se uma batalha de desgaste.

Pois bem, deu-se o apodrecimento do núcleo do poder e houve o desmembramento de sua base. Desde o bate-boca Figueiredo-Aureliano, até a insanidade de um partido que poderia tentar dar a volta por cima, mas escolheu Maluf como candidato, tudo, como escreveria Neruda, foi naufrágio. As oposições, uma vez entreaberto o portão principal da cidadela, ficaram à espreita da descida da ponte levadiça, que o voto no colégio eleitoral representou. Mas, na fase final da batalha, contou mais o desmoronamento do adversário, por cansaço e por incapacidade, do que a articulação estratégica das oposições para mobilizar mais e ganhar mais força.

No horizonte, há opções, mas também nuvens. A experiência histórica de Tancredo (ex-ministro de Vargas e líder de Goulart) o alerta para o real processo político do país. Ele sabe, ou pressente, que sua (nossa) vitória se deu a partir das condições referidas, menos pela força nova de uma sociedade dinâmica que pela fadiga na estrutura do poder anterior.

Dentro de poucos meses, graças ao labor legislativo e à corrida já deslanchada entre todos (inclusive os malufistas) para ver quem é mais democrata e mais liberal, o entulho autoritário será removido das instituições políticas brasileiras.

A Aliança Democrática, reforçada pelas alianças que o ministério assegura, fará a transição política, sem maiores dificuldades.

Quanto ao social, ou as forças reais se incorporam à arena de discussão, se não de decisão, ou haverá tormenta. Existe a ideia do pacto social. Por enquanto, é uma ideia-força e um eventual espaço não para a negociação propriamente dita, mas para a legitimação de setores sociais importantes na vida da nação. A área sindical dividida e eventualmente enfraquecida será, não obstante, básica no Brasil moderno.

Nesse sentido espero, e propugnarei, por reformas substanciais. A legislação autoritária e fascista da CLT precisa ser alterada sem demora. As iniciativas no Legislativo, complementadas pela ação coordenadora do ministro do Trabalho, devem desencadear-

-se logo e com força. Politicamente, o diálogo constante do governo com o mundo sindical da classe média e dos trabalhadores é uma exigência fundamental da redemocratização.

Mas existe toda uma ampla gama de não cidadãos a serem incorporados, não só pela expansão do mercado de trabalho, mas pelo reconhecimento de sua voz. Refiro-me aos trabalhadores do campo, aos analfabetos, aos desempregados mais ou menos crônicos. O que será feito não só por eles, mas com eles?

Ninguém duvida de que são as elites que conduzem o processo político. A questão é outra: ou as condições do país e a orientação política atual levam à inclusão dos assalariados e dos deserdados no jogo dos políticos, ou o "pacto" é feito para manter privilégios. E não se trata das intenções, mas das possibilidades.

Não basta querer mudar. É preciso poder mudar. Ou ter de mudar, querendo ou não. É ver para crer. Mas a esperança, como já disse, faz parte deste estranho equilíbrio entre as forças reais (e conservadoras) da sociedade, os partidos em pugna e o país também real, que são os milhões em nome dos quais nos lançamos à (a)ventura da mudança.

23. A hora, agora*

Hoje, Tancredo morto feito símbolo da coesão e da tolerância, sobra-nos a tarefa imensa de transformar cada voto de confiança em ação efetiva de mudança.

Não falarei de Tancredo. Nem do homem, nem do político. Já tudo foi dito, e meu testemunho hoje seria paralisado pela emoção. Emoção que é coletiva. Emoção que é de cada um de nós. É minha também: e quanto...

Mas não posso calar sobre o que vi.

Em Brasília, durante mais de quatro horas, o cortejo se arrastou pelo Planalto afora sem quase caminhar. Mal saídos do aeroporto, os batedores militares se dissolveram literalmente na multidão dos motoqueiros. Jovens, coloridos, aos pares, agarrados a bandeiras brasileiras, a camisetas das Diretas Já, o amarelo mais forte que o verde, seguiu o cortejo fúnebre ladeado pelo que

* *Folha de S.Paulo*, 25 de abril de 1985.

de mais revoltoso parecia haver no Brasil: a juventude que os conservadores pensam ser "hippie".

Aproximavam-se dos nossos carros, tocando neles às vezes com força, mas às vezes pareciam acariciá-los, e procuravam reconhecer-nos. Ora aos brados, ora com quase súplica, diziam às vezes chorando: "Confiamos em vocês"; "Não deixem a peteca cair"; "Olha, não vão trair".

Já no "eixão", com menos motoqueiros e mais povo, ao ver-nos, Ulysses em primeiro plano — ovacionado — seguido por nosso veículo, com o presidente do Senado e os apelos: "Olha aí, pessoal, vamos em frente"; "Tancredo é o nosso presidente".

Esse estrato, da pequena classe média, aos trabalhadores, aos sem emprego, homens e mulheres, mesmo crianças, o povão, enfim, não votou. Engoliu, como todos nós, o Colégio Eleitoral. Graças aos comícios e a Tancredo, deu-se a transfiguração: o compromisso com a mudança acabou primando sobre o método para assegurá-la.

Hoje, Tancredo morto é feito símbolo da coesão e da tolerância, sobra-nos a tarefa imensa de transformar cada voto de confiança em ação efetiva de mudança.

Nem mesmo estes dias de comoção e de solidariedade nacional podem fazer-nos esquecer que o país inteiro exige — precisa de — transformações.

Foi comovente, patético mesmo ver a massa sofrendo e confiante, terna e exigente, que ao mesmo tempo em que pranteava um morto feito herói e estimulava as lideranças políticas, sobretudo as do PMDB, desenhava nos rostos marcados, nas vestes pobres, nos gestos desabridos, uma cobrança mal disfarçada.

A hora é agora. Até quando essa multidão de carentes de cidadania, de emprego, e até de consideração e afeto continuará pranteando nossos símbolos, estimulando nossas elites?

Por mais emocionante que tenha sido, como foi, o réquiem

cantado no Palácio do Planalto, transformado em Sé de todo o país, e por mais que nos toque, como tocou, ouvir os sons escritos por um brasileiro, o padre José Maurício, fazendo-nos recordar de que temos um país capaz de produzir símbolos que o integrem, é só ter olhos para ver que os descamisados que ovacionaram o rei e aplaudiram o terceiro Estado nem por isso deixam de ser o que são, os excluídos da terra.

24. Convergir no essencial[*]

> Cabe à Constituinte abrir espaço para a continuidade do processo de modernização do Brasil. A face da sociedade moderna, dinâmica e mais igualitária está no horizonte.

A montagem política da Constituinte está concluída, com a escolha dos presidentes e relatores das comissões. Agora é arregaçar as mangas e enfrentar as questões substantivas — aquelas que interessam realmente ao conjunto da sociedade.

Será possível antever o resultado do trabalho das comissões e da própria Constituinte a partir das tendências de seus integrantes? A imprensa se dedicou com afinco a esse tipo de exercício nos últimos meses, a meu ver, com fracos resultados. E isso por uma razão muito simples: os rótulos geralmente usados para enquadrar o pensamento dos constituintes (esquerda — centro — direita, progressistas — conservadores), se têm algum significado

[*] *Folha de S.Paulo*, 9 de abril de 1987.

ideológico, não dão conta das opções políticas concretas que estão em jogo.

Com isso não quero dizer que não poderá haver polarização propriamente ideológica em torno de certos temas. O que me parece improvável — além de indesejável — é que esse tipo de divisão venha a permear o conjunto do debate constitucional. Tanto mais porque há outro tipo de recorte da sociedade brasileira: aquele que separa o arcaico do moderno. Olhando bem, há conservadores modernos e progressistas perfeitamente arcaicos. Por isso, não deve constituir surpresa se, sem abrir mão de divergências mais gerais, progressistas e conservadores convirjam para garantir aquilo que, a meu ver, é fundamental neste momento: abrir espaço para a continuidade do processo de modernização do Brasil, tanto no plano econômico quanto no social e político.

Mas convergir em torno de quê, afinal? É inútil buscar a resposta no recôndito da consciência subjetiva dos constituintes. A resposta está nas tendências objetivas do desenvolvimento da sociedade brasileira. É daí, afinal, que vêm o impulso e o sentido do processo de democratização ao qual a Constituinte deve dar uma forma institucional compatível.

O Brasil que se industrializa e busca os caminhos da autossuficiência tecnológica é também uma sociedade em transição, do universo do paternalismo para o da competição, do favor pessoal para a afirmação coletiva de direitos. E porque esses valores, que fazem parte do espírito da modernidade, já impregnam a sociedade, não cabem dúvidas de que predominarão na Constituinte, que, bem ou mal, é um retrato da sociedade brasileira.

Há espaço para a convergência, portanto. E ela será tanto mais fácil e natural quanto mais tivermos lucidez para entender que a hora é de priorizar o essencial e deixar em segundo plano o acessório.

O essencial — a face da sociedade moderna, dinâmica e

mais igualitária que está no horizonte — pode e deve delinear-se rapidamente com o início efetivo dos trabalhos da Constituinte. Restarão, sem dúvida, questões em torno das quais a convergência será impossível. Terão que ser resolvidas pelo processo democrático, explicitando as divergências e decidindo pelo voto da maioria.

O resto é o resto — disputas em torno de minúcias ou de princípios últimos, que, às vezes, se misturam à mera picuinha pessoal, mas que, em nome do senso de responsabilidade política dos constituintes, terão de ficar à margem.

III. RECONSTRUÇÃO
(1988-94)

25. A condensação de tudo que nega a mesmice*

Maio de 1968 foi um sinal dos tempos contemporâneos. Não substituiu "tudo pelo novo", mas limpou a pátina do tempo passado e abriu fendas para a esperança.

Cheguei a Paris em outubro de 1967 para ensinar teoria sociológica aos alunos do segundo ano da Universidade de Paris, no campus de Nanterre, e para dar aulas de pós-graduação sobre "sociologia do desenvolvimento".

Vindo do Chile, onde, conciliando com o trabalho na Cepal, eu lecionava na Universidade do Chile e na Flacso (Faculdade Latino-americana de Ciências Sociais) — depois de anos de experiência na Universidade de São Paulo —, chocou-me a atmosfera da universidade francesa. Nanterre pretendia renovar o ensino e a pesquisa. Henri Lefebvre, Alain Touraine, Michel Crozier, entre os titulares, junto com Jean Baudrillard, Lucien Goldman, o então

* *O Estado de S. Paulo*, 29 de abril de 1988.

jovem assistente Manuel Castells e outros, formavam uma equipe extraordinária de sociólogos.

Os estudantes, entretanto, eram muito diferentes dos latino-americanos. Com o formalismo da vida acadêmica francesa, a distância entre alunos e professores era enorme. Eu dava aulas num grande anfiteatro no qual era proibido fumar. Recordo que, um belo dia, um bedel entrou inopinadamente na sala para reclamar que alguém fumava. Tendo me surpreendido com a intervenção descabida, disse algo que provocou risos entre os alunos. Foi o suficiente para que o bedel representasse formalmente contra mim ao deão da universidade, o qual, ao ouvir minha explicação sobre a "insolência" do bedel, aceitou, de imediato, o argumento de autoridade. Repressão aos estudantes, autoridade incontrastável dos professores, era essa a regra.

Quando, no dia 22 de março de 1968, os estudantes entraram à força nos prédios que estavam fechados com a cumplicidade da Congregação — que protestava contra as reformas do ministro da Educação que desejava modernizar as estruturas universitárias francesas —, a reação foi imediata: chamar a polícia.

Na Congregação, o horror de muitos professores contra o que eles consideravam "a baderna", como, por exemplo, cartazes nas paredes, era enorme. Certa vez, um professor — de geografia, se não me engano comunista — pediu que fosse criado um corpo de "gorilas" (foi a expressão usada) para assegurar, através de um policiamento mais duro, a ordem interna.

Foi nesse ambiente — e quase de repente — que estourou o "maio de 68". A demanda inicial era por mais "liberdade". No campus, havia entre os alunos a exigência de "liberdade sexual", o que significava ampliar a possibilidade, já existente, de as alunas irem ao quarto dos rapazes e permitir que estes também frequentassem os dormitórios das jovens. A justificativa para a proibição era de que poderia haver constrangimento por parte das mulheres se os homens fossem ao quarto delas; elas achavam que a proibição era "machista".

A "baderna" constatada pelos professores franceses parecia, aos olhos de um professor brasileiro, uma tímida manifestação de jovens: cartazes, algum humor e, na sala de aula, respeito. Dei aulas durante quase todo o período da greve (assistida voluntariamente pelos estudantes e com pleno apoio das lideranças estudantis). E dei aulas para o mais famoso de todos os "agitadores": Daniel Cohn-Bendit, que era aluno regular do meu curso e com quem, certa noite de maio, visitei as "barricadas" de Paris.

O movimento se generalizou, atingiu a Sorbonne — o velho prédio do Quartier Latin —; chegou às fábricas, foi às ruas e pretendeu "renovar tudo".

Como sociólogo, sempre me entusiasmei com o "curto-circuito" que Nanterre desencadeou. Incidentes banais numa escola, no contexto de uma reforma burocrática, de repente, graças à reação autoritária da direção da escola que chamou a polícia, provocou, a partir do dia 22 de março, uma reação em cadeia com imensas proporções.

Depois, as reivindicações libertárias da juventude contagiaram o movimento dos trabalhadores, a partir dos trabalhadores-estudantes, produzindo "greves selvagens". Mais tarde, tudo isso abalou não só a pacata classe média parisiense, como também os partidos e o equilíbrio do governo. Foi preciso até que De Gaulle fosse à Alemanha buscar apoio dos militares das tropas de elite francesas que ocupavam aquele país, voltasse e, num discurso enérgico, convocasse "os franceses" — os conservadores, os atemorizados, os atônitos — para que reagissem contra a *chienlit* (a baderna).

Paris vibrou durante um mês. Não só nas escolas (onde assisti, ao lado do saudoso Mário Pedrosa e de Luciano Martins, discursos infindáveis do grupo "22 de Março" — de Cohn-Bendit

— diante de operários estupefatos com tantas falações que lhes faziam pouco sentido), mas nas casas e nas ruas.

Queriam mudar o mundo. "A imaginação no poder." "Ah", diziam os estudantes, referindo-se aos operários, "se todos fizessem como nós." E por aí afora. Não era a "classe historicamente destinada a revolucionar o mundo" que chiava. Não se falava em "imperialismo". É certo que havia patéticos estudantes portando as bandeiras negras do anarquismo. É certo também que cantavam a Internacional, com a frase: "De pé, ó famélicos da terra". Mas tanto os que participaram das manifestações quanto os que, às centenas de milhares, assistiam ao espetáculo eram bem fornidos cidadãos de uma sociedade já quase afluente.

Novos tempos com linguagem e simbologias antigas? Prenúncio de mudanças?

Quem sabe. Algo, de fato, mudou. Mudou a TV, que se rebelara. Mudou a universidade (pensemos na renovadora Vincennes), que se modernizara um pouco. Houve mais verbas para a cultura e a ciência. Um jeito mais à vontade no relacionamento entre as ordens hierárquicas.

Mas houve muita "recuperação". Os socialistas, tantos anos depois, ganharam. Houve um reencontro da cultura oficial com o existencialismo tardio de 1968. Mas, por trás de tudo isso, se houve algumas rupturas na "sociedade bloqueada", na expressão feliz de Michel Crozier, de base burocrática e bastante autoritária, é inegável que se reconstruíram as barreiras burocráticas, e o desencanto prostrou a geração de 1968.

Não obstante, continuo achando, vinte anos depois, que o maio de 1968 foi um sinal dos tempos contemporâneos. Não são, é certo, os "tempos modernos", nem os do cinema, nem os de Sartre e Simone. Mas, numa sociedade de massas, "pós-industrial" (de serviços), altamente burocratizada, o ar de liberdade e a paixão pela criatividade só não são sufocados pela "organização" (pela burocracia) quando, de tempos em tempos, há uma quebra na rotina.

    Maio de 1968 quebrou a pasmaceira do gaullismo imperial. Não substituiu "tudo pelo novo", mas limpou a pátina do tempo passado e abriu fendas para a esperança. Nossas sociedades de massa, sem o contrapeso da ilusão, do elã transformador, mesmo "sem base social", da vontade de corrigir tudo, são de um aborrecimento ímpar. Maio de 1968 foi a condensação de tudo que nega a mesmice, a chatice, a rotina que a sociedade industrial acumula ao longo de seu funcionamento.

26. A Constituição das mudanças*

> *Fora da Constituição não há direito, sem ele carece a liberdade, sem a qual não se implantarão a cidadania completa e o bem-estar do povo.*

Ontem a retórica dos discursos na Assembleia Nacional Constituinte foi uma só: o Brasil mudou. Ulysses, num belo e incisivo pronunciamento composto de frases de grande efeito, foi peremptório: eu prometi mudança, eis a mudança.

Afonso Arinos, com menos retórica e maior argumentação, não deixou por menos. Fez um belo discurso, exigindo respeito à nova Constituição. Não escapou nem mesmo a justiça: o senador-professor exortou os juízes a criarem instrumentos interpretativos para que vigorem desde já os ditames da nova Constituição.

Ouvindo os oradores, calado por força do Regimento Interno, o presidente da República tinha o semblante tenso. Jurou

---

* *Folha de S.Paulo*, 6 de outubro de 1988.

a Constituição, com a mão direita trêmula, talvez por causa da emoção. No íntimo, entretanto, deveria estar cotejando tudo o que ele próprio e seus auxiliares diretos disseram contra a Constituição com aquilo que diziam os oradores. Nada, ou quase nada, coincidia. Onde uns viram virtude, outros viram defeito.

As farpas foram cravadas, pouco a pouco, por Ulysses, por Arinos, até — sem o saber — pelo visitante português. Sangrava o coração do presidente, era visível. De emoção, talvez, de amargura, quem sabe, de incompreensão. Parecia presidente de um país diferente daquele que comemorava a Constituição.

Curioso país o nosso. A Constituinte iniciou sob suspeitas gerais. Diziam que seria "conservadora"; depois, na fase da Comissão de Sistematização, virou bandeira de luta dos progressistas e espantalho dos conservadores. Veio o Centrão, que tentou destruir o Regimento Interno, por considerá-lo "tendencioso". Ganhou, mas não levou: no dia a dia, a árdua luta da sociedade e dos líderes convenceu a maioria dos constituintes a votar democraticamente.

Pois bem, agora, na promulgação, esquecidas as feridas da batalha parlamentar, ficou a impressão de que os constituintes, em sua quase totalidade, estão contentes com o que fizeram.

O Brasil mudou. Dizemos nós, constituintes. Será? Observando o semblante carregado do presidente, a espelhar solidão em meio à alegria do Congresso, e percebendo as indiretas e as diretas às ameaças (civis e, eventualmente, militares) de desrespeito à Constituição, cabe a pergunta: será mesmo que o Brasil mudou com a nova Constituição? A resposta virá mais tarde, porque o outro lado da medalha, o povo, em nome de quem sempre se fala e para quem, em tese, são destinadas as medidas constitucionais, ainda não metabolizou a mudança.

É esse o desafio do fim da "transição" ou, pelo menos, da "transição institucional" que vem se arrastando perigosamente há tantos anos. As novas instituições devem amoldar-se à Constituição. Mas e a conduta, as crenças, os valores? Sem que a sociedade aceite e assimile as mudanças, sem que os políticos mostrem, com coragem, seu respeito à nova lei e repudiem as agressões a ela (já cometidas pelo governo) e sem que a cidadania, na acepção ulyssista (emprego, casa, saúde e educação para o povo), seja realidade, vamos continuar proclamando as virtudes excelsas da lei, mas haverá o risco do olhar solitário de um presidente que não parece crer no que jurou e sentiremos enorme barreira de um povo que gostaria de confiar, mas desconfia.

De qualquer forma, o primeiro passo foi dado. Fora da Constituição não há direito, sem ele carece a liberdade, sem a qual não se implantarão a cidadania completa e o bem-estar do povo.

27. A Amazônia e a ecologia*

Não cabe nem o preservacionismo ingênuo que desconhece as necessidades das populações locais e do país, nem a xenofobia manipulada pelo oficialismo, que confunde preservação com "intervencionismo estrangeiro".

O Senado decidiu criar, por iniciativa do senador Passarinho, uma comissão de inquérito sobre "a questão da Amazônia". Em boa hora.

Quando criança, ouvia muitas histórias sobre o Amazonas, filho que sou de mãe amazonense. O "inferno verde", os relatos de Agassiz, alimentaram minha imaginação infantil com o fascínio e o temor da selva.

Em décadas passadas, seria impensável a "destruição da Amazônia". A floresta impenetrável desafiava o homem, concentrado em poucas e populosas cidades às margens dos rios. A exceção

---

* *Folha de S.Paulo*, 9 de março de 1989.

eram os seringueiros, que penetravam nas trilhas, e os indígenas, que faziam parte da paisagem verde. Nem os mascates desafiavam o domínio avassalador da selva: seus botes roçavam as margens dos rios e igarapés, sem profanar a barreira natural das árvores.

Tão remoto era tudo aquilo e tão intocável a selva que fizeram época as histórias da Fordlândia, quando o homem foi derrotado pela natureza. Os aglomerados urbanos, dispersos na vastidão da planície, distavam dias uns dos outros, rio acima ou abaixo. Nunca me esquecerei das histórias que contava meu pai, exilado depois da Revolução de 1924 na fortaleza de Óbidos, entre Belém e Manaus, sobre as não sei quantas vezes que "subira o rio" para ir a Manaus e os jacarés e cobras gigantescas que avistara. A viagem durava dias a fio nas "gaiolas" — enormes barcaças que levavam os passageiros e eram perseguidas por nuvens de mosquitos.

Pois bem, tudo isso é passado remoto. Ao golpe de incentivos fiscais, a mata, nas bordas, deu lugar a pastagens, muitas delas em solo arenoso e impróprio. Os seringueiros são perseguidos e mortos por posseiros e grileiros, como na saga de Chico Mendes. Jogam-se detritos venenosos nos rios para garimpar ouro. Aqui e ali, uma grande exploração mineral em bases mais racionais tenta extrair riqueza do subsolo guardado pela mata.

Nesse quadro, os ecologistas gritam no mundo todo, contra as queimadas e derrubadas, os indígenas protestam contra as inundações que as barragens farão em suas terras, e a população amazônica, aflita, fica entre a cruz e a caldeirinha. Querem e têm o direito de ver sua região integrada ao desenvolvimento econômico e temem que, ao fazê-lo, se transformem nos vilões do futuro. Pior ainda, veem, perplexos, que a discussão passou a ser "internacional": dinheiro só é destinado a projetos que não aumentem o efeito estufa ou que não agridam o meio ambiente.

Nesse contexto, nem cabe o preservacionismo ingênuo que desconhece as necessidades das populações locais e do país, nem a xenofobia manipulada pelo oficialismo, que confunde o imperativo universal de preservação das condições de reprodução da humanidade e da natureza com "intervencionismo estrangeiro".

Espero que a comissão do Senado possibilite uma apreciação equilibrada da questão amazônica. Que a devastação é intolerável, não há dúvida. Que é preciso ocupar e explorar racionalmente a região, é indiscutível, pois, caso contrário, haverá a ocupação destrutiva. E também não há dúvida quanto à falsidade das teses "internacionalistas": elas não são para valer — e, se o fossem, não poderiam sequer ser consideradas.

Vamos, pois, substituir o nacionalismo de ocasião que ronda o país por uma verdadeira consciência nacional, comprometida com um desenvolvimento econômico que não destrua as bases da vida e que reconheça a dimensão do desafio ecológico que, hoje, se desdobra em escala mundial.

28. A revolução e sua falta*

O golpe de 1964 gestou, sem o desejar, uma sociedade civil que, cada vez mais forte, não gera um molde político que nos livre da aventura regressiva ou dos ímpetos populistas.

O bicentenário da Revolução Francesa foi comemorado com o maior brilho. O que havia dois séculos fora "subversão" é hoje instituição.

É verdade que os historiadores reavaliaram a revolução do Catorze de Julho. François Furet, sintetizando o pensamento crítico, reviu as vertentes que alimentam até hoje o debate sobre a revolução: liberação democrática ou massacre jacobino?

Servindo-se de dois gigantes, Tocqueville e Augustin Cochin, Furet tenta conceituar e interpretar o processo revolucionário. Não para em 1789 nem vê 1793 como sua antítese. Procura ir além das considerações sobre os "interesses sociais" para vis-

* *Folha de S.Paulo*, 20 de julho de 1989.

lumbrar, no intelectualismo dos clubes jacobinos, algo mais do que o mero "reflexo" do interesse de classes. Mas não deixa de se perguntar por que foi na França — e só nela — que as ideias libertárias que galvanizaram a Europa (e que refletiram entre nós na Inconfidência Mineira) se enraizaram na sociedade ou, pelo menos, no Terceiro Estado.

É nesse ponto que Furet recorre à explicação famosa de Tocqueville: o Antigo Regime gestou a sociedade civil mais "democrática" da Europa. Isso, porém, não tira de Augustin Cochin a força da interpretação sobre o miolo da revolução, tal como ela explode em 1793: a revolução não só foi a introdução do princípio da "representação popular", como também incorporou a ideia da soberania popular investida na ação direta.

Não quero prosseguir nessa ordem de considerações. Nem desejo fazer o paralelo fácil com o que ocorreu na praça da Paz Celestial. Tampouco indagarei mais a fundo, como fez Furet, sobre o mistério da revolução ou sobre as contradições entre Rousseau e o abade Sieyès.

Ao registrar a discussão teórica sobre a Revolução Francesa, quero apenas fazer um paralelo bem mais modesto e pobre com a nossa "falta de revolução".

Que não se assustem os guardiões da ordem. Não pretendo fazer nenhuma pregação subversiva. Constato apenas, para lamentar, que entre nós a discussão sobre a democracia tenha de ser feita com pedidos de empréstimo. Aqui falta a seiva transformadora. Malograda a Inconfidência, a monarquia engolfou "liberais" e "conservadores" no mesmo barco, e a própria Abolição se fez sem qualquer arremedo de luta ao estilo da Guerra de Secessão.

Daí a ênfase na "conciliação das elites". E se é possível dizer que, mais recentemente, o golpe de 1964 — como o Antigo Regime — gestou, sem o desejar, uma sociedade civil mais forte do que o Estado, não dá para imaginar que as ideias democráticas tenham encontrado entre nós formulações capazes de abalar os princípios de privilégio e mandonismo que distinguem a cultura política brasileira.

Os jacobinos, na França, encontraram no Terceiro Estado os homens capazes de encarnar a ideia de liberdade, mesmo durante o Terror. E o debate entre os rousseaunianos e os herdeiros de Montesquieu foi constante.

Entre nós, é a desolação. A sociedade civil, cada vez mais forte, não gera um molde político que nos livre da aventura regressiva ou dos ímpetos populistas.

Até quando?

Ah, se fosse possível transmitir, ao menos às elites, se não ao soberano — o povo —, um pouco da angústia gerada pelas reflexões sobre a Revolução Francesa...

29. Voto certo*

Milhões de brasileiros votaram para presidente pela primeira vez. Qualquer que seja o resultado, o voto foi certo. Democracia é o governo da maioria com o respeito às minorias e à lei.

Cem anos de República. Vinte anos de luta para devolver ao povo o direito da escolha. Finalmente, ontem, o tão esperado voto. Milhões de brasileiros que nunca escolheram seu presidente desfraldaram as bandeiras na boca das urnas, buzinaram seus carros, vestiram a camisa de seus candidatos, panfletaram as ruas e disseram nas urnas quem querem para governá-los.

Escrevo esta coluna antes do fim da votação. O voto, de qualquer modo, foi certo: democracia é o governo da maioria, com o respeito institucional às minorias e à lei. O resultado, entretanto, ainda é incerto. Votamos todos na torcida, à espera de que as urnas confirmem nossos desejos. Eu, obviamente, votei em Mário

* *Folha de S.Paulo*, 16 de novembro de 1989.

Covas. Espero que o impulso dos últimos dias tenha dado ao Brasil a chance da melhor escolha no segundo turno: de novo, Covas.

Não é hora mais para proselitismo. É hora de reflexão. E a ninguém medianamente informado cabe dúvida quanto às imensas dificuldades que o novo presidente enfrentará. Se não for capaz de conduzir politicamente o país, ganhando a confiança do povo com o respeito à Constituição, e se não levar o Congresso à ação construtiva, será apenas o deflagrador de novas crises.

O sistema partidário vigente não garante tranquilidade. Os dois partidos que formavam o eixo da Aliança Democrática, o PMDB e o PFL, saem das eleições sem prumo. Esfacelaram-se. O PDT, se Brizola não sair vitorioso, fica gravemente ferido. O PL virou promessa de "modernidade" frustrada pela visível produção, ao gênero de ator de teatro, de seu candidato. O PDS, sem comprometer muita coisa, porque pouco se esperava dele, se transformou em partido de um só candidato.

O que restou de tudo isso?

A reafirmação de um velho partido cujo anacronismo foi temperado pelo excelente desempenho pessoal de Roberto Freire, assim como o fortalecimento do PT e do PSDB.

Dito em outras palavras: o conservantismo brasileiro se desfez em fisiologismo e oportunismo. Não conseguiu sequer renascer sob as vestes da legenda do candidato que possivelmente será um dos vencedores do primeiro turno. E este, impulsivo, não vestiu bem os trajes do "sistemão". Restou a esquerda: desde seu setor mais radical até a proposta social-democrática do PSDB. Não é hora de lançar estigmas sobre partidos que não são de minha preferência, ainda que os traços anacrônicos de alguns deles sejam preocupantes. Mas quero ressaltar que o desempenho de Mário Covas e a garra dos "tucanos" desenharam, no horizonte político brasileiro, o perfil de um novo partido. Falta bastante, é certo, para consolidá-lo. Mas há bons augúrios: temos proposta, temos gente, temos garra.

Espero com confiança o resultado das urnas. O que muitos pensam ser a fragilidade do PSDB — seu enorme apoio na classe média — me parece, ao contrário, uma vantagem. É nesse estrato da sociedade que o PSDB recrutará, sem restringir-se a ele, a maioria de seus quadros. Nas sociedades modernas é assim mesmo, com a massa dos assalariados engrossando as camadas médias. Com uma condição: que o partido não se isole na classe média. Para isso, terá de expandir-se entre os trabalhadores e obter o apoio de lideranças rurais e urbanas que aceitem os caminhos das reformas através da democracia.

Se o partido mostrar que é capaz de dinamizar a economia sem preconceitos antiempresariais, de sustentar políticas sociais eficientes para melhorar o padrão de vida da população e de, efetivamente, expandir o emprego e distribuir melhor a renda, não tenham dúvidas, será, daqui para frente, a alternativa de poder de que o país necessita.

30. Tocqueville narra a grande história das classes*

> *Tocqueville prezava "as instituições". A seu modo, pregava e defendia a "democracia". Marx faz as classes sociais ondularem no carrossel da história como quem sabe o que elas podem e o que não podem. Tocqueville tem menos certezas, só é firme em seus valores.*

Ao ler a primorosa tradução para o português das *Lembranças de 1848*, do francês Alexis de Tocqueville (1805-59), não pude escapar de certo subjetivismo. Recordei-me de uma conferência de Jorge Luis Borges sobre a língua espanhola, que li em Santiago no jornal *El Mercurio*.

Borges fizera a conferência para agradecer por um prêmio que recebeu durante o regime do general Pinochet. No Chile, ainda em plena ditadura, com muitos amigos meus no exílio e outros perseguidos, tive raiva de mim porque não pude deixar de

---

* *Folha de S.Paulo*, 27 de julho de 1991.

sucumbir aos encantos da prosa de Borges juntando lucidez ao mais acérrimo conservadorismo.

Agora, com Tocqueville, foi mais fácil. Afinal, trata-se não só do grande, como direi?, protocientista político e mestre da escrita, mas de alguém que, sendo conde e "partidário da ordem", não deixava de ser, a seu modo, um "liberal-conservador". O contraponto dessas *Lembranças de 1848*, porém, é inevitável: sobre os mesmos episódios, Marx escreveu o ensaio genial *O 18 de brumário de Luís Bonaparte*.

Lévi-Strauss disse que, antes de lançar-se a um cometimento intelectual de vulto, relia *O 18 de brumário* para buscar inspiração e para — penso eu — reforçar sua abordagem "estruturalista". Não para me lançar a nenhuma aventura mais ousada, mas apenas para escrever estas notas e aproveitar o recesso parlamentar, me pus a reler o ensaio de Marx depois de ter lido o livro de Tocqueville. São dois gigantes, sem dúvida, e num ponto básico confluem: ambos fazem a história das classes, da luta de classes.

Luís Bonaparte, o general Changarnier, Odilon Barret, Thiers, Louis Blanqui, Alphonse Lamartine, Luís Felipe — enfim, os grandes atores políticos — são, na verdade, "personagens". Encarnam forças maiores.

É extraordinário ver como esse aristocrata, intelectual mais do que perspicaz e político moderado que foi Tocqueville, passeando pelas barricadas de fevereiro de 1848 ou dentro das agitadas sessões da Assembleia Nacional Constituinte, também conseguia ver as forças sociais que se digladiavam.

Tocqueville, mesmo no fragor das lutas que não eram só verbais, guardava a objetividade. Claro, as discussões intermináveis da Montanha (da esquerda), a retórica bombástica dos novos republicanos, a sem-vergonhice do pequeno Bonaparte (apoiado pelo lúmpen, como diria Marx) irritavam-no. Mas a grande história que ele conta é a das classes.

Num ponto (e não é o único), Marx e Tocqueville convergem: a eleição de 23 de abril de 1848 mostrou que a França rural, dos senhores e dos camponeses, venceu o espírito revolucionário dos proletários, dos intelectuais radicalizados e da pequena burguesia parisiense. Era a "maioria silenciosa".

Foi apoiado nessa mesma massa acrescida dos aventureiros e dos financiadores do Estado (dos homens das "negociatas") que Luís Bonaparte, mais tarde, firmou seu poder, passando por cima do "partido da ordem" dos republicanos, dos socialistas, dos legitimistas e dos orleanistas.

Em vários pontos, entretanto, Marx e Tocqueville divergem. Tocqueville seria o "democrata burguês", embora nobre, como diriam no antigo jargão das esquerdas. Ele prezava "as instituições". A seu modo, pregava e defendia a "democracia", e de forma admirável. Era naturalmente complacente na análise dos partidos, do jogo político, e na preservação dos "pesos e contrapesos".

O Marx do *18 de brumário* via com maus olhos o "cretinismo parlamentar" dos que se esquecem das ruas e vivem só em função do Parlamento. Julga com severidade a todos, até mesmo, se não principalmente, os próprios socialistas e as forças operárias. Reclama delas porque perdem oportunidades, não vão mais longe na luta, cedem mais do que deveriam.

Tocqueville, cético, espera menos não só dos homens, como das classes. Conforma-se, não se revolta. Analisa, não se indispõe com os personagens.

Enfim, enquanto Marx, montado em sua filosofia da história, analisa e julga, quase prejulga, as classes e os personagens, Tocqueville é mais humilde: salva o que pode.

As páginas de Marx são de um vigor extraordinário. Ele faz as classes sociais ondularem no carrossel da história como quem sabe o que elas podem e o que não, por que podem e por que não. Tocqueville, descrevendo o dia a dia, os meandros da pequena história, tem muito menos certezas, só é firme em seus valores.

Quem sabe, ecleticamente, a leitura convergente dos dois constitua não a síntese, porque não é, mas a abordagem que possibilita divisar melhor a infinitude do real e, ao lidar com conceitos e esquemas, permita evitar que eles transformem as pessoas em personagens?

31. Alvíssaras*

> *Os golpistas não prenderam Iéltsin nem controlaram os meios de comunicação. Os burocratas da KGB se aliaram a um exército dividido. E lá o povo está unido pela liberdade.*

Mais uma vez, Moscou surpreendeu o mundo. Desde os tempos em que havia os "kremlinólogos" durante a Guerra Fria, os prognósticos ocidentais se mostravam insuficientes ou falsos. Foi assim com a ascensão e a queda de Khruschóv. Foi assim quando Gorbatchóv iniciou a democratização. Foi de novo assim — já sem os "kremlinólogos" — quando nem na véspera os serviços de informação souberam do golpe contra Gorbatchóv. Por fim (será mesmo fim?), repetiu-se a surpresa, só que agradável, de ver que a Junta entrou em debandada e de Gorbatchóv ser anunciado, outra vez, como líder do governo soviético.

De qualquer forma, o grito de Iéltsin, a vitória da resistência

* *Folha de S.Paulo*, 22 de agosto de 1991.

generosa do povo russo, mostrando o quanto pode fazer um povo quando acaba com o medo, são indícios cabais de que vivemos uma nova época.

Nós, latino-americanos, escaldados de tantos golpes militares, costumamos descrer da reação sem armas contra o arbítrio fardado. Ao ver as imagens de populares arremessando coquetéis molotov nos tanques, desafiando os blindados da morte como se eles fossem elefantes de circo, minha primeira impressão foi de que, mais uma vez, morrera a liberdade na União Soviética.

Gostoso engano. O temor dos generais soviéticos de ver o despedaçamento do antigo império, a independência de antigas províncias — cheias de armas atômicas —, que deve dar calafrios nos altos mandos, não foram capazes de atemorizar as massas libertárias.

Esse sempre foi o grande desafio das mudanças na União Soviética: a democratização proposta, a liberdade ansiada pelo povo, a autonomia das nacionalidades não poria em risco o poderio militar e a segurança coletiva? Os líderes ortodoxos do PCUS poderiam, como tentaram, manipular as preocupações militares com a segurança para reafirmar seu poderio burocrático e crestar no nascedouro os ímpetos de liberdade e democracia.

Não conseguiram. Iéltsin, até mais do que Gorbatchóv, se tornou o símbolo, para mostrar que é possível fazer da palavra o começo da reconstrução como se ela fosse, de fato, o verbo.

Praza aos céus que os novos construtores da democracia na União Soviética entendam que, assim como a questão das nacionalidades é o limite a ser trabalhado para evitar a ruptura militar, a questão do pão é essencial para impedir que esse mesmo povo, ardente de vontade de sustentar os líderes da resistência, venha a ser amanhã presa fácil para os futuros críticos da nova ordem.

Para evitar isso, é preciso que as potências ocidentais ponham de lado sua arrogância habitual. Foram elas que, ainda há pouco, humilharam Gorbatchóv na reunião dos chefes de Estado das nações ricas, em Londres. Trataram as demandas da União Soviética como costumam fazer com o Terceiro Mundo: voltem depois de resolver seus problemas domésticos.

Antes de terminar, uma observação típica de quem vê o mundo "do lado de cá": os golpistas soviéticos são crianças perto dos nossos. Esqueceram-se de prender Iéltsin e não conseguiram controlar os meios de comunicação. Não posso crer que tenha sido só pressa e estupidez. Provavelmente — e isto é alvissareiro — faltou coesão militar. Os burocratas da KGB se aliaram a um exército dividido. E lá o povo se encontra mesmo unido.

De qualquer forma, mesmo sem dispor de informações mais detalhadas no momento em que escrevo, do povo soviético é possível dizer tudo, menos que os terríveis anos de ditadura tenham amortecido sua coragem e o gosto pela liberdade.

32. Tudo a ver*

De quem é a culpa? Culpados somos todos nós. Temos tudo a ver com o que ocorre nos porões da miséria e do crime desta sociedade injusta.

As reportagens publicadas pela *Folha*, sob a batuta de Gilberto Dimenstein, a respeito da prostituição de menores nos garimpos e nos vilarejos amazônicos abalam — ou deveriam abalar — o país.

Os fatos eram sabidos e não registrados pela "boa consciência" nacional. De vez em quando, surgiam notícias esparsas e comentários sobre índias engravidadas, disseminação de doenças venéreas e prostituição de menores. Nunca, entretanto, foi tão grande e irresponsível a acusação, materializada em fotos e declarações que descrevem o que ocorre e apontam culpados.

Culpados?

* *Folha de S.Paulo*, 13 de fevereiro de 1992.

Culpados somos todos nós, do Sul ao Norte, que convivemos há tanto tempo com uma ordem social e com um estilo de produzir e de administrar que gera esses quistos de podridão humana.

Culpados são os governantes e quem os elege sem cobrar rumos diferentes para o Brasil. Culpados são os que, para ganhar mais, preferem aumentar a margem de lucros impondo preços em setores oligopolizados a melhorar a produtividade e ampliar o consumo. Incluem-se entre os culpados os responsáveis pelos desmandos do setor produtivo estatal que levaram as empresas a distorções cuja correção custa hoje aumentos de tarifas e de preços muito acima da inflação.

E é de pasmar quando os mesmos leitores que se indignam com as monstruosidades praticadas "lá na Amazônia" não percebem que as misérias de lá têm algo a ver com as bonanças de cá.

Por certo, pais que vendem filhas, mercados de meninas prostitutas ou estupros cometidos contra quase crianças são fatos, cuja responsabilidade penal e moral é direta. É justo, portanto, pedir a ação da polícia, do Judiciário, das autoridades, enfim, para coibi-los. E eu não cometeria a ingenuidade de absolver os autores dessas violências e imoralidades em nome da existência de uma ordem social injusta que, em última análise, propicia e facilita tais desatinos.

Mas precisamos ler tudo isso com o olhar de quem é parte desta sociedade monstruosa e não como se fôssemos todos antropólogos vendo "o outro". Temos tudo a ver com o que ocorre nos porões da miséria e do crime desta sociedade injusta.

E é sobre ela, agravando a anomia social, que recairão as políticas de "ajuste" que parecem ser, hoje, inevitáveis: a inércia do passado jogou sobre os ombros da geração presente a responsabilidade de frear um descaminho medido por uma inflação que, quando está "sob relativo controle" (sic), atinge 1300% ao ano!

Os jornais dão conta de uma taxa de desemprego industrial

acima de 10% quando comparada com a de um ano atrás. Mostram também — basta ver a *Folha* do último fim de semana — que os preços dos produtos dos setores oligopólicos e dos serviços públicos sempre sobem mais de cem pontos acima da inflação dos últimos doze meses. E há quem veja nisso estagflação, quer dizer, recessão com inflação. Se for mesmo assim, teremos (ou terão os que vivem nos grotões da miséria, como os desempregados, os aposentados etc.) feito enorme sacrifício para nada. Não se chegará à outra margem do rio na qual, dizem, há prosperidade, investimentos, empregos e até estabilização da moeda.

Enquanto isso, no meio de tudo isso, a sociedade brasileira continuará gotejando a podridão dos estupros de crianças, o extermínio delas nas grandes cidades, o machismo patético de gabirus da mata. Ou não é este o país?

33. Problemas de mercado*

> *O império soviético ruiu por suas próprias contradições. O risco do "neoliberalismo" é o de desmantelar o Estado sem criar o mercado.*

Recentemente, estive em Moscou a convite do vice-primeiro-ministro, sr. Burbulis, para discutir com os responsáveis pela economia russa, como Yegor Gaidar, a transição para o capitalismo. Fomos convidados na qualidade de sociólogos. Alain Touraine, Manuel Castells, Steve Cohen, Martin Carnoy e eu. Não foi a primeira visita que fiz ao país. Nos últimos dez anos, lá estive quatro vezes. Em 1981, quando reinava Brejnev. Em 1988 e 1990, no governo Gorbatchóv, e agora com Iéltsin.

É difícil entender o que ocorreu na União Soviética. Creio que não existe exemplo na história de um império que se suicida. Até hoje, os historiadores discutem apaixonadamente o fim do

---

* *Folha de S.Paulo*, 23 de abril de 1992.

Império Romano. Mas a decadência romana levou décadas. Outros impérios ruíram. Seja por razões intrínsecas à sua economia, seja, mais frequentemente, por derrotas militares.

No caso soviético, a fragilidade da base tecnológica da produção civil, a falta de informatização da economia e a própria expansão da tecnoburocracia, que requer mais liberdades para continuar produzindo, são fatores explicativos. Ainda assim, depois de ter visto a União Soviética modorrenta, mas ainda orgulhosa, de Brejnev e de lá haver testemunhado, no início e no fim da perestroika, um império que se movia em busca de liberdade e de reorganização econômica, mas ainda esperançoso de manter-se como império, é de espantar ver a Rússia de Iéltsin. Não que as reformas fossem dispensáveis ou que não tenha vencido o partido da liberdade. Mas venceu também o nacionalismo, assim como certa crença ingênua nas virtudes do mercado.

De tudo isso, o que mais estranha (e é positivo) é que se desfez o temor de uma reação armada que unisse os burocratas duros do PC com os marechais de ferro. E isso precisa ser mais bem explicado. As 30 mil ou 40 mil ogivas nucleares jazem impotentes — embora perigosamente — em abrigos na Rússia, na Bielorrússia, na Ucrânia e no Cazaquistão, sem que constituam mais ameaça organizada a outros povos.

Não só os países bálticos, a Geórgia e os países muçulmanos conquistaram a independência, como minorias várias na própria Rússia esperneiam para ter seus estatutos nacionais reconhecidos. A União Soviética, esta sim, se tornou um tigre de papel. E isso não derivou do "cerco externo", de guerras perdidas, da "infiltração capitalista" ou de qualquer outro fator externo. Ruiu o império por arte de suas próprias contradições.

A Rússia continua a ser, sem dúvida, um grande país. Possui população esclarecida, nível de vida razoável e identidade cultural. Faltam-lhe, entretanto, organização moderna e canais de legítima expressão da vontade popular: não há partidos, ainda não existe propriamente uma "sociedade civil", os sindicatos são de papel. E, das grandes lideranças, sobrou Iéltsin. Junto dele, jovens ministros mais ou menos tecnocratas que acreditam nas virtudes do mercado.

O choque interno será difícil de evitar. Iéltsin tem contra seu projeto o Congresso dos deputados, eleito antes das últimas reformas. Não dispõe de base organizada, nem social, nem politicamente. E o que lá se chama de mercado por ora é pouco mais do que a pequena especulação de camelôs improvisados. Os russos precisam aprender com o Ocidente que o mercado requer leis e regularidades. Se possível, um estado de direito. De toda maneira, um Estado eficiente. Não para produzir e distribuir. Mas para regularizar e contrapor-se ao abuso privado quando este obstaculiza o próprio mercado.

Seria bom que os dirigentes russos entendessem melhor que o "neoliberalismo" é instrumento ideológico e não modo de organizar a produção. Caso contrário, acabarão por desmantelar o Estado sem criar o mercado.

34. Bolsonaro e o fantasma autoritário*

> *Em sociedades como as nossas, será que Fujimori não é uma virtualidade estrutural que, de vez em quando, se faz presença catastrófica? Não é de espantar que vicejem os salvadores da pátria.*

Quando já praticamente ninguém imaginava que pudessem ocorrer quebras nas regras democráticas na América Latina, as ameaças na Venezuela e o golpe branco de Fujimori no Peru voltam a alertar que estamos longe de uma "consolidação democrática".
Sei que é confortador imaginar que "no Brasil é diferente".
Confortador e enganoso. Quantas vezes ouvi em Santiago, quando eu lá vivia no exílio, durante o governo Frei, que esta história de "quartelada" jamais ocorreria num país com a tradição democrática do Chile... E, não obstante, até hoje, no coração

---

* *Folha de S.Paulo*, 12 de maio de 1992.

da democracia chilena, está cravada a espada institucional de Pinochet.

Li recentemente umas reflexões de Vargas Llosa sobre suas incursões na política eleitoral peruana. *Peixe na água*, título do trabalho de Vargas Llosa, brandindo um neoliberalismo ingenuamente civilizatório, narra com olhos criticamente racionais o desaguisado da política partidária peruana, clientelismo, ignorância, presunção, caciquismo etc.

Nada que espante um brasileiro de certas luzes e com alguma experiência de política militante, a não ser, talvez, a violência assassina da qual, embora não livres no plano social, continuamos livres no plano político.

Porém, o mecanismo da situação é que preocupa. Descontando-se o verdor de Vargas Llosa e a quase inevitável tentação do intelectual recém-entrado na política de se arrogar dono da verdade (tão bem descrita e criticada por seu conselheiro político profissional, o inglês Mark Malloch Brown, em comentário adicional ao artigo), a questão de Vargas Llosa, no fundo, é uma só: como construir a democracia em sociedades como as nossas? Será que nelas Fujimori não é uma virtualidade estrutural que, de vez em quando, se faz presença catastrófica?

Digo isso a propósito da experiência que estamos vivendo no Brasil. Desde 1985, jogamo-nos a fundo na criação de um "estado de direito". Mas ele veio capenga. Recordo-me das discussões travadas na Comissão Suprapartidária de abril-maio de 1985, quando liquidamos com as sublegendas e marcamos as eleições municipais. Liberalizamos a criação de partidos, além de havermos eliminado grande parte do que eu chamei então de "entulho autoritário" da Constituição militar. Aprovamos a emenda nº 25. Eu era "líder do governo no Congresso". Ulysses Guimarães, Alberto Goldman, o senador Aloísio Chaves, líder do PDS no Senado, os deputados João Gilberto e Pimenta da Veiga — este, líder do

PMDB na Câmara —, entre outros, trataram de demolir as barreiras à livre manifestação partidária e à expressão direta da vontade do eleitor.

Tudo muito certo.

Só não tivemos "pensamento institucional" ou de engenharia política: que sistema partidário seria o melhor para o Brasil? Que tipo de voto majoritário, proporcional, misto? Que forma de governo?

Era cedo para essa reflexão. Queríamos "liberdade". E, pouco a pouco, suas asas foram se abrindo sobre nós, como no hino famoso.

Mas não basta a liberdade para haver democracia.

Hoje, o país vive um clima de liberdade, mas também de indefinição institucional. A Constituinte de 1988 não respondeu às grandes questões de como se organizar melhor a democracia.

Como, além disso, vivemos numa sociedade de massas carentes e desinformadas, não é difícil perceber os riscos de "fujimorismo".

As demandas sociais explodem (pagar melhor o funcionalismo, rever com rapidez os salários em geral, oferecer melhores escolas e hospitais etc.). A liberdade de informação e de opinião, graças a Deus, permite que as pressões se organizem. Mas nem o Estado nem a sociedade dispõem de recursos ordenados para responder às demandas.

Não é de espantar que vicejem os salvadores da pátria. Por sorte. Para nós. Collor não é Fujimori: ele respeita a Constituição, tenta governar com os partidos e insiste em dialogar. Se Lula tivesse sido eleito, talvez com maiores dificuldades por causa da sociedade, também teria resistido bravamente a "se fujimorizar".

Mas até quando?

A questão não é pessoal, subjetiva. É institucional. Em sociedades de massas empobrecidas e fragmentadas e sem instituições aptas a encaminhar soluções para seus problemas, os riscos de um "curto-circuito" são permanentes. Não se trata das antigas sociedades hierarquizadas, nas quais as classes dispunham de recursos organizativos para orientar condutas e atuar. Trata-se de sociedades que podem entrar em ebulição como consequência de faíscas inesperadas, sem que seus líderes, atores e organizações disponham de recursos para dirimir os conflitos emergentes. Isso as torna sociedades com altos riscos institucionais.

Por isso mesmo, o Brasil não deve perder a oportunidade da reforma constitucional. É preciso reconhecer que não dá para governar de forma estável (ou de modo relativamente estável) com a atual fragmentação partidária, sem coordenação entre a eleição do presidente e a do Congresso, com um sistema eleitoral que distorce a representação do eleitorado, dando maior número de deputados a estados menores, com o grau de isolamento entre eleitor e representante que o sistema eleitoral vigente proporciona etc.

Existem no Congresso vários projetos de lei tentando corrigir essas e outras anomalias. Eu mesmo apresentei, no Senado, nova lei partidária que dificultaria a proliferação de partidos e modificaria o modo como as campanhas são financiadas, bem como outro projeto propondo o voto proporcional misto, em distritos eleitorais menores. Não defendo apenas a aprovação dos projetos que apresentei. Há vários. Defendo que o Congresso, desde já, debata e refunde as diferentes propostas existentes e antecipe o debate sobre essas matérias, de tal modo que, antes mesmo da grande decisão sobre "parlamentarismo ou presidencialismo", saibamos o que fazer para organizar a liberdade e dotar o país de governabilidade.

Antes que a "bolsonarização" seja um sintoma teratológico de uma "fujimorização" gaiata.

35. Collor deposto?*

> *Se Collor não renuncia, se a consciência nacional registra a impossibilidade de justificar tanta falcatrua cometida, se há regras constitucionais para o impedimento do presidente, só há uma coisa a fazer: mãos à obra.*

Quem viu nesta semana as ruas cheias de manifestantes a favor do impeachment imagina o presidente preocupado com seu futuro imediato. Mas não. Todas as declarações dele — mesmo às rádios argentinas — pretendem afetar tranquilidade.

Anteontem, no final da tarde, entretanto, o presidente sofreu um golpe inusitado: os ministros se reuniram para declarar ao país que ficam, mas não são solidários com ele, e sim com o povo.

Em regime presidencialista, isso é inédito. Seria um golpe branco se antes o governo já não tivesse ruído por falta de apoio no Congresso e nas ruas, e, sobretudo, pelo suicídio moral que

* *Folha de S.Paulo*, 27 de agosto de 1992.

o presidente cometeu, envolvendo-se com gente da laia descrita pelo relatório da CPI.

Não deixa de ser bizarro, de qualquer maneira, que os que compõem o ministério — alguns dos quais afeitos à política — tenham decidido expor ao país que são honestos (aliás, ninguém perguntou nem duvida disso) e se autoproclamar fiadores da estabilidade na transição. Para o país, é bom que assim seja: marcam a data de saída, o dia em que a Câmara autorizar o processo de impeachment.

O gesto poderia ser mal interpretado não fosse a declaração do ministro Célio Borja, que ressalvou: o presidente pode ganhar a parada, mas, neste caso, o ministério se demitirá: se afastado o presidente, caberá obviamente ao vice constituir outro governo.

Assim, o que poderia à primeira vista ser tomado como arrogância — "nós ficamos e somos a transição" — passou a ser apenas uma construção política à moda pedessista de homens que, apesar das raízes udenistas de alguns deles, desejam uma decisão rápida e suave para o impasse político e não querem tornar-se empecilho para isso.

Reduzida a declaração às suas devidas proporções, vê-se que Collor não foi deposto por seus ministros (ainda bem, porque não seria caminho constitucional) e que caberá ao Congresso o funeral de uma situação política que apodreceu, cheira mal e, não obstante, continua aí como um morto-vivo.

Se o ministério não se demite nem depõe o presidente, se Collor não renuncia, se a consciência nacional registra a impossibilidade de justificar tanta falcatrua cometida, se há regras constitucionais para o impedimento do presidente, só há uma coisa a fazer: mãos à obra.

Enganou-se o jurista Saulo Ramos ao tomar a ementa do ministro Aldir Passarinho como bom resumo dos votos do Supremo sobre a Lei nº 1079, que regulamenta o rito do impeachment.

A lei foi recebida pela nova Constituição, e o presidente da Câmara está em condições não só de acolher o pedido de impeachment, como de dar-lhe curso através de uma Comissão Especial, sem que disso caiba recurso aos tribunais.

Resta, portanto, acelerar o processo, assegurado o direito de defesa e respeitadas as normas constitucionais.

E restam, sobretudo, a esperança e a convicção de que os deputados darão a autorização para que o Senado julgue o presidente.

A partir desse momento (que deve ocorrer em poucas semanas), o presidente se afasta e começa uma nova página da história política. Página difícil, que requererá, em especial, moderação nos apetites partidários para evitar uma nova experiência da fracassada aliança que surgiu no fim do regime militar.

36. A maturidade de um grande país*

> *Em quinze anos de estagnação econômica e instabilidade política, aumentou a miséria, cresceu a distância entre pobres e ricos. A adversidade, no entanto, tornou a sociedade mais participativa, mais paciente, sem subserviência.*

A campanha presidencial é uma oportunidade única para pôr no lugar algumas peças-chave que ajudam a entender o enorme quebra-cabeça que é a sociedade brasileira.

Como sociólogo e político, tenho acompanhado de perto o passo a passo, as transformações do Brasil. Mas nunca aprendi tanto, de maneira tão concentrada, como nesses cinco meses em que percorri o país expondo minhas ideias e ouvindo a sociedade.

Saio dessa jornada mais maduro, com maior conhecimento dos nossos problemas e potencialidades, e, ao mesmo tempo, mais humilde para receber as lições que o povo tem para dar.

* *Folha de S.Paulo*, 2 de outubro de 1994.

Quinze anos de crise, estagnação econômica e instabilidade política tornaram as cores da realidade brasileira mais fortes e contrastantes, especialmente na área social. Aumentou a miséria, deterioraram-se os serviços públicos de educação e saúde, cresceu a distância entre pobres e ricos, a violência se agravou.

A adversidade, no entanto, também tornou a sociedade mais coesa, mais participativa, mais paciente, sem subserviência. Numa palavra: mais madura. Aumentou o consenso sobre o diagnóstico dos nossos problemas. As propostas demagógicas e utópicas perderam credibilidade. O povo ficou mais exigente em relação à viabilidade das soluções propostas.

Em minha proposta de governo, apresentei respostas claras e viáveis para os problemas que mais angustiam o povo, começando pelo controle da inflação.

O Plano Real nos devolveu a possibilidade concreta de sonhar com um novo país — uma possibilidade que a sociedade abraçou com entusiasmo. Manter o plano, manter a inflação sob controle, passou a ser um ponto obrigatório de qualquer proposta de governo, porque mostramos que isso é possível, configurando-se numa exigência da sociedade.

Como presidente, se for eleito, quero dar continuidade ao Plano Real nos mesmos termos em que o iniciei como ministro: sem truques, confiscos ou congelamentos, atuando à luz do dia, dialogando com o Congresso e a sociedade.

A continuidade do plano de estabilização é a maior garantia de que a economia brasileira vai crescer, daqui para a frente, tanto ou mais do que no ano passado, quando o Produto Interno Bruto aumentou 5%.

O Brasil está pronto para crescer. Não é verdade que o país só tenha acumulado mazelas durante os anos de crise. Apesar dos pesares, a maioria dos brasileiros conseguiu lutar e se adaptar às dificuldades do dia a dia, quase sem ajuda dos governos.

Também sem apoio oficial consequente, as empresas brasileiras têm dado claras demonstrações de vitalidade. Hoje a maioria delas está pronta para competir e crescer, tanto no mercado interno quanto no exterior.

Mas não basta crescer. É fundamental voltar a crescer para investir nas áreas sociais e no combate à miséria. Ao contrário do sofisma de que o Brasil precisava primeiro deixar o bolo da economia crescer para depois repartir, precisamos aprender a repartir e crescer ao mesmo tempo.

Com a inflação sob controle e a economia em expansão, o futuro governo poderá se concentrar nas ações emergenciais e de longo prazo para liquidar a enorme dívida social do Brasil para com seu povo: o combate à fome e à miséria, a geração de empregos e a qualificação para o trabalho, o apoio ao trabalhador rural, o assentamento dos agricultores sem terra, a melhoria da qualidade dos serviços de educação, saúde e segurança.

Não iremos a lugar algum buscando soluções para nossos problemas de forma isolada do resto do mundo. Tiramos proveito, no passado, de uma situação internacional que nos permitiu crescer e gerar empregos com certo grau de protecionismo e isolamento econômico.

Hoje o mundo é outro; mudou radicalmente e temos de nos adaptar às mudanças. Se quisermos voltar a crescer e gerar os recursos de que precisamos para investir na área social, temos de construir uma economia competitiva e aberta, criando condições para que nossas empresas se modernizem cada vez mais e garantam empregos cada vez mais produtivos e bem remunerados.

Minha proposta de governo procura combinar, de uma forma lógica, todos esses elementos. Redefine os rumos da economia brasileira e prepara o país para o século XXI. Identifica concretamente as fontes de recursos para financiar os pesados investimentos necessários à retomada do crescimento, mobilizando fontes privadas e públicas, nacionais e estrangeiras.

Prevê uma nova divisão de papéis entre o governo, o capital estrangeiro e a iniciativa privada nacional para dar conta das tarefas do desenvolvimento econômico. Introduz a parceria entre o governo e as comunidades como um poderoso instrumento na área social.

Lancei-me nesta campanha com a energia de quem acredita que este é um grande país, que merece a oportunidade de proporcionar uma vida mais digna a seus filhos. Espero merecer a oportunidade de, como presidente, liderar o país nessa empreitada.

IV. EUFORIA
(2003-10)

37. Depois da guerra*

> *A invasão do Iraque sem o apoio da ONU levou a um imenso movimento de opinião pública mundial pela paz. Prevaleceu a lei do mais forte. Sobrarão problemas para o mundo e o travo amargo do antiamericanismo.*

Osama bin Laden, quem diria, mudou o curso da política internacional. Ou melhor, a intemperança da reação norte-americana acabou por desencadear uma série de ações que podem significar a ruptura ou, pelo menos, o esvaziamento das instituições criadas depois da Segunda Guerra Mundial para assegurar a paz universal.

O mais incrível é que nada disso era necessário. A primeira atitude do presidente Bush e de seu governo foi, aliás, sensata. Vítima de um ataque terrorista soez, como todos eles são, os Estados Unidos foram enérgicos na resposta. Entretanto, não deixaram de

---

* *O Estado de S. Paulo* e *O Globo*, 6 de abril de 2003.

lado seu compromisso de nação-líder de um mundo democrático. Na substância e na forma, agiram com cuidado.

Quem se esquecerá dos esforços para evitar a percepção de antiarabismo e de anti-islamismo?

Recordo-me de duas conversas com o presidente Bush nas quais ele procurava evitar o que Samuel Huntington (não que o presidente o citasse, é claro) chama de "choque de civilizações". Na primeira conversa, telefônica, eu o felicitei pela visita que fizera a uma mesquita em Washington. Na segunda, visitei-o acompanhado do ministro Lafer e de assessores. A conversa foi cordial e solidária: o Brasil tinha invocado na OEA o Tratado Interamericano de Defesa Recíproca para repudiar a barbaridade ocorrida em Washington e em Nova York. A preocupação com a boa convivência entre as culturas, as religiões e as raças era a mesma em presidentes que dirigiam duas nações multiculturais e multirraciais, como os Estados Unidos e o Brasil.

Na forma, também não houve hesitação. A mais poderosa nação do mundo pediu apoio a todos os países e pessoas que estivessem contra o terrorismo. Bateu às portas das Nações Unidas, e o Conselho de Segurança apoiou a ação no Afeganistão contra a Al-Qaeda e contra o Talibã.

Os horrores da guerra são sabidos. Morrem inocentes, civis e militares. Jovens e velhos, além de crianças. E foi o que aconteceu no Afeganistão, sem o consolo do aprisionamento de Bin Laden. Não obstante, a comunidade internacional apoiou a guerra porque a considerou justa: o ataque às Torres Gêmeas fundamentou o repúdio e justificou a intervenção armada.

No caso do Iraque, porém, houve mudança radical de atitude. Foram inúteis os esforços dos membros do Conselho de Segurança para ganhar duas ou três semanas, antes de autorizar a guerra.

A alguns países, parecia possível que os inspetores da ONU encontrassem provas da existência de arsenais de armas químicas ou biológicas. Neste caso, se o governo iraquiano não as destruísse, a guerra se justificava.

A argumentação inicial para a guerra invocava a existência de laços entre o governo de Bagdá e a Al-Qaeda. Alguns governos não se convenceram disso com as provas apresentadas.

Incapaz de obter a maioria no Conselho de Segurança e com a ameaça de veto pela França, a coalizão anglo-americana foi à guerra, baseada em decisões anteriores, de duvidosa interpretação jurídica, sem esperar nova manifestação formal do Conselho de Segurança.

Resultado: o maior movimento recente de opinião pública mundial pela paz.

Com o afã de protestar, há o risco de que sejam esquecidos os abusos, as torturas e o massacre de curdos e xiitas feitos pelo regime iraquiano, e de que, aos poucos, o tirano vire vítima.

Depois da guerra, ao que tudo indica a ser vencida pelo mais forte, sobrarão muitos problemas para o mundo e o travo amargo do antiamericanismo. Os problemas serão de várias ordens: a intensificação do terrorismo, o custo a ser pago para manter a ocupação do Iraque, onde as tropas da "coalizão" viverão uma situação patética, imaginando-se libertadores, mas tratados como conquistadores, sob o risco de sofrer atentados.

Do ângulo econômico, os custos diretos da guerra pesarão sobre um orçamento já combalido e deficitário como o norte-americano, aumentando com as incertezas dos mercados. À atmosfera de medo, ampliada pelo atentado às Torres Gêmeas, se somam cálculos mais racionais quanto ao tempo de duração da guerra e da ocupação, dificultando a retomada do crescimento da economia mundial. A palavra de ordem será, provavelmente, a da "aversão ao risco". Será que o controle das fontes de suprimento energético compensa tudo isso?

Mas os danos à política internacional serão ainda maiores e de efeitos, quem sabe, mais duradouros do que os causados à economia. Além da divisão da Europa, dos estilhaços na Aliança Atlântica, o mundo árabe entrará em nova ebulição, com efeitos na Ásia muçulmana, se o governo americano não agir rapidamente para rejuntar os cacos do que foi a promessa de criação de um mundo mais solidário.

Pior ainda, o longo caminho percorrido depois da Segunda Guerra Mundial, que ia na direção de dotar o mundo de alguma governança, com o sistema das Nações Unidas e o início de uma legislação cosmopolita, foi, em parte, desfeito.

O mundo deu passos significativos para celebrar pactos e tratados de alcance global, como no caso do meio ambiente, em Kyoto, e no caso do respeito aos direitos humanos, que levou à criação do Tribunal Penal Internacional.

O comportamento vacilante do Conselho de Segurança, que não implantou as decisões de desarmar o Iraque desde 1991, tendo hesitado ainda em vários outros episódios, em vez de ser corrigido, serviu de justificativa para a ação unilateral.

Opera-se, assim, um retrocesso à lei do mais forte, a um estado de natureza, pré-hobbesiano.

Se isso não for corrigido por uma reforma que reforce o Conselho de Segurança, ampliando-o e dando-lhe mais legitimidade, e que permita avançar numa legislação global, o retrocesso será enorme. Ficaremos mais distantes ainda do dia em que um direito verdadeiramente cosmopolita e órgãos que o implementem possam assegurar a paz universal, a convivência civilizada entre os estados e o respeito aos direitos das pessoas e das gentes.

Esperança?

Que a opinião pública mundial sensibilize a americana e esta altere a conduta de seu governo. E que, no pós-guerra, se busquem outra vez o bom senso e a tolerância democrática que fazem os mais fortes respeitarem os mais fracos. E que os países marginalizados pelas decisões americanas não cruzem os braços à espera de um futuro que deixe de ser unipolar para voltar a ser, quem sabe, bipolar quando a China, daqui a trinta ou cinquenta anos, desafie a superpotência nos próprios termos dela, pela força.

Este seria um mundo circular, capaz de afogar ainda mais a esperança de paz e solidariedade entre as nações e os povos, dando espaço ao ceticismo e ao pessimismo dos super-realistas.

38. O unilateralismo global*

Contra o terror, que parece ser o real inimigo da paz e da democracia, de que adianta o "unilateralismo global" dos americanos?

A guerra do Iraque, como toda guerra, feitas as contas das vítimas, causou horror. Vítimas humanas e vítimas no sentido figurativo: ela matou a crença na eventualidade de o governo americano ajudar na construção de uma ordem mundial mais legítima.

Essas consequências negativas começam a aparecer com maior nitidez. Não questiono as convicções dos que, a despeito da pouca evidência de conexões do governo iraquiano com o Al-Qaeda e de sua incapacidade para utilizar ofensivamente as armas de destruição em massa acaso existentes, se lançaram à guerra. É que eles estavam agindo mais como cruzados do que como homens de Estado. A motivação era salvacionista.

* *O Estado de S. Paulo* e *O Globo*, 6 de julho de 2003.

É comum ver países cujos Estados surgiram das grandes revoluções contemporâneas (a americana, a francesa e a russa) desejarem que os demais povos gozem dos benefícios que, segundo sua ótica, seus respectivos sistemas políticos oferecem.

Napoleão invadiu meio mundo para impor sua visão salvacionista. Outra coisa não fizeram os soviéticos. Por que não agiriam assim os americanos? Mas há diferenças. A revolução americana foi feita com o credo da liberdade, do respeito aos direitos individuais e das leis, e com o apreço constante ao pluralismo. Por isso, é chocante ver a atitude de prepotência que encarna a missão "civilizadora" e universalista da cultura americana como se fosse um legado divino do crê ou morre.

Essa disposição imperial de assumir a responsabilidade de definir o que é bom para cada país e para o mundo tem sido apresentada de forma crua tanto na vida política quanto na Academia.

Nada mais direto e elucidativo a esse respeito do que o discurso recente de Condoleezza Rice na Inglaterra. Existe uma nova ordem mundial baseada na decisão unilateral da potência hegemônica. Esta velará por nós. Havendo risco de algum Estado canalha (*rogue state*) apossar-se de armas de destruição em massa ou de constituir-se em campo de abrigo e treinamento de terroristas, será castigado. Há, claro, espaço para os aliados: é só desejarem ajudar os Estados Unidos no cumprimento de sua missão salvadora que serão bem-vindos e mimados.

Para exemplificar a assimilação da nova doutrina por setores da Academia, basta ler o número de maio-junho da prestigiosa revista *Foreign Affairs*. Em alentado ensaio, Michael Glennon explica por que o Conselho de Segurança falhou e mostra como fracassou o grande objetivo de submeter o uso da força à lei (*to the rule of law*).

O que mais chama a atenção no artigo de Glennon, além da aceitação indulgente da premissa da falência do Conselho de

Segurança, é o esforço para fundamentar, na melhor tradição política americana, o dilema: por que o poderoso — o hegemônico — deveria obedecer à lei?

Madison se atormentou para conciliar o princípio da igualdade com a regra do mais forte. Se todos são iguais perante a lei, o forte, por fim, terá de subordinar-se ao fraco. O argumento de Madison para justificar uma regra legal válida para todos subsiste: quem é forte hoje pode ser fraco amanhã; logo, é melhor definir regras do jogo válidas para todos e evitar surpresas futuras.

Glennon deixa de lado Madison e opina: qualquer sistema dominado por um "superpoder" terá enormes dificuldades para manter uma ordem baseada autenticamente nas regras da lei. Gostemos ou não, diz ele, prevalece o velho sistema westfaliano, e os Estados não são fiéis a leis com as quais não concordam.

Tudo bem. Um pouco de realismo ajuda a entender qualquer política. O grave é que, ao assim afirmar, fica claro que os Estados Unidos não concordam mais em fazer de conta que são iguais. Ora, como esse princípio fundamenta todo o arcabouço político-jurídico das instituições criadas pelos vencedores da Segunda Guerra, resta proclamar sua inutilidade e não só a do Conselho de Segurança.

Ouvindo novamente Madison, Glennon propõe que, levando em conta a eventualidade de outra potência hegemônica no futuro (China), os Estados Unidos construam uma nova estrutura mundial mais realista e, portanto, capaz de lidar com os desafios contemporâneos para substituir a ordem atual, se não eliminando, atenuando os ímpetos idealistas advindos da ideia de igualdade. A partir dessa ótica, faz sentido que Condoleezza Rice tenha começado a dizer quais são as novas regras. E os incomodados que se mudem, pois força não terão para contestar a vontade hegemônica.

O raciocínio peca, entretanto, por não considerar as mudanças já ocorridas no mundo. O impulso tecnológico que sustenta a globalização econômico-financeira e que dá decisiva vantagem militar aos Estados Unidos cria o gérmen de uma "sociedade global" com uma opinião pública ativa e organizações não governamentais importantes.

Por certo, enquanto essa opinião não atingir o público americano (com todas as consequências eleitorais, pois, a despeito de qualquer argumento, a revolução americana fincou a democracia no Norte), seu efeito será mais simbólico do que efetivo. Mas, cedo ou tarde, a América se reencontrará com ela própria.

Convém considerar também que o sistema westfaliano operava a guerra e a paz entre nações-Estados recém-formadas, baseadas em exércitos pouco "nacionais". Hoje a guerra é outra. Além da tecnológica, existe a do terror. Esta nova guerra opera por redes, não se baseia em exércitos e não necessariamente em Estados nacionais. Não precisa de alta tecnologia para destruir e matar: convoca iluminados e crentes que se dispõem a morrer e dispensam quartéis.

Nesse contexto, quando e como pode o *hegemon* cantar vitória e, à moda de Clausewitz, sujeitar o inimigo à sua vontade?

Contra o terror, que parece ser o real inimigo da paz e da democracia, de que adianta o "unilateralismo global" dos americanos, como o qualifica o responsável pela segurança e pelas relações internacionais da União Europeia, Javier Solana?

O novo realismo nas relações internacionais talvez peque por ser mais ingênuo do que parece. É certo que é necessária mais determinação no sistema mundial para lutar contra o terrorismo e pelos direitos humanos. Mas, sem maior cooperação internacional, sem um maior grau de consentimento das pessoas e de adesão efetiva dos Estados à nova ordem, os dilemas continuarão. E, certamente, sem maior apelo à igualdade, qualquer ordem que se queira nova será apenas um disfarce do poder hegemônico, ou do "unilateralismo global".

39. Nova agenda*

Nós, nação pluricultural e plurirracial, temos a força moral para rechaçar a pura "política de poder", mas sem deixar de repudiar os riscos da teocracia, do terrorismo, das ditaduras, dos populismos.

O novo século está ávido por uma nova agenda. Não porque o tempo transcorreu, mas porque neste transcurso o mundo mudou, a economia mudou, as forças sociais e políticas mudaram, e a própria cultura mudou.

Mudar não quer dizer melhorar. Quer dizer apenas que os condicionamentos para a ação são outros e que os objetivos visados (bons ou maus) também são outros.

No plano internacional, depois do Onze de Setembro, da guerra do Afeganistão e da invasão do Iraque, ficou claro que, em termos de força, há um ator — e só um —, mais do que pre-

---

* *O Estado de S. Paulo* e *O Globo*, 3 de agosto de 2003.

dominando, definindo unilateralmente os termos em que atuará e tendo capacidade para fazê-lo.

Os Estados Unidos da América são o novo *hegemon*. Unilateralistas na ação, universalistas nos propósitos. Seria engano pensar que atuam movidos apenas por um hiper-realismo cínico. A liderança política exercida pela hiperpotência, como a definiu o ex-chanceler francês Hubert Védrine, se orienta pela convicção moral de que os Estados Unidos estão construindo uma ordem mundial liberal e que essa é sua missão.

No instigante, ainda que cínico, livro de Robert Kagan *Of Paradise and Power*, fica evidente a relação entre o realismo alimentado pelos interesses nacionais permanentes dos americanos (sobretudo depois da insegurança provocada pelo ataque às Torres Gêmeas) e a necessidade de manter um respeito decente pela opinião da humanidade, inspirado pelos *Founding Fathers*.

A Europa, por outro lado, na visão do autor, declinando do exercício que lhe foi tradicional, da "política de poder", se encastelou na prosperidade (no Paraíso) e vive o encantamento da busca kantiana da paz perpétua. Não aumenta os gastos militares nem assume responsabilidades, intervindo em conflitos.

A solução para conciliar as duas visões do mundo seria, como na proposta do inglês Robert Cooper, aparecida em *The Observer* de abril do ano passado, a aceitação pelos europeus da política de duplo padrão exercida pelos americanos. Existe um mundo "pré-moderno", hobbesiano, por isso os europeus, pós-modernos, kantianos, deveriam ser lenientes quando o hiperpoder trata aquele sem respeito à lei nem à ordem internacional. Com o tempo, o expansionismo dos valores ocidentais permitirá criar os fundamentos para uma ordem universal "aceitável" e para que o multilateralismo possa prevalecer.

Como a Europa é, mais do que parte, berço do Ocidente, os Estados Unidos não se devem esquecer desse fundamento de sua própria alma. Nesse duplo imperativo moral, o de generalizar os valores liberais, progressistas, humanitários do Ocidente, e o de não desdenhar os fundamentos históricos do Ocidente, é que se basearia a esperança de um mundo melhor.

Será?

Não é essa a opinião europeia. Javier Solana, que é o encarregado das relações internacionais e da segurança comum da União Europeia, tem outra visão sobre o papel da Europa e sobre o mundo. Acredita que ela está preparada para ser um ator global. Economicamente, o euro desempenha função importante como valor de reserva (compete, portanto, com o dólar), e o comércio europeu é amplo e mundial. Teria criado uma capacidade militar operativa para manter a paz e atuar no gerenciamento de crises, independentemente da Otan (na qual existe a presença americana).

Na visão de Solana, o desafio à segurança deriva, em primeiro lugar, da pobreza (o ódio dos que nada possuem contra os que tudo possuem fundamenta os ataques e as ameaças); em segundo, de fracassos econômicos (os conflitos surgem cada vez mais a partir de Estados falidos); ademais, desde o fim da Segunda Guerra, aumentou o peso das diferenças étnicas e religiosas, e as partes em conflito não dispõem de exércitos profissionais a seu serviço.

A Europa deve envolver-se nos conflitos não para, a fórceps, pôr ordem na casa e homogeneizar o mundo, mas para "que os direitos humanos fundamentais sejam respeitados, para que os governos sejam responsáveis por seus atos e para que, nos países, a lei seja respeitada". A lei, digo eu, de cada um dos países, e não a lei dos próceres que, com grande visão, criaram os Estados Unidos da América e que seus líderes atuais propõem como universal.

Não há espaço, numa coluna, para prosseguir a apresentação de visões alternativas, nem para mencionar outras mudanças que vêm ocorrendo nesta passagem do século.

Algo, porém, fica claro: há um só superpoder. Embora não

haja uma só visão do mundo, nem um só objetivo. E, nessa diversidade, há espaço para novas vozes. Entretanto, estas, para serem escutadas, precisam estar no diapasão do mundo atual. Não há mais lugar para terceiro ou quarto-mundismos.

Um país como o Brasil, na esteira da proposta europeia, mesmo reconhecendo, realisticamente, a força das coisas (o poder econômico-militar-cultural dos Estados Unidos), pode propugnar por um "pacto entre as nações". A Conferência de São Francisco e a ONU foram resultados de um "pacto entre Estados". Como menciona Javier Solana, e é sabido, os conflitos, hoje, se dão frequentemente por causa de diferenças religiosas, étnicas, e tudo isso embasado na luta contra a pobreza e no sentimento (legítimo) de exclusão.

Nós, nação pluricultural e plurirracial, mestiça, com uma economia "emergente", temos a força moral para entrar em cena como parte do Ocidente, embora do extremo Ocidente, rechaçando a pura "política de poder", defendendo o multilateralismo, reivindicando acesso (a mercados, à cultura, à tecnologia), mas sem deixar de repudiar, com força, os riscos da teocracia, do terrorismo, das ditaduras, dos populismos. Estes não servem de base ao ideal kantiano de paz perpétua.

Qualquer indulgência com tais práticas, em nome do antiamericanismo ou de "formas alternativas de desenvolvimento econômico", ou de outras "utopias regressivas", em vez de nos posicionar para o exercício da liderança regional, ou global, nos condenará à irrelevância. Nesse sentido, o mundo mudou, e muito. Não há margem para ambiguidades e fantasias.

Mas há espaços para, ao lado da força dos Estados, ampliar os pactos entre os povos, aceitando a diversidade cultural e as formas de organização das sociedades, desde que respeitados os valores verdadeiramente fundamentais da humanidade, como o propuseram os arautos do Século das Luzes. A isso, chamo de um "pacto entre as nações".

40. Novos dilemas, novas esperanças*

> A invasão do Iraque em nome da razão de Estado da superpotência americana coexiste com a discussão sobre o papel crescente dos atores não estatais em nome de uma emergente sociedade civil planetária.

O mundo vive hoje uma enorme contradição. Ao mesmo tempo que se fortalecem os laços do que alguns chamam de uma sociedade civil planetária, a superpotência americana atua como se houvesse um único Estado no planeta.

Por certo, os processos básicos de mudança que dão lugar a esses dois movimentos são os mesmos. Estão associados à revolução tecnológica nos meios de comunicação e de transporte, que permitiu a formação da economia global.

A quebra das fronteiras, mentais e físicas, para a troca de ideias, a circulação dos meios financeiros, a movimentação das

---

* *O Estado de S. Paulo* e *O Globo*, 5 de outubro de 2003.

mercadorias (esta assimétrica) e, até certo ponto, das pessoas, bem como a concentração de recursos tecnológicos e de capital em alguns países, fez o mundo parecer uma imagem de caleidoscópio.

Seria plausível esperar que esses fatores levassem à criação, antecipada por muitos, de uma aldeia global. Mas se olharmos para a forma como esses fatores interagem no dia a dia, tudo se passa de modo mais parcial e assimétrico.

Parcial porque os laços que juntam os elementos dispersos da sociedade planetária não derivam de um pacto nem entre as nações, nem entre os Estados. E assimétrico porque não dissolvem as antigas potências formadas pela concentração de poder, causada pela acumulação financeira e tecnológica.

De todo modo, o efeito dessas transformações sobre os vínculos de sociabilidade e sobre as possibilidades de ação política é grande. As mobilizações anti-intervenção no Iraque, as postulações ambientalistas em nível mundial, os acordos entre cidades, a comunhão que se vê entre movimentos populares (por exemplo, as "vias campesinas") e toda uma gama de percepções intelectuais e de apreciações valorativas que unificam grupos, segmentos sociais e pessoas dispersas pelo mundo são um fato inegável. Assim como é inegável que se forma também uma "sociedade incivil", composta das máfias, dos terrorismos, dos traficantes de armas, de mulheres e drogas, interligados globalmente.

Ou seja, estamos assistindo à formação de laços supranacionais que tanto geram e amplificam a crítica à pobreza, à concentração de renda, às barreiras tarifárias de proteção de mercados dos países ricos etc. quanto criam novas formas de comportamento antissocial. Não se trata, portanto, da emergência da "boa sociedade" universal, mas do alargamento das formas e do alcance da sociabilidade entre os seres humanos, em função da globalização, da produção capitalista e do desenvolvimento tecnológico.

Há também um descompasso entre o ordenamento político

existente, ainda refém do princípio da soberania, e as novas formações econômicas e sociais. Aquele, desde alguns séculos, só legitimava a ação coercitiva pelo exercício do poder estatal. Hoje, como não existe um novo pacto entre os Estados ou entre as nações que assegure um governo global, surgem formas privadas de reconhecimento de outros tipos de "autoridade". Isto é, de reconhecimento do direito à voz e até mesmo à obediência por parte de atores não estatais.

É esta contradição entre o que os marxistas chamariam de "superestrutura jurídica" (ideológica) e as formas correntes de produzir e de existir socialmente que aparece como problemática. E assim aparece tanto para os que sonham com um mundo mais equitativo quanto para os que se preocupam mais com a ordem (a segurança) do que com a justiça e, talvez, o progresso econômico.

No primeiro caso, um bom exemplo é o que vem ocorrendo com as Nações Unidas. Ao mesmo tempo que as forças da ordem se despreocupam com a questão da legitimidade (a invasão do Iraque se impunha em nome da segurança, com ou sem o aval do Conselho de Segurança), as Nações Unidas começaram a discutir internamente qual o papel dos atores não estatais (ONGs, empresas, autoridades locais, parlamentares, enfim, uma pletora desigual de atores postos juntos sob a rubrica pouco rigorosa de "sociedade civil") numa organização formada basicamente por Estados.

No segundo, esse problema aparece como um novo dilema americano, bem diverso do que foi descrito por Gunnar Myrdal: passar ou não de superpotência a hiperpotência, que a todos impõe sua força. Ou seja, mesmo que eventualmente possa contar com a anuência e a colaboração de outros países, atua sozinha para garantir sua "segurança". Como esta é definida em espectro amplo e com base numa visão quase teológica, o inimigo pode estar em toda parte, aquém ou além das fronteiras. A prevalecer essa atitude, estaríamos assistindo ao surgimento de percepção panóptica do perigo (a modo de Foucault) e, portanto, à iminência da "necessidade de intervenção" (que será vista pelos demais povos como um permanente risco de ingerência).

O desdobramento desse antagonismo entre a emergência da "aldeia global" e os riscos de uma "prisão planetária" se dará por longos anos e não tomará necessariamente a forma caricatural de choque inevitável como estou apresentando.

Mas haverá muitos choques e desdobramentos de cuja sorte dependerá a ventura do século XXI.

Por isso mesmo, não é irrelevante para a teia planetária da nova sociabilidade, assim como para os Estados nacionais, a forma que esse dilema tomará na sociedade americana. Esta, embora dominadora e, às vezes, arbitrária como ator global, é internamente democrática. Sofre, por consequência, os efeitos de sua opinião pública, que se deixa influenciar pelo que ocorre no mundo. As mortes de soldados americanos depois do "fim" de guerras de natureza infindável no Afeganistão e no Iraque abalam prestígios e põem em causa o modo maniqueísta de definir a segurança.

Há, naturalmente, interesses e valores na vida da hiperpotência que se mantêm inalterados com as mudanças de governo. Mas há também percepções e visões do mundo que podem ser afetadas pelas mudanças ocorridas na opinião pública, e com mais forte razão quando estas influenciam o voto e os governos. Tudo isso pode afetar a condução da política internacional e até mesmo as chances de uma melhor governança global.

É cedo para prever o que acontecerá nas próximas eleições americanas. Mas é inegável que a percepção do perigo começa a se alterar. A insistência nos valores da privacidade, das liberdades civis e da democracia, que pareciam anestesiados no debate público até havia pouco, começa a voltar à cena. E, como sói ocorrer nas contendas políticas, quando a oposição surge, os valores do governo são logo pintados com as cores do diabo. Deste, em geral, os povos preferem distância. A quase inevitabilidade da reeleição dá lugar a uma possibilidade de mudança de rumo.

Tomara que esses primeiros sintomas deem margem à aceitação de valores cosmopolitas que reativem a luta por uma melhor sociedade global.

41. Utopias e história*

> *A nostalgia de um maravilhoso mundo velho, que nunca existiu, serve de contraponto ao modo globalizado de produção e de vida que não oferece perspectivas para muitos, se não para a maioria.*

No mês de novembro passado assisti, em Santa Cruz de la Sierra, na Bolívia, à reunião dos chefes de Estado e de governo dos países ibero-americanos. Vi, na ocasião, o discurso do representante de um foro social paralelo, na abertura solene da reunião presidencial. O orador, provavelmente descendente de guaranis, trajado de camponês, mais ao estilo colombiano ou mexicano do que boliviano, era elegante e falava um espanhol de dar inveja. Depois de ralhar, diante dos reis de Espanha, com os conquistadores europeus que, no passado, trataram tão mal os indígenas,

* *O Estado de S. Paulo* e *O Globo*, 7 de dezembro de 2003.

desfilou os pontos fundamentais que deveriam ser incorporados às políticas dos países ali presentes.

Não havia muita novidade para quem conhece as propostas em voga: não à Alca, porque anexaria os países aos Estados Unidos, e nada de transgênicos, porque supostamente nocivos à biodiversidade e, portanto, à humanidade. Além disso, a exigência de respeito às formas tradicionais de cultivo e às unidades familiares de produção agrícola. E, com um toque de ONG, respeito também aos direitos dos homossexuais. E assim por diante.

No caso da Bolívia, não se trata de um movimento de pequena monta (acaba de derrubar um presidente legitimamente eleito), nem de um movimento sem sentido. Afinal, os indígenas constituem a maioria do povo e, até havia pouquíssimos anos, não tinham participação efetiva na vida política nacional. Reivindicam agora mais do que "inclusão". Querem o reconhecimento de sua condição de maioria (as regras da eleição presidencial foram construídas para diluir esse peso) e o respeito a seus valores culturais. Essa situação não é muito diferente das que ocorrem em alguns outros países da região, como o Equador, nos quais grandes populações indígenas estão tomando consciência de seus direitos, em meio a transformações democráticas.

Em todas essas situações, o que chama a atenção, além dos riscos à democracia, é o casamento entre, por um lado, as justas reivindicações culturais, que não raro são reivindicações de quase soberania, e, por outro lado, os temas da antiglobalização, como a luta contra a Alca ou contra os transgênicos.

Esse casamento não se dá apenas em países tidos como "exóticos". Ocorre também em outros países, dentro e fora da América Latina. É que o processo de globalização foi tão rápido, e é tão destruidor das formas tradicionais de vida (incluindo as formas de sociedade criadas pelo capitalismo do século XIX e da primeira parte do século XX), que produz reações desconcertadas e desconcertantes quase por toda parte.

Por isso, há no ar certo pendor para as utopias regressivas, uma busca quase mítica por reviver formas de existência do passado, a nostalgia de um maravilhoso mundo velho, que nunca existiu, mas que, idealizado, serve de contraponto ao modo globalizado de produção e de vida que não oferece perspectivas melhores para muitos, se não para a maioria.

Veem-se sinais desse pendor regressista na França, onde o "poujadismo" de um Bové passa por progressista. Esse pendor não deve ser simplesmente descartado com desdém, como se fosse mero sintoma de atraso. Ele é parte do presente, pois o presente se faz tanto do passado quanto da visão que se tem do futuro. A questão é, portanto, saber se essas utopias passadistas indicam um rumo viável de transformação e uma alternativa melhor de sociedade. Tudo leva a crer que é difícil que esse seja um bom caminho.

Não haverá no Brasil algo parecido? Quantas vezes, ao lidar com o MST, se tem a impressão de estar diante de um movimento ambíguo, que combina uma reivindicação justa, a distribuição mais equitativa da terra, do crédito e da assistência técnica, com uma proposta regressiva: a generalização das antigas formas familiares de organização da produção agrícola na contramão da revolução produtiva do agronegócio baseada na moderna empresa capitalista. Transparece aí o sonho de "outra sociedade", diferente de tudo que existe hoje, fruto de uma transformação radical. É sintomático que a "revolução" almejada não possa sequer ser nomeada abertamente como tal, pois, de um lado, habita o terreno do impensável, de outro, se reivindicada, despertaria reação negativa da "maioria" a que o movimento pretende servir.

Voltemos, para concluir, às reivindicações do representante indígena referido no início. Em várias sociedades da América Latina, ressoa o mesmo cantochão de fundo religioso em que as questões comerciais do mundo globalizado são embaladas como se implicassem anexações territoriais. Velha ideia, anterior ao imperialismo e própria do colonialismo quando, então sim, a dominação econômica requeria subordinação formal dos povos e a anexação política dos territórios.

De novo, não se trata de descartar a noção de dominação econômica, embora ela assuma hoje formas inteiramente distintas. O problema do discurso do representante indígena não é ser desprovido de razões e de sentido. O seu problema é que, preso à nostalgia de um passado idealizado, ergue barreiras mentais que dificultam vislumbrar os caminhos da história, impedindo-nos de construir as bases, dentro das circunstâncias atuais, para uma sociedade melhor na América Latina.

Aí, sim, estaríamos nos condenando a mais cem anos de solidão nestas terras do fim do mundo. Repetiríamos a tragédia de um heroico Antônio Conselheiro lutando perdidamente nos confins dos sertões de Canudos para melhorar a sorte de seu povo, respeitoso da monarquia, sendo massacrado por um Exército convicto, ao matar sertanejos miseráveis, de defender a ordem republicana...

42. Os herdeiros*

> *O risco de retrocesso não está no "neoliberalismo", mas nos sinais de aparelhamento do Estado e de um dirigismo econômico anacrônico para o desenvolvimento e para a democracia.*

Há duas semanas, fui a San Francisco participar da reunião anual da Sociedade Americana de Sociologia. Nos anos 1980, eu havia sido presidente da Associação Internacional de Sociologia e estivera em muitas reuniões, até que as obrigações políticas não permitiram mais esse tipo de atividade. Agora, como ex-presidente, voltei a ser convidado para participar de encontros acadêmicos.

O convite era atraente. O presidente da ASA, Michael Burawoy, meu colega em 1982 no Departamento de Sociologia em Berkeley, está fazendo um esforço admirável para despertar o interesse da comunidade acadêmica americana para as questões de interesse público. Achou que, tendo sido presidente do Brasil,

---

* *O Estado de S. Paulo* e *O Globo*, 5 de setembro de 2004.

seria útil uma apresentação minha sobre como um sociólogo vê o exercício da presidência.

Porém, como dizem os americanos, "nada de boca-livre" (*there is no free lunch*). Antes da homenagem, um desafio: dialogar com Paul Krugman a respeito do futuro do neoliberalismo, diante de mais de 3 mil pessoas. Expus o que penso sobre o tema, sem muita discrepância com Krugman. Não disse, mas pensei, que os sociólogos interessados no debate público deveriam estar mais preocupados com o neoconservadorismo triunfante nos Estados Unidos (dos *neocons*, como são qualificados os ideólogos do atual governo) do que com o liberalismo. Este vem declinando. É só ver como se amplia a resistência ao livre-comércio na opinião pública daquele país, como o Estado americano intervém cada vez mais para beneficiar grandes empresas, como aumentam as restrições à liberdade individual em nome da segurança etc. Surge um Estado menor (os impostos são cortados), com uma política mais conservadora.

Terminado o diálogo, vieram as perguntas do público e, necessariamente, a alfinetada: o senhor, que foi "acusado" de comandar um governo neoliberal, não acha que o presidente Lula está fazendo a mesma coisa? Respondi que, ao atuar com responsabilidade no plano econômico, o governo Lula talvez possa, nesse aspecto, ser considerado herdeiro do meu, mesmo que não goste muito da herança. Mas, acrescentei, nem fui ou sou "neoliberal", nem o governo atual deve ser assim qualificado. Seguir os fundamentos sólidos que deixei para manejar o orçamento, respeitar a Lei de Responsabilidade Fiscal, manter o câmbio flutuando e ter metas de controle da inflação não é razão para qualificar a política do governo Lula como neoliberal.

Em outros aspectos, o governo atual é muito diferente do anterior. Por exemplo, no trato da cultura, na questão da liberdade de informação, no funcionamento das agências reguladoras, na forma das parcerias entre o setor público e o privado, enfim, na forma de conceber as relações entre o Estado e a sociedade e de gerir a máquina pública. Essas diferenças, entretanto, não tornam o governo Lula menos neoliberal, nem o governo anterior mais próximo daquela qualificação.

Tanto antes como agora (com maior velocidade antes), o gasto público na área social se expandiu. No governo passado, saltou de 11% para 14% do PIB. Isso permitiu criar uma "rede de proteção social", com as bolsas-escola, os programas de combate ao trabalho infantil, as bolsas-alimentação etc., além do assentamento de mais de 500 mil famílias no campo, a criação de linhas de crédito para a agricultura familiar, e assim por diante. Foram assentadas as bases para que o atual governo, trocando os nomes, pudesse continuar e, Deus queira, expandir os programas sociais que reduzem a pobreza. Tomara também que isso continue a ser feito mantendo parcerias com a sociedade civil e não aumentando a ação burocrática do Estado.

Ao respeitar os fundamentos para que a economia de mercado funcione, ambos os governos não o fazem com o propósito de eliminar ou diminuir a ação do Estado. Muito menos por pensar que o mercado seja o princípio único ou principal para regular a ação das pessoas e assegurar seu bem-estar. Diante da crise fiscal e das dívidas consequentes, o preço da acomodação entre as restrições do mercado e a necessidade da ação pública foi um aumento mais ou menos contínuo dos impostos. Preço duro porque limita o vigor econômico do país, mas que teve de ser pago em razão das distorções geradas pela inflação anterior ao Plano Real e pela indisciplina fiscal dela decorrente.

De toda maneira, esperneando ou não, o governo atual é herdeiro de um período no qual a sociedade e o governo aprenderam a lidar com a inflação, de um sistema de câmbio flutuante que, em 1999, nos tirou da camisa de força da rigidez cambial sem que a inflação disparasse, de uma Lei de Responsabilidade Fiscal e da privatização dos bancos estaduais que impedem o surgimento de focos inflacionários autônomos desafiadores das políticas do governo federal etc.

O importante hoje é evitar retrocessos — que, às vezes, são pouco perceptíveis no início, como vem ocorrendo com a Lei de Responsabilidade Fiscal — e avançar na definição de regras claras do jogo e no fortalecimento de instrumentos adequados ao desenvolvimento. O risco não está no "neoliberalismo", mas nos sinais de aparelhamento do Estado e de um dirigismo econômico e político tão anacrônico e negativo para o desenvolvimento e para a democracia.

43. Democracia e terrorismo*

> *O uso indiscriminado da violência contra a população civil fomenta o medo e a divisão entre povos, religiões e culturas. O terrorismo só pode ser vencido com os recursos e os valores da própria democracia.*

Na manhã do dia 11 de março de 2004, dez bombas explodiram em quatro trens, matando 190 pessoas e ferindo mais de 2 mil na cidade de Madri. A grande maioria das vítimas vinha de bairros populares e se dirigia para o trabalho. Os autores desse atentado pertenciam a um grupo terrorista islâmico.

O atentado de Madri ocorreu exatamente dois anos e meio depois do ataque, no dia 11 de setembro de 2001, ao World Trade Center de Nova York. Desde então, a luta contra o terrorismo tem ocupado o centro da agenda internacional. Há boas razões para isso. O terrorismo representa um novo tipo de ameaça global à

---

* *O Estado de S. Paulo* e *O Globo*, 6 de março de 2005.

paz e à segurança de todos. A utilização indiscriminada da violência contra a população civil como meio de intimidação política fomenta o medo e a divisão entre povos, religiões e culturas. O risco de um ataque com armas químicas e bacteriológicas é real e, ocorrendo, terá consequências imprevisíveis.

As condições para uma resposta conjunta da comunidade internacional se fragmentaram depois da invasão do Iraque, em conflito com a ONU e ao arrepio do direito. O terrorismo é um problema de extrema complexidade, para o qual não há soluções fáceis. Respostas violentas podem agravar o problema em vez de resolvê-lo. Ações unilaterais enfraquecem a ordem internacional e geram maior insegurança. A leniência pode ser ainda pior. O terrorismo representa um ataque frontal à democracia como espaço de convivência e solução pacífica de conflitos, mas só pode ser vencido de modo duradouro com os recursos e os valores da própria democracia. Como, entretanto, ser eficaz no combate ao terrorismo e manter vivos os sentimentos e as práticas democráticas?

Esse desafio levou o Clube de Madri — organização que reúne, sob minha presidência, 55 ex-chefes de Estado e de governo democráticos — a promover, em colaboração com o governo da Espanha e a prefeitura, um encontro internacional na capital espanhola no primeiro aniversário do atentado de 11 de março, para discutir uma nova estratégia global de combate ao terrorismo.

Participam do debate dirigentes políticos, especialistas no tema e líderes da sociedade civil. Nossa orientação fundamental é a de que a melhor resposta ao terrorismo é o fortalecimento da democracia dentro de cada país e a construção de uma governança democrática no plano internacional que não hesite no combate ao terrorismo, nem, ao combatê-lo, se envolva em práticas quase tão abjetas quanto as utilizadas por ele.

Essas metas são ambiciosas. A democracia não se impõe de

cima para baixo nem de fora para dentro. Tampouco é um conceito abstrato. É sempre uma construção coletiva que deve se traduzir em algo vivo e concreto para a população. No mundo contemporâneo, cada vez mais espaços são criados para a participação e a deliberação dos cidadãos, ao mesmo tempo que se fortalece o arcabouço das instituições representativas tradicionais, indispensáveis à legitimidade da ordem democrática.

Os cidadãos têm múltiplos interesses e identidades superpostos. Podem ser trabalhadores ou "burgueses"; mas, de igual ou maior importância para cada um, dependendo de gênero, idade, orientação sexual e fé religiosa, são seus valores, estilos de vida, padrões de consumo e perspectivas de futuro. Cada vez mais os cidadãos participam de movimentos e organizações que promovem suas causas e interesses. Ou mesmo se comunicam diretamente com as autoridades, protestam na rua ou ainda exprimem sua opinião em jornais e websites.

A democracia hoje não é só o voto, mas argumentação e debate. As decisões e regras devem refletir a variedade de pertencimentos e de valores. Quanto mais participativo e transparente o processo, mais legítima a decisão. A democracia vive da informação livre, do respeito aos direitos de cada pessoa, do direito à privacidade, da liberdade de opinião, de organização e de participação política. O terrorismo é o antípoda de tudo isso: vive do segredo e da supressão da liberdade.

Os líderes são democráticos quando se abrem ao debate e se dispõem a traduzir o que ouvem em ação concreta. Ao mesmo tempo, cabe-lhes fortalecer a democracia para preservá-la de seus inimigos. Os líderes não se podem omitir diante do perigo terrorista, comprazendo-se em repetir palavras generosas de tolerância e boa-fé. Daí a necessidade de juntar crença democrática e ação eficaz, sem se perder num banal "os fins justificam os meios" (dogma próprio da visão dos terroristas), nem numa contemplação imobilista, à espera de que o convencimento pela razão altere os comportamentos dissonantes.

Em Madri, vamos discutir, com líderes da sociedade civil que estão na linha de frente da luta pela democracia, novas formas de aliança e solidariedade. A democracia não pode ser fortalecida no âmbito nacional e enfraquecida no internacional. Esse é um segundo grande desafio que queremos enfrentar. A resposta global ao terrorismo tem de se pautar pelo respeito aos direitos humanos e aos princípios da ordem internacional. Só quando se fortalecem os liames democráticos no plano internacional é possível gerar a confiança entre os povos e os governos. Sem esta, o entrosamento dos serviços de inteligência antiterrorista e a troca de informações, que é indispensável para antecipar os ataques e combater as redes terroristas com eficácia, se tornam muito difíceis, senão impossíveis.

Para paralisar o uso pelos terroristas dos meios globalizados que dão eficácia a suas ações (a internet, o sistema bancário, o tráfico de armas e de drogas etc.), é preciso constituir redes globais de defesa da democracia. Estas só se efetivarão quando se esboroar a desconfiança no campo democrático de que uns querem ser mais donos do mundo e das virtudes do que outros. Só uma autêntica cooperação multinacional capaz de envolver os povos, além dos governos, permitirá aumentar a eficácia da luta contra o terror.

A reunião de Madri será também uma oportunidade para um novo diálogo com a administração americana sobre os riscos do unilateralismo para a paz e a segurança do mundo. Como é possível proclamar a promoção da liberdade e da democracia como a mais importante meta a ser alcançada, como fez recentemente o presidente Bush em seu discurso de posse no segundo mandato, e, ao mesmo tempo, adotar políticas que enfraquecem a ONU, mecanismo fundamental de que dispomos para uma governança global democrática?

O melhor tributo que poderemos prestar às vítimas do terrorismo em Madri e em outras partes do mundo será o delineamento de um plano de ação que envolva todos os governos e povos do mundo na luta contra o terrorismo dentro dos princípios da democracia. A Espanha heroica que, na pessoa de Miguel de Unamuno, um de seus maiores pensadores, se indignou com os que proclamaram durante a Guerra Civil: "Viva a morte! Abaixo a inteligência!" haverá de inspirar-nos, uma vez mais, para a reafirmação da esperança na paz, na democracia e na vida.

44. Esquerda e populismo na América Latina*

> *O populismo é uma forma insidiosa de exercício de poder ao prescindir da mediação das instituições e se basear na ligação direta do governante com as massas, cimentada na troca de benesses.*

A julgar pela maioria das análises acadêmicas e artigos publicados sobre as últimas eleições, a esquerda teria feito um retorno à cena em grande estilo na América Latina. Essa versão esquemática dos fatos vinha sendo amplamente aceita. Agora surgem interpretações mais sofisticadas da paisagem política.

Jorge Castañeda, que foi chanceler do México, discerne matizes. Em artigo publicado na revista *Foreign Affairs*, distingue duas esquerdas: uma "tem raízes radicais, mas hoje está moderna e aberta, ao passo que a outra é fechada e fortemente populista". Para Castañeda, a primeira, representada por líderes tais como a chilena Michelle Bachelet e o presidente Lula, seria "boa" e de-

---

* *O Estado de S. Paulo* e *O Globo*, 4 de junho de 2006.

veria, por isso, ser fortalecida pela comunidade internacional; já a segunda vertente pouco ou nada teria do ideário de esquerda. Significaria a volta do velho populismo autoritário, representado por figuras como Hugo Chávez, Evo Morales e Néstor Kirchner. Embora eu veja méritos na análise de Castañeda, acho que o panorama da região é mais nuançado e complexo.

Numa recente entrevista, Kenneth Maxwell, brasilianista britânico, oferece uma perspectiva mais abrangente e menos alentadora. Para ele, "a esquerda não é uma categoria que possa ser muito útil ou adequada" para interpretar a realidade atual. Menos ainda se poderia falar com propriedade de uma esquerda "errada" e de outra "certa": o presidente Lula, por exemplo, teria passado da categoria de esquerda "errada", ainda em 2002, para converter-se à esquerda "certa" nos últimos anos (para muitos, digo eu, perdendo mesmo qualquer referencial de esquerda). O que estaria ocorrendo na América Latina seria uma crise de governabilidade, sem produzir um movimento uniforme na direção da esquerda. Há, em cada país da região, um "mosaico de respostas específicas a estruturas políticas decadentes e aos cada vez mais altos níveis de desigualdade social e exclusão social".

Concordo com a visão de Maxwell. É na história das transformações sociais, políticas e econômicas de cada país, bem como nas opções ideológicas escolhidas por seus líderes, que devemos buscar a explicação do que está ocorrendo. Mas, penso eu, a distinção entre esquerda e direita continua útil para a análise. Embora a esquerda atual não insista no controle coletivo dos meios de produção e reconheça o dinamismo das forças de mercado, o ideal de uma sociedade mais igualitária e de ampliação dos canais de participação da sociedade civil permanece como um critério para o alinhamento político. Assim como me parece certo que a esquerda atual rejeite a ideia do partido-dínamo, força quase exclusiva da mudança social, e afaste as tentações de diminuir a importância do estado de direito e das instituições representativas em benefício da mobilização das massas.

Para mim, o governo de Michelle Bachelet representa o que hoje se deve chamar de esquerda. Quarta presidente eleita no Chile pela Concertación Democrática, aliança essencialmente de dois partidos tradicionais, o Socialista e o Democrata-Cristão, que foram rivais no passado, mas têm sido capazes de se renovar para dar continuidade e rumo ao Chile, dirige um país que exibe boas taxas de crescimento econômico, respeito absoluto ao estado de direito, aumento da participação popular e implementação de políticas de redução da pobreza.

Em contraste, os presidentes Hugo Chávez, da Venezuela, e Tabaré Vázquez, do Uruguai, representam, conquanto de forma bem distinta, fenômeno justamente oposto ao do Chile: a falência do sistema político tradicional, num caso, e o cansaço do eleitorado com os partidos tradicionais, embora sem ruptura do sistema político, em outro. Tabaré Vázquez é o primeiro presidente eleito em muitas décadas que não pertence aos partidos Blanco ou Colorado, que governavam o país havia mais de cem anos. Seu governo tem oferecido políticas públicas prudentes e sensatas, bem como anunciado sua intenção, surpreendente, de aproximar-se economicamente dos Estados Unidos. Chávez, ao contrário, faz da retórica antiamericanista sua principal bandeira aglutinadora das massas. Declara-se um outsider da política tradicional, sem filiação partidária, um militar cujo poder aumenta com referendos e plebiscitos convocados ao sabor dos acontecimentos e da conveniência política. O que há de esquerda em Chávez, com seu discurso antiamericano que contrasta, na prática, com a postura realista de vender o petróleo venezuelano ao país do Norte?

O presidente Evo Morales da Bolívia é um caso distinto. Lá a crise de governabilidade é crônica. O ineditismo da situação é que Morales pode reivindicar autênticas ligações com os movimentos étnicos. Pela primeira vez, o eleitorado escolheu um presidente indígena, esse é o verdadeiro significado de sua eleição. Importa secundariamente se ele é de esquerda, de qual esquerda, se eventualmente de direita, ou se é populista nos métodos e na retórica. É inegável que a forma que escolheu para nacionalizar os ativos das empresas estrangeiras que exploram gás e petróleo na Bolívia, com fanfarra e ocupação militar, dá sinais de um populismo ultrapassado. Se ficar nisso, não fará o que a história espera dele: que negocie com energia, mas sem insensatez, os recursos naturais da Bolívia para melhorar a vida do povo. Se, com uma atitude objetiva, ele levar mais investimentos e reduzir a pobreza, os bolivianos o reconhecerão como um dirigente à altura dos desafios simbólicos e práticos do país.

O presidente Kirchner é peronista, como o "neoliberal" Carlos Menem dos anos 1990 e o presidente Eduardo Duhalde, mais recentemente. De novo, cabe a pergunta: o que há de esquerda no peronismo que sobrevive à morte, há mais de trinta anos, de seu fundador, Juan Perón, que encarnou como ninguém o populismo latino-americano?

Não consigo enxergar, nesses casos, uma reviravolta à esquerda na América Latina. Fosse o Chile o exemplo, ou mesmo o Uruguai de Tabaré Vázquez, caberia o qualificativo.

A ameaça do retorno do populismo à América Latina, e mais especificamente à América do Sul, não trará escolhas fáceis ao Brasil e ao governo atual. Havíamos concebido a integração econômica e política da América do Sul nos anos 1990 com base nos princípios da democracia política e da economia de mercado. O exercício da integração econômica facilitaria nossas respostas ao desafio da globalização. Todo esse edifício pode ter suas bases solapadas se o populismo voltar à região, travestido de esquerdismo, trazendo consigo o jogo de rivalidades antigas e, muitas vezes, pessoais em lugar da cooperação institucional entre nações.

45. Desequilíbrio de poder*

Com a afirmação da China, da Índia e do mundo islâmico, que papel caberá a um país como o Brasil, que exerce liderança mais pelo exemplo do que pelo poder?

Vem de longe o imenso e raras vezes bem-sucedido esforço para desenvolver uma política baseada no "equilíbrio de poder" no mundo. Isso porque o natural nessas relações é outro: ou a guerra, ou o Império, a submissão de todos ao poder do mais forte. Faço um breve retrospecto histórico para logo falar do lugar do Brasil no incerto mundo de hoje.

Da paz de Westfalia, a partir da terceira década do século XVII à Revolução Francesa, ao final do XVIII, depois da desarticulação de poder que se seguiu ao fim da Idade Média e do domínio do Sacro Império Romano, estabeleceu-se um prolongado equilíbrio na cena internacional europeia. A emergência de novos

* *O Estado de S. Paulo* e *O Globo*, 4 de fevereiro de 2007.

poderes e a Reforma Protestante, que rompeu os vínculos de sacralidade que a fé católica dava aos imperadores, deram lugar a um sistema de Estados de potência equivalente, capaz de impor seus interesses sobre os demais e evitar que um deles quisesse alçar voo solo. Sob a inspiração do cardeal Richelieu, responsável pela política exterior da França, o direito divino dos reis foi substituído pela *raison d'État*, que garantia o domínio de Estados poderosos, sem primazias.

Esse equilíbrio se rompeu com as guerras napoleônicas. Destruído Napoleão, estabeleceu-se novamente um sistema de consultas entre Estados dispostos a não guerrear entre si, com a preocupação de impedir o surgimento de novas potências com aspirações hegemônicas. Foi o tempo do chamado Congresso de Viena. Não que inexistissem guerras, mas elas obedeciam aos interesses dos Estados consorciados em manter entre si o equilíbrio de poder.

O equilíbrio europeu, entretanto, quebrou-se uma vez mais por aspirações expansionistas. Na segunda metade do século XIX, a Realpolitik de Bismarck e Napoleão III desencadeou a dinâmica que, anos mais tarde, levaria à Primeira Guerra Mundial (1914-8). O que veio depois é história mais conhecida. O fracasso da Liga das Nações, inspirada pelos valores morais do presidente americano Woodrow Wilson, o ressurgimento dos nacionalismos e dos projetos de expansão, principalmente na Alemanha, a Segunda Guerra Mundial (1939-45), a vitória dos Aliados e a criação da ONU, da qual a Liga havia sido uma espécie de embrião.

A suposição de que seria então possível um abrangente entendimento global baseado em regras de convivência logo se mostrou frágil, com a polarização crescente entre dois campos ideológicos, o do mundo sino-soviético e o do mundo ocidental, com ampla repercussão e influência sobre os conflitos regionais em todo o mundo. Sob a Guerra Fria, começaram a surgir na periferia novos desafiantes do sistema mundial do poder. A África liberada passou a ser palco de lutas, Cuba se transformou em um marco de resistência ao "ocidentalismo" e a Coreia se dividiu entre a do Norte, comunista, e a do Sul, aliada aos Estados Unidos.

Com a queda do Muro de Berlim, imaginou-se que teríamos finalmente um novo Império, a era da hegemonia americana. Durou pouco. Imbuídos de princípios abstratos, de ordem moral, os Estados Unidos se afastaram de seus deveres de solidariedade para com o antigo Terceiro Mundo e se lançaram numa estratégia de domínio pela força, até mesmo nas galáxias. Desde Reagan, com exceção de Clinton, prevaleceu a ideia de que o investimento em *soft power* era sinal de fraqueza. A diretriz passou a ser a constituição de forças armadas capazes de assegurar militarmente, em todo o globo, os interesses norte-americanos.

Com isso, os Estados Unidos não se deram conta das transformações pelas quais passava o mundo: a emergência do islã, os fluxos migratórios que criam redes multiculturais no mundo ocidental, o dissenso interno no Ocidente, com a Europa dividida, a Nova Europa temerosa do que resultará da reconstituição dos escombros do mundo soviético e a Velha Europa aferrada à sua prosperidade, parca em ajudas bélicas, temerosa da "contaminação" racial e cultural.

Para não falar da China, que, embora seja aliada econômica dos Estados Unidos e mesmo indispensável para reciclar a imensa dívida americana, se aproxima outra vez da Rússia, agora transformada em potência energética (gás e petróleo). Ambas atuarão, daqui para a frente, com influência cada vez maior na Ásia Central, no Oriente Médio e na África. Poderão ser fatores de equilíbrio, mas não renunciarão aos seus interesses. Nesse complicado quebra-cabeça, há ainda a Índia (gigante adormecido, em suas inextricáveis castas, que desponta agora como potência econômica), um aliado necessário dos Estados Unidos para fazer frente a eventuais futuras ameaças chinesas ou islâmicas, o que explica o respaldo americano ao desenvolvimento de bombas atômicas por aquele país. Recentemente, vimos a China lançar mísseis destruidores de satélites, sinal de que também pode destruir armas na guerra das galáxias. E tanto a China quanto a Rússia vendem armamento, direta ou indiretamente, aos países belicosos do Oriente Médio.

Estamos longe, portanto, da paz universal e mesmo de uma situação de equilíbrio estável. Diante desse panorama, pergunto: que papel caberá a países de poder médio como o Brasil?

Alinhar-se fora do Ocidente (e fora de hora) poderá apenas causar males futuros. Alinhar-se automaticamente ao Ocidente tampouco é uma boa opção. Para começar, com que parte do Ocidente? Ser neutro pode ser uma opção, desde que não seja a solução dos impotentes. Então, o que fazer? Certamente o pior é cutucar a onça (ou melhor, as onças) com vara curta. Deixemos isso para os donos do petróleo.

Os Estados Unidos, encalacrados no Iraque, vendo crescer ao seu redor as novas/antigas potências, odiados pelo mundo islâmico, malvistos pelos africanos pobres, dependentes da muleta chinesa, mais cedo ou mais tarde, oxalá os democratas compreendam isso, precisarão de uma nova entente, menos belicosa e mais igualitária. O caminho da guerra e da mudança de regime já está perdido. Os americanos precisarão mais de uma política de contenção do que de uma vitória arrasadora, que não virá.

Quem sabe o Brasil possa ter um papel que dispense armas atômicas e sonhos de potência, mas que nos torne um país mais respeitado e nos dê tempo para robustecer nossa economia, melhorar a vida de nosso povo e ganhar o reconhecimento (como fez Nehru com a Índia) de que somos uma grande democracia que exerce a liderança em nossa região, assegura nela a paz e os vínculos ocidentais, mais pelo exemplo do que pela astúcia ou pela assertividade do poder, e capaz de contribuir para a emergência de uma nova ordem política mundial. Esta, sem voltar às ideias de equilíbrio de poder, deveria, pelo menos, evitar desequilíbrios que nos levem a novas catástrofes.

46. Uma cúpula mundial do clima*

Nossas práticas ocidentais, ao se generalizar, permitirão a convivência pacífica entre o homem e a natureza e, no limite, dos homens entre si?

No fascinante livro do jornalista polonês recém-falecido Ryszard Kapuściński, *Ébano*, há um capítulo sobre um povo africano perdido nos grotões entre Uganda e Congo, os amba. Como boa parte dos antigos povos africanos, os amba acreditam que os males que acossam as pessoas vêm dos bruxos. Têm pena dos ocidentais que atribuem as enfermidades ou os desastres a causas naturais, como um vírus ou um choque mecânico, porque "sabem", de um saber ancestral, que não é assim: são as bruxarias que comandam o cotidiano. É preciso contra-atacá-las com outras tantas magias para anular seu efeito maligno. Em geral, nas culturas africanas, a bruxaria provém "do outro", do outro clã, do

* *O Estado de S. Paulo* e *O Globo*, 4 de março de 2007.

outro povo. A peculiaridade dos amba é que eles "sabem" que não é necessariamente assim. A maldade pode vir de um irmão clânico. Como consequência, a reação provoca rixas intraclânicas, e todos desconfiam de todos.

Há semelhanças nessas crenças com aspectos da cultura ocidental. Não quero voltar ao tema tão aborrecido dos partidos políticos. Em alguns deles, prevalece a visão amba: pior inimigo do que o outro lado é o companheiro de partido. É verdade que uma coisa não exclui a outra, pode ser que haja inimigos dentro e fora de casa, tornando a vida uma noite escura, objeto de temor reverencial dos amba. Mesmo em assuntos mais agônicos, estamos reagindo às ameaças como se fôssemos amba. É o caso do meio ambiente.

Nada é mais ameaçador para a humanidade do que o efeito estufa. As conclusões da reunião do Painel Intergovernamental sobre Mudanças Climáticas (Intergovernmental Panel on Climate Change — IPCC), recentemente ocorrida em Paris, afastaram qualquer dúvida sobre o que acontecerá no futuro se medidas drásticas deixarem de ser tomadas desde já: desertificação da Amazônia, inundações provindas da elevação das águas do mar, degelo dos polos, vendavais e tempestades ao lado de secas, e assim por diante. E não estamos falando do futuro remoto: sinais claros já estão ocorrendo. A pedido do governo inglês, um ex-economista--chefe do Banco Mundial, Nicholas Stern, apresentou em 2006 um relatório que aponta perdas econômicas anuais correspondentes a 5% do PIB mundial, podendo chegar a 20%, se não houver a redução de lançamento de gases na atmosfera.

Diante disso, que fazer? Achar que não há causas identificáveis para explicar o fenômeno? Crer que sempre foi assim e que o avanço da tecnologia, por si só, resolverá os problemas? Jogar a culpa no outro ("afinal, os países desenvolvidos foram historicamente os responsáveis pelo efeito estufa, eles que cuidem...")? Achar que "é a indústria" ou "é a agricultura" que polui — são eles os bruxos —, e não os consumidores? Jogar a responsabilidade nos governos? E os cidadãos, não precisam tomar consciência e atuar?

Nenhuma questão é mais desafiadora e mais abrangente do que a do meio ambiente. Não se trata apenas do efeito estufa, mas de uma questão mais geral: nossas práticas ocidentais, ao se generalizar, permitirão a convivência pacífica entre o homem e a natureza e, no limite, dos homens entre si?

Por sorte, apesar de parecermos, não somos amba. A ciência avançou, e já sabemos bastante sobre várias causas dos desastres ambientais, tanto as naturais quanto as culturais. Dentre estas, é fácil imaginar que a generalização a todos os países do padrão ocidental de consumo das classes médias e altas é insustentável em médio prazo. Basta comparar — e sem tomar como base os mais altos padrões de consumo — São Paulo com a China. Aqui há um carro para cada dois habitantes, em média. Entre 1991 e 2004, o número de autos pulou na China de 100 mil para 2,3 milhões. Para equivaler ao padrão paulista, a China, daqui a algum tempo (bastante tempo, é verdade), teria centenas de milhões de carros, mesmo se considerarmos somente as áreas urbanas. Mantida a tecnologia atual e sendo impossível generalizar o uso do etanol, imagine-se o que significaria o volume de emissões de CO_2 produzido pelos combustíveis fósseis, como o petróleo.

Mas não é justo imaginar que "o inferno são os outros". Nós continuamos a devastar nossas florestas, apesar dos inegáveis esforços governamentais. Em reunião ocorrida em 2003, em Buenos Aires, para um balanço sobre a emissão de gases de efeito estufa, viu-se que 70% das emissões brasileiras são decorrentes do desmatamento da Amazônia. Outra boa parte decorre da emissão de gás metano resultante do processo digestivo do gado. Quer isso dizer que abriremos mão de criar condições para a exploração sustentável da Amazônia ou da riqueza gerada por possuirmos um dos maiores, se não o maior, rebanhos bovinos do mundo, ou da exportação de suínos? Não. Mas temos de pensar de que maneira organizar a produção e os padrões de consumo para assegurar que a nossa economia e o nosso estilo de vida serão sustentáveis ao longo do tempo.

O Brasil possui tradição em matéria de meio ambiente. Foi daqui que partiu, em 1992, o primeiro grande grito em defesa da Terra quando a onu organizou a Conferência do Rio, vulgo eco--92. Nas discussões das quais resultou o Protocolo de Kyoto, uma convenção para evitar os efeitos negativos da emissão de gases que está por trás das mudanças climáticas, nossa posição foi ativa. O Mecanismo de Desenvolvimento Limpo (MDL) resultou de uma proposta inicial do Brasil. Em 1999 e 2000 criamos, respectivamente, a Comissão Interministerial de Mudança do Clima e o Fórum Brasileiro de Mudanças Climáticas. Nossa mídia, por seu lado, está muito ativa na disseminação da discussão pertinente. A Bovespa criou um índice de sustentabilidade, a BM&F trata de viabilizar a compra de CO_2 pelo MDL, e assim por diante.

Não será a hora, uma vez mais, de o governo brasileiro se adiantar e, diante da pasmaceira do governo americano (ao contrário da sociedade e das empresas americanas), convocar, através da ONU, uma Cúpula Mundial do Clima, a realizar-se no Brasil, reunindo novamente chefes de Estado e levando-os a uma atitude mais responsável para evitar desastres futuros? Poderemos recordar-lhes que temos interesse vital na Amazônia (para preservar as árvores e a água) e que as nossas empresas se adiantaram e tornaram o etanol viável, bem como avançamos tecnologicamente com o flex (o uso flexível de combustíveis pelos autos) e estamos a ponto de criar um setor industrial álcool-químico de efeitos revolucionários.

Com a palavra, o presidente da República, que, se quiser trilhar caminhos de convergência e exercer a liderança que o Brasil sempre teve nesse campo, tem excelente oportunidade.

47. A China das pessoas*

A Cidade Proibida não perdeu o charme. Diante do estádio da Olimpíada, a praça da Paz Celestial, se não se apequenou, o que seria impossível, fez do retrato de Mao um detalhe menor, até porque encolheu.

Estive na China nos dez últimos dias de maio. Na primeira vez que andei por lá, em 1995, era presidente da República. Em visita oficial, veem-se muitos tapetes vermelhos, há muitas conversas com os líderes políticos, muitos banquetes, mas pouco se vê do povo. Desta feita, viajando com um casal amigo, foi diferente: fomos ver a China do dia a dia, sem estatísticas ou relatórios oficiais.

Por onde passei, vi obras em andamento e me entusiasmei com a grandiosidade, tanto nos aeroportos e terminais de Beijing ou de Shanghai quanto na longínqua cidade de Urumqi, na região

---

* *O Estado de S. Paulo* e *O Globo*, 8 de junho de 2008.

autônoma de Xinjiang, que faz fronteira com o Cazaquistão e a Mongólia. A cidade, plantada no deserto de Gobi, tem cerca de 3 milhões de habitantes, um enorme aeroporto, hotéis de luxo, muitas fábricas, e é um centro comercial que espalha produtos por toda a Ásia Central. Cidades bem menores, como Turpan, no Xinjiang, ou Dunhuang, num oásis da vizinha província de Gansu (uma das mais pobres da China), dispõem também de razoável base urbana com certo dinamismo.

Eu esperava ver Beijing transformada, mas não tanto: avenidas largas com edifícios modernos. A Cidade Proibida não perdeu o charme e prova que vem de longe o senso monumental na China. Hoje os monumentos são de uso público: o enorme e belo estádio da Olimpíada ou o teatro nacional em forma de gigantesco ovo de avestruz. Diante deles, a praça da Paz Celestial, se não se apequenou — o que seria impossível —, fez do retrato de Mao um detalhe menor, até porque encolheu.

A realização da Olimpíada dá ensejo a obras urbanas mesmo em pequenas cidades e serve para reafirmar os avanços alcançados. Mormente agora, com os terremotos e inundações a desafiar a capacidade de resposta do governo à tragédia. Em mais de uma ocasião, nossos interlocutores mencionaram com emoção que o presidente Hu Jintao e seus ministros estão percorrendo as áreas afetadas, cena rara num país em que o poder era distante do povo. Agora a TV o mostra próximo.

Shanghai é um misto de Disneylândia com pós-modernismo. Olhar do topo de um prédio das antigas concessões coloniais para o outro lado do rio Huangpu e avistar Pudong (área povoada por favelas em 1995), com seus altíssimos e heterogêneos edifícios, impressiona tanto quanto ver São Paulo do alto de um edifício da avenida Paulista. Com uma diferença: entre os prédios há espaços, eventualmente jardins que amenizam o ar pesado de poluição.

Com o passar dos dias, mais do que a grandiosidade, o que marca é ver as pessoas, cômodas em suas cidades e seus povoados, decentemente trajadas, amáveis e brincalhonas, nas lojas, nas ruas, nos bares ou nos mercados populares. Frutas, legumes, peixes e carnes abundam nos mercados de Shanghai. Também nos mercados das áreas pobres, nos cafundós da China profunda, não falta comida. Almoçamos na casa de uma família, chefiada por uma viúva, em plena zona rural em Turpan, onde produzem uvas no deserto irrigado e acumulam terras e algum bem-estar. De socialismo, ninguém fala.

    Xinjiang é uma das regiões autônomas da China. Em Urumqi, 80% da população é chinesa (han). Na província, vivem 5 milhões ou mais de uigures, um povo que fala uma língua de raiz turca e tem assegurados direitos específicos: são educados na própria língua e no mandarim, podem ter mais de um filho e exibem com orgulho a sua cultura. Perguntei à guia local (uma próspera empresária, fluente em inglês, filha de médicos que foram "reeducados" nos tempos da Revolução Cultural, inscrita no Partido Comunista, profundamente orgulhosa de seu povo e muito à vontade na China da economia de mercado) se era chinesa ou uigur. Custou um pouco a responder. "Sou uigur, mas sou chinesa", como o governo da China gostaria que os tibetanos respondessem.

    Em Shanghai, havíamos jantado na casa de uma empresária importante (faturamento de cerca de 1 bilhão de dólares). Ela mencionou ter uma fábrica de tecidos no meio de nada, em Turpan, pois produz roupas de marca para todo o mundo. Visitamos a fábrica. Lá dentro, tudo automatizado e muito limpo. As operárias, que formam a maioria dos empregados, com aventais protetores ou, na saída, trajadas com zelo, apenas com menos calças jeans e mais vestidos do que as ocidentais.

    Dunhuang contém uma preciosidade, os murais e estátuas budistas nas cavernas, protegidas do desgaste dos séculos pela secura do clima, que só permite aglomerados humanos porque das altas montanhas fluem fios d'água que inundam o subsolo. Ligando as cidades, separadas por centenas de quilômetros umas das outras, há estradas de boa qualidade. No meio do deserto, a linha férrea. O que foi a Rota da Seda dos camelos (que ainda andam por lá), pela qual passaram Marco Polo e Gengis Khan, continua a ser um eixo de comunicação importante. Por ela, já não circulam vândalos, mas comerciantes e turistas.

Por fim, em Shanghai, depois de visitarmos um templo budista cheio de religiosos e fiéis, caminhamos por *hutongs*, áreas formadas por antigas casinhas de vila, apertadas como cortiços, separadas da rua por muros, com um portão de entrada. Nas vielas, casas com pequeno comércio, trabalhos manuais e um comitê cívico, de onde emanam as diretivas. Na procura dos bairros mais populares, Ruth e eu visitamos o apartamento de uma família de mãe trabalhadora aposentada, pai empregado na distribuição de mercadorias e filha estudante de teatro. Apartamento, eu diria, de classe média baixa: pequeno, mas bem dividido e bem mobiliado. Há milhares de conjuntos habitacionais desse tipo.

Mesmo procurando, vi pobreza, mas não miséria, no campo ou nas cidades. Poucas bicicletas e muitos autos. Ao lado dos mercados pobres, muitas lojas de marcas famosas. Um caleidoscópio atraente, difícil de focalizar.

48. Perdidos na crise*

A crise financeira de 2008 não cede. As empresas não investem, os bancos não emprestam, a riqueza financeira virou pó, porque ela é pó quando falta confiança.

A crise financeira estourou nos Estados Unidos em agosto de 2007. Subitamente, o mundo tomou conhecimento de que havia um problema: hipotecas sobre a compra de imóveis dadas com garantias precárias. De início, os bancos americanos diziam não ter nada com o assunto. Logo depois, foram obrigados a reconhecer que os "veículos especiais" que criaram eram, sim, de sua responsabilidade. Fizeram-no para o banco central americano, o Federal Reserve (FED), poder dar-lhes dinheiro para cobrir os buracos, posto que os financiadores de hipotecas, não sendo bancos, não teriam acesso ao socorro federal. O susto não serviu de lição. De degrau abaixo a degrau abaixo, desfez-se o castelo

---

* *O Estado de S. Paulo* e *O Globo*, 1º de fevereiro de 2009.

de cartas. Hoje todo mundo reconhece que o sistema financeiro estava muito "alavancado", quer dizer, emprestava com uma base de capital próprio muito pequena, com o dinheiro dos outros. Os depositantes, quando descobriram a ligação dos bancos com as hipotecas, correram para retirar depósitos de bancos com poucos fundos próprios. De novo, veio o socorro do FED, desta vez trilionário. O mundo, que ainda não se acostumara ao "bilhão de dólares", teve de ver "trilhão" no horizonte, mas de dívidas...

Daí em diante, houve mil "soluções criativas" para sair da crise. A "laborista", do primeiro-ministro Gordon Brown, saudada por todos, foi a de dar dinheiro aos bancos, comprando ações em vez de, como fez o FED, absorver títulos podres e conceder empréstimos a juros baixos e com prazo de devolução infinito. Tesouro e bancos ingleses ficaram associados, e não se sabe até que ponto estes foram "nacionalizados". O governo americano continuou "inovando": deu créditos com dinheiro do contribuinte, não só aos bancos, mas às empresas, e considera a possibilidade de dar recursos diretamente aos cidadãos pendurados em hipotecas impagáveis. O próprio FED concedeu empréstimos a outros bancos centrais e, mais espantoso ainda, absorveu títulos "tóxicos" de empresas não financeiras. Os demais países europeus garantiram depósitos, enquanto os do mundo em desenvolvimento se puseram às pressas a distribuir dinheiro público aos magotes para resolver problemas financeiros ou para ajudar empresas que se enrolaram na crise especulando com o valor das moedas.

Enfim, a velha e boa "socialização das perdas". Essa foi a breve história financeira do ano 2008.

O pior é que, com catadupas de dinheiro público, a crise não cede. Ela deixou de ser "financeira" para ser "econômica": as empresas não investem, os bancos não emprestam — quando o fazem, é com muito cuidado. Os empresários olham em volta e têm medo de expandir seus negócios: mais do que crédito, faltam compradores solventes. Os mercados estão encolhendo e encolherão ainda mais porque, com ou sem socialização das perdas, houve perda substancial de riqueza, ou, como Marx diria, está havendo queima de mais-valia. A riqueza financeira virou pó, porque ela é pó quando falta confiança. *Pulvis est et in pulverem revertitur*, como acontece com o corpo quando a alma some dele. Nessas situações, "o mercado", isto é, os empresários e investidores, só acredita no governo. Mais grave ainda, os governos acreditam que podem resolver a crise. Como? Dando dinheiro ao mercado e investindo. Só que, para fazê-lo, se endividam e não resolvem de imediato as aflições de todos porque o medo pauta o consumo e a economia contemporânea fez o casamento entre mercados voláteis e consumidores ávidos, movidos a propaganda. Sem consumidores, não há salvação, e o principal consumidor para a saída da crise não são as pessoas, mas as empresas. Isto é, o investimento.

Como convém dispor de uma autoridade intelectual insuspeita justificando abrir o cofre, o pobre lorde Keynes é usado como se fosse o pai da socialização das perdas e da gastança pública indiscriminada. E como também é sempre bom haver um culpado, a "globalização" é indigitada como responsável pelo que é inerente ao capitalismo, a especulação, e pela falta de controle numa economia, a principal, a americana, por cujos desmandos, aí sim, pagaremos todos. Como o diagnóstico é precário, as barreiras protecionistas somadas à gastança pública seriam o antídoto aos malefícios da "globalização". E com isso, em vez de se resolver a crise (a solução virá com dor e lágrimas, sobretudo dos desempregados, vítimas inocentes dos desmandos, pela continuada queima de mais-valia até que, atingido o fundo do poço, a "alma" dos capitalistas tenha novo sopro de vida), se espicha o sofrimento e se sonha com um mundo não globalizado, como se isso fosse possível com o desenvolvimento tecnológico e a inter-relação comunicativa existente.

Isso não quer dizer que não haja nada a fazer, que basta esperar que o próprio mercado purgue seus pecados. Os governos precisam, sim, atuar. Mas olhando para o futuro, ajudando o investimento produtivo, seja ele público, seja privado. E não endividando o povo (que mal sabe que pagará as custas...) para salvar quem não pode ser salvo. Sem esquecer que a poupança pública (no nosso caso, negativa) é insuficiente para dinamizar um sistema que é capitalista e que a ajuda à custa de endividamento futuro resultará em mais aperto ou em inflação. Em qualquer caso, haverá redução das chances de uma retomada saudável do crescimento econômico.

Por fim, é bom dizer que a redução da riqueza global oferece a todos, inclusive e principalmente aos governos, a chance de repensar o futuro. Ou se aumentam as regulações financeiras globalmente (sem sufocar a capacidade de inovação, mãe do desenvolvimento) e se repensa o modelo cultural de consumismo desenfreado e de dilapidação da natureza, ou a retomada de amanhã pode ser ainda mais danosa do que foi a etapa que se está esgotando.

49. O gesto e a palavra*

> *O descolamento entre a política e a realidade das pessoas, os gestos que "ligam" o ator com a plateia e com a "sociedade", vêm se tornando regra nas democracias de massas. Há algo de encantatório nessa política do gesto sem palavras.*

Andou na moda falar de *decoupling* para se referir, em simples português, a descolamento entre a economia brasileira e a internacional. Os efeitos da crise em nossa economia fizeram o termo sair de moda. Foi substituído por expressão mais terna, "marolinha". Com o bicho-papão corroendo o mercado financeiro lá fora (na verdade, o sistema financeiro central quebrou), há certo aturdimento. Não se sabe com que palavras qualificar o que anda pelo mundo: recessão prolongada, depressão, fim do unilateralismo norte-americano na política, multipolaridade, não polaridade etc. Por aqui, o governo prefere passar em marcha batida

---

* *O Estado de S. Paulo* e *O Globo*, 1º de março de 2009.

sobre o que nos azucrina. Em vez de desenhar quadros sombrios ou róseos para o mercado, faz o *decoupling* à moda brasileira: descola a economia da política, precipita o debate eleitoral, no qual vale o discurso vazio.

É verdade que não somos os únicos a encobrir as angústias apelando a gestos sem conotação, nem mesmo alusiva, aos fatos e circunstâncias. Basta mencionar a campanha bolivariana pela reeleição perpétua, uma quase caricatura da política. O significado da democracia se esboroou na "consulta popular". Se o povo quer o bem-amado para sempre, pois que o tenha, e, como disse nosso presidente Lula, se a prática ainda não é boa para o Brasil, é questão de tempo. Quando a cidadania amadurecer, encontrará a fórmula de felicidade perpétua...

Assisti na TV, por acaso, ao último comício eleitoral do presidente Chávez em Caracas e, confesso, fiquei fascinado. Ele chegou, simpático como sempre, um pouco mais gordo que o habitual, vestindo camiseta vermelha, abraçando a toda gente, sorrindo, e foi direto ao ponto: "Hoje não falarei muito, vamos cantar!", disse. E entoou uma canção amorosa de melodia fácil, repetindo o refrão: "Amor, amor, amor...". Conversou com um ou outro no palanque incitando-os também a cantar, falou familiarmente com a plateia e finalizou: amor é votar *sim* no domingo! Por mais que no plano pessoal possa sentir até estima pelo personagem, não pude deixar de reconhecer no estilo algo que nos é habitual: o modelo Chacrinha de animação de auditório. Funciona, e como!

O descolamento entre a política e a realidade das pessoas (não só a economia), a repetição simbólica de gestos que guardam pouca relação com um ambiente racional, mas "ligam" o ator com a plateia e com a "sociedade", vêm se tornando regra nas atuais democracias de massas. Há algo de encantatório no modo como a política do gesto sem palavras (ou no qual as palavras contam menos do que a forma) funciona, substituindo o discurso tradicional. Quando me recordo do "sangue, suor e lágrimas" dito por Churchill ao tornar-se primeiro-ministro em plena guerra contra o nazismo, do discurso em Fulton quando disse que uma "cortina de ferro descia sobre a Europa", ou de vários pronunciamentos de Roosevelt como o de posse em plena Depressão, célebre pela frase "nada há a temer, exceto o próprio medo", ou ainda de Getúlio Vargas no estádio do Vasco da Gama apelando aos trabalhadores, e comparo com a retórica atual, há um abismo a separá-los.

E não se diga que é fenômeno de países de "democracia pouco amadurecida". A entronização de Obama como imperador de todos os norte-americanos, na magnífica posse no Capitólio, se assemelhava a uma grande cena romana. O cenário era tão expressivo, a fusão simbólica do recém-eleito com os *Founding Fathers* e com os valores fundamentais da democracia norte-americana eram tão fortes, que obscureceram o conteúdo do discurso inaugural. E isso no caso de alguém que, por sua cor e mesmo por sua campanha, trouxe um significado imenso de renovação. Ainda esta semana, na primeira visita presidencial ao Congresso, o que foi dito sobre a crise econômica e sobre o futuro foi menos importante do que reafirmar o *"yes, we can"*, num cenário da pátria unida para perpetuar sua glória. Mesmo que o castelo financeiro esteja desabando, a América vencerá, era a mensagem. No caso, nada a ver com Chacrinha, o símile é outro: a invocação do pastor, a reafirmação da fé, e não a troca simbólica de favores, do bacalhau, da bolsa família ou da canção de amor.

Faço esses comentários despretensiosos porque me preocupa o que possa vir a ocorrer no Brasil. A mídia e a sociedade cobram um discurso de oposição. Diz-se, e é certo, que ela deve unir-se se quiser vencer. Mas que discurso fazer? O racional, da crítica ao desmanche das instituições, do enlameamento cotidiano da política, deveria ganhar mais vigor, dizem. O grito de Jarbas Vasconcellos estava parado no ar, e sua entrevista à *Veja* lhe deu um sopro de vida. Mas foi o próprio senador quem mostrou os limites desse tipo de protesto: o governo e o próprio presidente banalizaram o dá cá, toma lá. É como nos computadores quando enviamos um e-mail e surge o aviso: a caixa está cheia. A caixa da revolta dos brasileiros contra o mau uso da política parece estar cheia. Temo que qualquer discurso "político" seja logo desqualificado pelos ouvintes.

Quer isso dizer que as oposições devam silenciar sobre a perda de substância das instituições, sobre o clientelismo e a corrupção larvar, tudo com a leniência de quem manda? Não. Mas precisam inventar uma maneira de comunicar a indignação e as críticas *que toque na alma das pessoas*. Esse é o enigma da mensagem política, de governo ou de oposição. Tanto o modelo Chacrinha quanto o do discurso de pregador chegam à alma das pessoas. Não estou dizendo que a comunicação política se resolve pela supressão do discurso analítico. Isso significaria nos rendermos à ideia da política como mistificação (o que, aliás, não é o caso de Obama). Mas quando se dispõe de um ícone, como o Plano Real, por exemplo, ou quando o próprio candidato é um ícone, tudo fica mais fácil.

Em nosso caso, as oposições, além de articularem um discurso programático, condição necessária para quem se respeita e acredita nas instituições, deverão expressá-lo de forma a sensibilizar o eleitorado. Para isso, não bastam a crítica convencional e a discussão da política tal como ela ocorre no Congresso, nos partidos e na mídia. É preciso buscar os temas da vida que interessem ao povo. Ademais, a comunicação emotiva requer "fulanizar" a disputa para atribuir ao candidato virtudes que despertem o entusiasmo e a crença. Sem eles, a "caixa de entrada" das mensagens da sociedade continuará a exibir a mensagem de estar cheia e os ouvidos continuarão moucos aos conteúdos, por melhores que sejam. Pior ainda se não os tivermos. Mas só eles não bastam. Programa político só mobiliza a sociedade quando é vivido por intermédio do desempenho de personagens que tratam como próprias as questões sentidas pelo povo.

50. Mudança climática: decisão já!*

O Brasil pode aceitar metas de redução da emissão de gases de efeito estufa mais facilmente do que a China e a Índia pela simples razão de que a nossa matriz energética é mais limpa.

    A profundidade da crise financeira global foi tão grande que tem sido quase imperativo concentrar as atenções em suas consequências. Mas há crises mais sérias e de consequências mais duradouras. Tudo somado, a economia brasileira está se saindo melhor em comparação não só com os países ricos, mas também com os emergentes. O mesmo não se pode dizer sobre a crise prenunciada pelo aquecimento global: ainda são muito tímidas as medidas tomadas para contê-lo, seja no exterior, seja no Brasil.
    Apesar dos esforços e do trabalho de muita gente na sociedade civil e no governo, ainda não é dada a atenção devida ao tema. José Goldemberg, Washington Novaes e Xico Graziano,

---

* *O Estado de S. Paulo* e *O Globo*, 7 de junho de 2009.

nesta página, não se cansam de advertir sobre a necessidade de o Brasil dispor de uma política ambiental consistente. E, na *Folha*, Marina Silva, da mesma maneira, grita contra os desmatamentos amazônicos e outros mais; assim como Fabio Feldmann, há anos, incentiva os fóruns sobre mudança climática. Mas nem mesmo a maioria das pessoas atua, no dia a dia, de modo adequado com a necessidade de preservar o ambiente para obter melhor qualidade de vida. Colaborar individualmente implica novos hábitos de comportamento, que requerem muita determinação. A solução mais simples é responsabilizar os governos ou "os outros". E os governos, em matéria ambiental, tendem a se mover lentamente, postergando decisões ou sendo complacentes com interesses contrários ao que proclamam.

Escrevo isso sob o impacto de dois encontros de que participei recentemente. Um, em Marrakesh, no Marrocos, na reunião de um grupo criado por Nelson Mandela, os Elders (os Anciãos, em tradução benevolente), composto de pessoas como Jimmy Carter, Kofi Annan, Gro Brundtland, Mary Robinson e mais meia dúzia de líderes que deram sua contribuição nacional e ora se ocupam de problemas globais. Esse grupo cuida de interferir em áreas de tensão política para criar condições que levem à reconciliação. Mas os grandes desafios mundiais, como as questões climáticas, não são alheios a suas preocupações e atividades. Com o incentivo de Gro Brundtland (que foi coordenadora do informe da ONU "Nosso futuro comum", no qual se difundiu a noção de desenvolvimento sustentável), os Elders insistem na urgência de se efetivarem políticas que reduzam o aquecimento global.

Não foi outra a pregação recente de Bill Clinton em sua estada em São Paulo. Com senso de estadista, Clinton proclama que a hora é agora: na reunião que haverá em Copenhague em dezembro, deverá ser aprovado um documento que complementará a Convenção do Clima. A expectativa é de que o novo documento represente uma evolução em relação ao acordo de Kyoto, que prevê mecanismos para reduzir as emissões de gases de efeito estufa. Esses gases formam uma película que envolve o planeta e impede a dispersão do calor gerado pela atividade humana.

A posição anterior das nações em desenvolvimento era de que, sendo dos países desenvolvidos a "responsabilidade histórica" pelo efeito estufa, eles deveriam reduzir as emissões que o ocasionam e que têm como fonte geradora principal a energia produzida por combustíveis fósseis. Tudo isso é certo, mas, com o crescimento das economias emergentes, especialmente China, Índia e Brasil, estes países agravam a situação. O Brasil pode aceitar metas de redução de emissão dos gases de efeito estufa mais facilmente do que a China e a Índia, pela simples razão de que a nossa matriz energética é mais limpa, utilizando fundamentalmente fonte hidráulica. A contribuição brasileira para o aumento das emissões de gases de efeito estufa (como o CO_2) decorre basicamente da queima de florestas, e não primordialmente de emissões originadas pelas indústrias e pelos transportes.

Sendo assim, por que o Brasil não assume uma posição mais audaciosa e aceita participar da redução ostensiva de emissões de gases de efeito estufa, posto que dispõe de meios para fazê-lo sem comprometer seu crescimento econômico? O tema é de vontade política. Se assumisse essa postura, o Brasil talvez levasse a China e a Índia ao mesmo caminho. Os Estados Unidos até hoje, a despeito das boas disposições de Barack Obama, relutam em assumir metas de redução. Com uma posição brasileira mais radical na questão e, sobretudo, se a China e a Índia nos acompanhassem, teríamos cacife para, juntamente com a Europa, forçar os Estados Unidos a assumirem compromissos maiores.

Deveríamos adotar a posição aparentemente radical, mas salvadora, da meta de desmatamento zero, pois não se trata apenas de queimar menos árvores, mas de derrubá-las menos, dado o efeito positivo que as florestas exercem sobre o clima. Para que essa meta não venha a ser considerada instrumento contrário ao desenvolvimento econômico, o governo deveria fixar um zoneamento agropastoril transparente. Temos abundância de terras aráveis e de pastoreio, cujo uso é suficiente para o plantio da cana e da soja, e para a criação de gado sem ameaçar a Amazônia, o Pantanal ou os demais biomas.

Estabelecer a questão em termos de oposição entre o desenvolvimento econômico e a preservação ambiental é mera cortina de fumaça, seja para continuar a desmatar sem cautela, seja para travar uma luta "pseudoprogressista" contra a agricultura. Por outro lado, é um despropósito proclamar que o plantio da soja ou da cana necessariamente se dá em prejuízo da alimentação humana e do meio ambiente. O plantio da cana para produzir etanol, respeitado o zoneamento ecológico, permite substituir petróleo e, portanto, reduzir as emissões de gases de efeito estufa. O importante é não desmatar áreas indevidas e cultivar a terra de modo adequado. O certo é que não haverá desenvolvimento algum no futuro se continuarmos a agir predatoriamente, pois o aquecimento global se encarregará de transformar áreas chuvosas em desertos e fará inundações onde antes isso nunca ocorreu. A hora das decisões é agora, em Copenhague.

51. Os limites da tolerância*

Na Holanda multirracial, todos se sentem "desenraizados", daí os populismos de direita ou de esquerda, o terrorismo, o apego aos vários fundamentalismos, à violência.

Em outro artigo, a propósito do encontro entre culturas distintas sem uma guerra entre civilizações, fiz referência ao livro de Ian Buruma *Ocidentalismo*. Em obra recente, o antigo professor de Oxford aproximou o foco para entender o que aconteceu em seu país natal, a Holanda, que, de país calvinista, reservado e tolerante, se tornou palco de ações violentas.** Um líder populista "de direita", Pim Fortuyn, foi assassinado em 2002 por um fanático não muçulmano. E o cineasta Theo van Gogh, que criticava o desrespeito à liberdade e aos direitos humanos por parte de certas

---
* *O Estado de S. Paulo* e *O Globo*, 2 de agosto de 2009.
** Ver *Murder in Amsterdam: The Death of Theo van Gogh and the Limits of Tolerance*, Londres: Atlantic Books, 2007.

correntes islâmicas, acabou assassinado em novembro de 2004 por um ativista muçulmano ligado a grupos terroristas.

Teria terminado o momento da história em que a Holanda se distinguiu pela capacidade de absorção de culturas diversas? Não foi para lá que se mudaram os judeus espanhóis e portugueses perseguidos pela Inquisição? Não foi em Amsterdam que houve a única greve geral de monta contra a deportação dos judeus? Não foi na Holanda que Baruch Spinoza filosofou e, mais recentemente, em 1934, Huizinga disse viver no país da tolerância, no qual mesmo os extremismos seriam "moderados"? E não é certo que 45% da população de Amsterdam em 1999 era de origem estrangeira? E o prefeito na época dos assassinatos não se chamava Cohen, bem como um importante vereador-administrador da cidade ostentava o nome de Ahmed Aboutaleb?

Por suas regras tolerantes, a Holanda acolhe perseguidos políticos. Há milhares de refugiados sírios, iranianos, marroquinos, berberes, turcos, somalis, grupos tâmeis de Sri Lanka etc. Além das muitas centenas de milhares de "trabalhadores convidados", como são qualificados os que encontram emprego e levam a família. Entre estes, muitos são de origem surinamesa ou oriundos da Indonésia, educados em língua holandesa, o que lhes facilita a integração. Sendo assim, até que ponto algo específico da cultura e da religião muçulmanas engendraria a violência atual e as reações racistas ressurgentes? Buruma procura demonstrar que as diferenças de visão entre fundamentalistas ocidentais ou islâmicos podem conviver com mútuo proveito, desde que não usem a força e respeitem as regras da Constituição laica. Não desconhece os argumentos, como os da somali Ayaan Hirsi Ali e de alguns intelectuais de passado esquerdista e presente paixão conservadora, que ressaltam os riscos de leniência na defesa dos valores universais da civilização ocidental. Mas pondera que a incorporação desses valores é proveitosa quando advém de reação na própria cultura islâmica, e não como uma imposição externa.

É preciso reconhecer, porém, pensa Buruma, que a Holanda do passado, branca, burguesa, liberal, tolerante, hoje é uma sociedade multirracial e multicultural, que faz parte da União Europeia e sofre a influência das multinacionais, em suma, da "globalização". Isso suscita reações defensivas agarradas a diferenças religiosas e culturais. No lugar das identidades nacionais e das tradições políticas democráticas que davam coesão à sociedade, multiplicam-se identidades comunitárias, religiosas ou não, que, com frequência, se chocam com a cultura cívica anterior.

Em outros termos, a convivência democrática não se pode basear mais na assimilação da cultura nacional predominante e na aceitação, pelos recém-chegados, das regras do "país legal" tal como ele existia antes. O filme francês *Entre os muros da escola* é exemplo vivo das dificuldades de se moldarem os jovens de origem migrante, mesmo nascidos na Europa, à cultura nacional, acrescento. Entretanto, a crise que prevalece não é devida apenas à existência de "duas — ou mais — culturas", mas a que muitos não se conformam que "seu mundo" acabou.

> O povo começa a se sentir não representado. Ele não sabe mais quem são os responsáveis. Isso ocorre quando os "oligarcas" (a noção usada por Buruma é "Regenten", referindo-se aos comerciantes burgueses, bem retratados por Frans Hals no século XVII com ar de modéstia e superioridade, que depois da Segunda Grande Guerra foram substituídos como expressão da classe politicamente dominante pelos social-democratas e pelos democratas cristãos) modernos, como o social-democrata Ad Melkert, começam a perder amarras no sentimento popular. Mais do que irrelevantes, eles começam a ser alvos de hostilidade ativa. A política de consenso contém suas próprias formas de corrupção: a política fica emper-

rada na rotina de uma elite autoperpetuada, trocando empregos entre os membros do clube, para lá e para cá. (Ian Buruma, op. cit., pp. 50-1)

No mundo emergente, os desajustados são numerosos, não se restringem aos *newcomers*. Há também os que, sendo originários de "famílias de raiz", não se conformam com a nova sociedade. De certo modo, quase todos estão "desenraizados", daí os populismos, de direita ou de esquerda (aliás, mutantes), o terrorismo, o apego aos vários fundamentalismos, à violência.

O que tudo isso pode ter que ver com o Brasil? Pouco e, talvez, muito. Temos a sorte de viver sob uma cultura que também aprecia a tolerância (a despeito de recentes tentativas de fazer nascer um "racismo antirracista", como diria Sartre). Sem as diferenças religiosas e linguísticas com que os europeus se defrontam, somos também um país de migrações, embora hoje predominantemente internas. Portanto, de "desenraizados". E desenraizados não são apenas os recém-incluídos, geográfica e/ou socialmente, à sociedade moderna. São também os oligarcas que não se conformam que ela clame por novas práticas e não querem perceber as mudanças. O mais triste ocorre, como agora, quando os que chegaram ao poder para renová-lo e adaptá-lo aos novos tempos aderem aos hábitos do "clube oligárquico" e se autoatribuem a "missão histórica" de perdoar os transgressores e dar continuidade às velhas práticas.

É nesse ponto que cabe o paralelo com a situação descrita por Buruma. Não só a advertência sobre os riscos de violência, mas de riscos de novos populismos, de esquerda ou de direita, que possam preencher, com uma retórica cativante, a falta de sintonia entre as instituições (desmoralizadas) e o sentimento das massas.

52. A difícil paz*

> *Conversamos, com centenas de cidadãos palestinos e israelenses, em busca de elementos que tornem a paz um sonho possível. As pessoas comuns querem crer que algo pode ser feito para recriar um horizonte de esperanças.*

Estive em Israel e na Palestina, na última semana de agosto, em missão de um grupo criado por Nelson Mandela (os Elders) para atuar em defesa da democracia, da paz e dos direitos humanos. Fazem parte dele pessoas que não estão ligadas a governos, embora muitas delas tenham ocupado posições políticas relevantes no passado. Entre outros, o arcebispo Desmond Tutu, que presidiu a Comissão de Reconciliação da África do Sul; Gro Brundtland, ex-primeira-ministra da Noruega, e Mary Robinson, ex-presidente da Irlanda; Jimmy Carter, que dispensa apresentações; e Kofi Annan, ex-secretário-geral da ONU. Com exceção

---

* *O Estado de S. Paulo* e *O Globo*, 6 de setembro de 2009.

deste último, todos os mencionados fizeram parte da missão ao Oriente Médio, a qual liderei.

As esperanças de um acordo de paz na região reapareceram graças à ação internacional e, em particular, ao empenho do presidente Barack Obama. O presidente americano tem dito reiteradamente que os Estados Unidos querem um acordo baseado na existência de dois Estados soberanos, ambos sediados em Jerusalém, com a aceitação das fronteiras existentes antes da guerra de 1967. Naquele ano, Israel tomou territórios do Egito (Faixa de Gaza) e da Jordânia (Cisjordânia), considerados territórios árabe-palestinos.

A solução pacífica, entretanto, não é simples. E as condições para viabilizá-la são hoje mais complexas do que eram uma década e meia atrás, quando se firmaram os Acordos de Oslo, que previram a solução dos "dois Estados" e estabeleceram as bases legais da Autoridade Palestina, embrião do futuro Estado palestino.

Atualmente, cerca de 50% dos territórios palestinos na Cisjordânia estão ocupados por assentamentos de colonos israelenses. A Faixa de Gaza, de onde até recentemente os palestinos disparavam foguetes contra Israel, está submetida a um cerrado bloqueio. Mesmo o ingresso de alimentos depende da boa vontade do governo israelense. A alternativa são os túneis por onde passa o contrabando não só de comida, mas também de armamento, que os israelenses dizem não estar diminuindo.

Na Cisjordânia, nos últimos anos, sob a justificativa de proteger os seus colonos de ataques terroristas, Israel vem construindo muros altíssimos ou eletrificados e inúmeras barreiras de vigilância. Os transtornos causados produzem um permanente estado de angústia e ódio nas populações palestinas. Para complicar, a política de colonização está sendo levada para dentro das cidades, como há pouco em Jerusalém, com a desocupação de casas habitadas por famílias árabes.

O governo de Israel justifica a política de ocupação alegando razões de segurança. Não apenas do Estado, mas dos cidadãos israelenses, ainda atemorizados com atentados de homens-bomba, patrocinados pelo Hamas, em anos passados.

A ascensão do Hamas, além de aumentar a percepção de risco à segurança de Israel e dos israelenses, produziu dois interlocutores do lado palestino, que se antagonizam internamente e não falam a mesma linguagem nas suas relações externas, em geral, e com Israel, em particular. O Fatah, herdeiro de Yasser Arafat, tem autoridade sobre os territórios não ocupados na Cisjordânia, reconhece o Estado de Israel e repudia práticas terroristas, que adotou no passado. O Hamas controla Gaza, não reconhece estatutariamente Israel e vê resistência onde os israelenses enxergam terrorismo.

Shimon Peres, a quem conheço e admiro há muitos anos, ex-primeiro-ministro e hoje presidente de Israel, aponta essa cisão interna como um dos grandes obstáculos à paz, tanto maior pelo apoio que Irã e Síria emprestam ao Hamas. Peres refuta a acusação de que haja um cerco israelense a Gaza. Afirma haver fornecimento regular de comida, o que é referendado pelo presidente da Autoridade Palestina, Abu Abbas, ligado ao Fatah. E diz ser frequente o atendimento de habitantes de Gaza em serviços de saúde de Israel.

Para Abbas e o primeiro-ministro palestino, Salam Fayyad, com quem estivemos em Ramallah, o fortalecimento da Autoridade Palestina passa pelas eleições marcadas para janeiro de 2010. O próprio pleito, porém, é motivo de controvérsia, a julgar pela conversa telefônica que tive com Ismael Haniyeh, dirigente máximo em Gaza, e pelo encontro com Abdul Dweik, ex-presidente da Assembleia palestina, e dois colegas seus, todos recém-saídos de prisões palestinas controladas pelo Fatah. O Hamas exige que centenas de líderes seus sejam libertados a tempo de dedicar-se à campanha eleitoral. Mais ainda, querem garantias de que a comunidade internacional respeitará os resultados, quaisquer que sejam.

Nesse contexto, como manter as esperanças na solução do conflito?

Há dois elementos que podem mudar o quadro em favor da paz. O primeiro é a pressão internacional, capitaneada pelos Estados Unidos, se for suficientemente forte para levar os contendores à mesa de negociação. A ação resoluta do enviado especial de Obama, senador George Mitchell, tem mostrado a disposição americana de não ceder diante dos "falcões" do governo israelense. Por outro lado, há indicações de que a solução dos "dois Estados" poderia ser aceita pelo Hamas.

O segundo e principal elemento é a reação das pessoas comuns, movidas por um misto de ceticismo, pelas inúmeras tentativas fracassadas e pela necessidade de crer que algo deve ser feito para recriar um horizonte de esperanças. Conversamos, sem exagero, com centenas de cidadãos palestinos e israelenses. Vimos, em Bil'in, a resistência pacífica dos palestinos em cujas terras passaria um muro. Mas vimos também um exemplo de cooperação em nível local, entre Wadi Fukin, aldeia palestina, e Tzur Hadassah, aldeia israelense vizinha, ambas se abeberando das mesmas fontes de água. E ouvimos vozes jovens, ora vítimas dos foguetes palestinos, ora das coerções israelenses, com a firme disposição para um "basta!". Conhecemos empresários israelenses que investem e estão dispostos a investir mais na Cisjordânia. Em suma, há elementos subjetivos e objetivos que tornam a paz um sonho possível.

Oxalá ou, como dizem por lá, Inch'Allah! Mekavé!

53. O desafio das drogas*

Estamos perdendo a guerra contra as drogas. É hora de mudar: combater o crime organizado e a corrupção, em vez de botar nas cadeias os usuários de drogas.

Um dos temas mais difíceis do mundo contemporâneo é o que fazer com o uso de drogas. Existem algumas comprovações bem estabelecidas sobre a questão. Se é verdade que sempre houve consumo de diferentes tipos de drogas em culturas muito diversas — embora não em todas —, não menos verdade é que ele, no geral, se deu em âmbito restrito e socialmente regulamentado, sobretudo em cerimônias rituais. Não é esse o caso contemporâneo: o uso de drogas se disseminou em vários níveis da sociedade, com motivações hedonísticas; no mais das vezes, sem aprovação social, embora, dependendo da droga, haja certa leniência quanto aos usuários.

* *O Estado de S. Paulo* e *O Globo*, 6 de dezembro de 2009.

Sabemos também que todas as drogas são nocivas à saúde, mesmo as lícitas, como o álcool e o tabaco. E que algumas são mais nocivas do que outras, como a heroína e o crack. A discussão sobre se o consumo de drogas mais fracas induz ao de outras mais fortes é questão médica sobre a qual não há consenso. Para fins de política pública, o importante a reter é que as drogas produzem consequências negativas tanto para o usuário quanto para a sociedade e que reduzir ao máximo o seu consumo deve ser o principal objetivo.

A discussão, portanto, é sobre diferentes estratégias para atingir o mesmo objetivo. Até agora, a estratégia dominante tem sido a chamada "guerra às drogas". Foi sob a sua égide, sustentada fundamentalmente pelos Estados Unidos, que as Nações Unidas firmaram convênios para generalizar a criminalização do uso e a repressão da produção e do tráfico de drogas.

Decorridos dez anos, a agência da ONU dedicada às drogas se reuniu este ano em Viena para avaliar os resultados obtidos pela política de "guerra às drogas". Simultaneamente, na Europa e na América Latina, comissões de personalidades independentes fizeram o mesmo, apoiando-se em análises preparadas por especialistas. Eu copresidi, com os ex-presidentes da Colômbia e do México, respectivamente César Gaviria e Ernesto Zedillo, a Comissão Latino-Americana. Nossa conclusão foi simples e direta: estamos perdendo a guerra contra as drogas e, a continuarmos com a mesma estratégia, só conseguiremos deslocar campos de cultivos e sedes de cartéis de umas a outras regiões, sem redução da violência e da corrupção que a indústria da droga produz. Logo, em lugar de teimar irrefletidamente na mesma estratégia, que não tem conseguido reduzir a lucratividade e consequentemente o poderio da indústria da droga, por que não mudar a abordagem? Por que não concentrarmos nossos esforços na redução do consumo e na diminuição dos danos causados pelo flagelo pessoal e social das drogas? Isso sem descuidar da repressão, mas dando-lhe foco: combater o crime organizado e a corrupção, em vez de botar nas cadeias muitos milhares de usuários de drogas.

Em todo o mundo, observa-se um afastamento do modelo puramente coercitivo, inclusive em alguns estados americanos. Em Portugal, onde, desde 2001, vigora um modelo calcado na prevenção, na assistência e na reabilitação, diziam os críticos que o consumo de drogas explodiria. Não foi o que se verificou. Ao contrário, houve redução, em especial entre jovens de quinze a dezenove anos. Seria simplista, porém, propor que imitássemos aqui as experiências de outros países, sem maiores considerações.

No Brasil, não há produção de drogas em grande escala, exceto maconha. O que existe é o controle territorial por traficantes abastecidos principalmente do exterior. Dadas a miserabilidade e a falta de emprego nas cidades, formam-se amplas redes de traficantes, distribuidores e consumidores, que recrutam seus aderentes com facilidade. O país se tornou um grande mercado consumidor, alimentado especialmente pelas classes de rendas média e alta, e não apenas rota de passagem do tráfico. Enquanto houver demanda e lucratividade em alta, será difícil deter a atração que o tráfico exerce para uma massa de jovens, muitos dos quais quase crianças, das camadas pobres da população.

A situação é apavorante. O medo impera nas favelas do Rio. Os chefões do tráfico impõem regras próprias e "sentenciam", mesmo à morte, quem as desrespeita. A polícia, com exceções, ou se "ajeita" com o tráfico, ou, quando entra, é para matar. A "bala perdida" pode ter saído da pistola de um bandido ou de um policial. Para a mãe da vítima, muitas vezes inocente, dá no mesmo. E quanto à justiça, ela não chega a tomar conhecimento do assassinato. Quando o usuário é preso, seja ou não um distribuidor, passa um bom tempo na cadeia, pois a alegação policial será sempre a de que portava mais droga do que o permitido para consumo individual. Resultado: o usuário será condenado como "avião" e tanto quanto este, ao sair, estigmatizado e sem oferta de emprego, voltará ao círculo das drogas.

É diante dessa situação que se impõem mudanças. Primeiro: o reconhecimento de que, se há droga no morro e nas vielas das cidades, o comércio rentável da droga é obtido no asfalto. É o consumo das classes médias e altas que fornece o dinheiro para o crime e a corrupção. Somos todos responsáveis. Segundo: por que não "abrir o jogo", como fizemos com a aids e o tabaco, não só por intermédio de campanhas públicas pela TV, mas na conversa cotidiana nas famílias, no trabalho e nas escolas? Por que não utilizar as experiências dos que, na cadeia ou fora dela, podem testemunhar as ilusões da euforia das drogas? Não há receitas ou respostas fáceis. É possível descriminalizar o consumo, deixando o usuário livre da prisão. As experiências mais bem-sucedidas têm sido as que vêm em nome da paz e não da guerra: é a polícia pacificadora do Rio de Janeiro, não a matadora, que leva esperança às vítimas das redes de droga. Há projetos no governo e no Congresso para evitar a extorsão do usuário e para distinguir gradações de pena entre os bandidos e suas vítimas, mesmo quando "aviões", desde que sejam réus primários.

Vamos discuti-los e alertar o país.

V. DESENCANTO
(2011-8)

54. Silêncios que falam*

Cada vez mais, em silêncio, as pessoas murmuram e, de repente, se comunicam para "mudar as coisas".

Desde quando vivi de muito perto a experiência da "revolta dos estudantes" de maio de 1968 em Paris, comecei a duvidar das teorias que aprendera sobre as mudanças no mundo capitalista. Estas estavam baseadas na visão da história como uma sucessão de lutas entre as classes sociais visando ao controle do Estado para, por intermédio dele, seja manter a dominação de classes, seja destruir todas elas e construir a "sociedade do futuro" sem classes e, portanto, sem que os partidos tivessem função relevante. Ela seria crucial na visão dos revolucionários do século XX de inspiração leninista, apenas na "transição", quando se justificaria até mesmo a ditadura do proletariado, exercida pelo partido.

Pois bem, nas greves estudantis da Universidade de Paris, em

---

* *O Estado de S. Paulo* e *O Globo*, 6 de março de 2011.

Nanterre e na Sorbonne (assim como nos campi universitários americanos, com outras motivações), que acabaram por contaminar a França inteira e repercutiram pelo mundo afora, vi, perplexo, que as palavras de ordem não falavam em "anti-imperialismo" e só remotamente mencionavam os trabalhadores, mesmo quando estes, atônitos, entravam nos auditórios estudantis "ocupados" pelos ativistas jovens.

Falava-se em liberdade, em ser proibido proibir, em amor livre, em valorizar o indivíduo contra o peso das instituições burocratizadas, e assim por diante. É verdade que nas passeatas havia bandeiras (dos velhos anarquistas) e vermelhas (dos bolcheviques). Faltavam os símbolos do novo, e, na confusão ideológica geral, pouco se sabia sobre o que seria novo nas sociedades, isto é, nas estruturas sociais, do futuro.

Por outro lado, o estopim da revolta não foram as greves trabalhistas, que ocorreram depois, nem choques no plano institucional, mas pequenos/grandes anseios de jovens universitários que, como num curto-circuito, incendiaram o conjunto do país.

Só que, logo depois, De Gaulle, vendo seu poder posto à prova, foi buscar apoio nos paraquedistas franceses sediados na Alemanha e, com a cumplicidade do Partido Comunista, restabeleceu a antiga e "boa" norma.

Por que escrevo essas reminiscências? Porque, desde então, o mundo mudou muito, principalmente com a revolução informática. Crescentemente, as "ordens estabelecidas" desmoronam sem que seja percebida a luta entre as classes. Foi assim com o desmoronamento do mundo soviético, simbolizado pela queda do Muro de Berlim. Está sendo assim hoje no norte da África e no Oriente Médio. Cada vez mais, em silêncio, as pessoas se comunicam, murmuram e, de repente, se mobilizam para "mudar as coisas". Nesse processo, as novas tecnologias da comunicação desempenham papel essencial.

Até agora, ficaram duas lições. Uma delas é que as ordens sociais no mundo moderno podem se desfazer por meios surpreendentes para quem olha as coisas pelo prisma antigo.

A palavra, transmitida à distância, a partir da soma de impulsos que parecem ser individuais, ganha uma força sem precedentes. Não se trata do panfleto ou do discurso revolucionário antigo, nem mesmo de palavras de ordem, mas de reações racionais/emocionais de indivíduos. Aparentemente isolados, estão, na verdade, "conectados" com o clima do mundo circundante e ligados entre si por intermédio de redes de comunicação que se fazem, desfazem e refazem ao sabor dos momentos, das motivações e das circunstâncias.

Um mundo que parecia ser basicamente individualista e regulado pela força dos poderosos ou do mercado mostra, de repente, que há valores de coesão e solidariedade social que extrapolam as fronteiras do permitido.

Mas ficou também a outra lição: a reconstrução da ordem depende de formas organizacionais, de lideranças e de vontades políticas que se expressem de modo a apontar um caminho. Na ausência delas, volta-se ao antigo — caso De Gaulle — ou, na iminência da desordem generalizada, há sempre a possibilidade de um grupo coeso e nem sempre democrático prevalecer sobre o impulso libertário inicial.

Em outros termos: recoloca-se a importância da pregação democrática, da aceitação da diversidade, do direito "do outro".

Talvez seja esse o enigma a ser decifrado pelas correntes que desejam ser "progressistas" ou "de esquerda". Enquanto não atinarem ao "novo" nas circunstâncias atuais — que supõe, entre outras coisas, a reconstrução do ideal democrático à base da participação ampliada nos circuitos de comunicação para forçar maior igualdade —, não contribuirão para que a cada surto de vitalidade em sociedades tradicionais e autocráticas surjam de fato formas novas de convivência política.

Agora mesmo, com as transformações no mundo islâmico, é hora de apoiar em alto e bom som os germens de modernização em vez de guardar um silêncio comprometedor. Ou, pior, quebrá-lo para defender o indefensável, como Hugo Chávez ao dizer "que me conste, Kadafi não é assassino". Ou como Lula, que antes o chamou de "líder e irmão"!

Para não falar dos intelectuais "de esquerda" que ainda ontem, quando eu estava no governo, viam em tudo o que era modernização ou integração às regras internacionais da economia um ato neoliberal de vende-pátria. Exigiam apoio a Cuba, apoio que não neguei contra o injusto embargo à ilha, mas que não me levou a defender a violação de direitos humanos. Será que não se dão conta de que é graças ao maior intercâmbio com o mundo — e principalmente com o mundo ocidental — que hoje as populações do norte da África e do Oriente Médio passam a ver nos valores da democracia caminhos para se libertarem da opressão?

Será que vão continuar fingindo que "o Sul", nacional-autoritário, é o maior aliado de nosso desenvolvimento, quando o governo petista busca também maior e melhor integração do Brasil à economia global e ao sistema internacional, sem sacrifício dos nossos valores mais caros?

Há silêncios que falam, murmuram, contra a opressão. Mas há também silêncios que não falam porque estão comprometidos com uma visão que aceita a opressão. Não vejo como alguém se possa imaginar "de esquerda" ou "progressista" calando no momento em que se deve gritar pela liberdade.

55. Um novo Brasil*

> *O Brasil é mais do que uma "economia emergente", é uma "sociedade emergente", distante do pequeno e, às vezes, mesquinho dia a dia da política congressual.*

Décadas atrás, havia uma discussão sobre a "modernização" do Brasil. Correntes mais dogmáticas da esquerda denunciavam os modernizadores como gente que acreditava ser possível transformar o país saltando a revolução socialista. Com o passar do tempo, quase todos se esqueceram das velhas polêmicas e passaram a se orgulhar das grandes transformações ocorridas. Até mesmo pertencermos aos "Brics", uma marca criada em 1999 pelo banco Goldman Sachs, passou a ser motivo de orgulho dos dirigentes petistas: somos, enfim, uma economia emergente!

Na verdade, o Brasil é mais do que uma "economia emergente", é uma "sociedade emergente", ou, para evocar o título de

---

* *O Estado de S. Paulo* e *O Globo*, 1º de maio de 2011.

um livro que analisa bem o que aconteceu nas últimas décadas, somos um novo país.* Para entender as dificuldades políticas que foram transpostas para acelerar essas transformações, basta ler a primeira parte de um livrinho que tem o instigante título de *Memórias de um soldado de milícias*, escrito por Luiz Alfredo Raposo e publicado este ano em São Luís do Maranhão.

Embora os livros comecem a registrar o que é este novo Brasil — e há outros, além do que mencionei —, o senso comum, especialmente entre os militantes ou representantes dos partidos políticos e seus ideólogos, ainda não se deu conta por completo dessas transformações e de suas consequências.

Os fundamentos deste novo país começaram a se constituir a partir das greves operárias do fim da década de 1970 e da campanha das Diretas Já, que conduziram à Constituição de 1988. Este foi o marco inicial do novo Brasil: direitos assegurados, desenho de um Estado visando aumentar o bem-estar do povo, sociedade civil mais organizada e demandante, enfim, liberdade e comprometimento social. Havia na Constituição, é certo, entraves que prendiam o desenvolvimento econômico a monopólios e ingerências estatais. Sucessivas emendas constitucionais foram aliviando essas amarras, sem enfraquecer a ação estatal, mas abrindo espaço à competição, à regulação e à diversificação do mundo empresarial.

O segundo grande passo para a modernização do país foi dado pela abertura da economia. Contrariando a percepção acanhada de que a "globalização" mataria nossa indústria e espoliaria nossas riquezas, houve a redução de tarifas e a diminuição dos entraves ao fluxo de capitais. Novamente, os "dogmáticos" (lamento dizer, PT e o presidente Lula à frente) previram a catástrofe que não ocorreu: "sucateamento" da indústria, desnacionalização da

---

* Ver Albert Fishlow, *O novo Brasil*. São Paulo: Saint Paul, 2011.

economia, desemprego em massa, e assim por diante. Passamos pelo teste: o BNDES atuou corretamente para apoiar a modernização de setores-chave da economia, as privatizações não deram ensejo a monopólios privados e mantiveram boa parte do sistema produtivo sob controle nacional, seja pelo setor privado, seja pelo Estado, seja em conjunto. Houve expansão da oferta e democratização do acesso a serviços públicos.

O terceiro passo foi o Plano Real e a vitória sobre a inflação, não sem enormes dificuldades e incompreensões políticas. Juntamente com a reorganização das finanças públicas, com o saneamento do sistema financeiro e com a adoção de regras para o uso do dinheiro público e o manejo da política econômica, a estabilização permitiu o desenvolvimento de um mercado de capitais dinâmico, bem regulado, e a criação das bases para a expansão do crédito.

Por fim, mas em nada menos importante, deu-se consequente prática às demandas sociais refletidas na Constituição. Foram ativadas as políticas sociais universais (educação, saúde e previdência) e as focalizadas: a reforma agrária e os mecanismos de transferência direta de renda, entre eles as bolsas, a primeira das quais foi a Bolsa Escola, substituída pela Bolsa Família. Ao mesmo tempo, desde 1993, houve significativo aumento real do salário mínimo (de 44% no governo do PSDB e de 48% no de Lula).

Os resultados se veem agora: aumento de consumo das camadas populares, enriquecimento generalizado, multiplicação de empresas e das oportunidades de investimento, tanto em áreas tradicionais quanto em áreas novas. Inegavelmente, recebemos também um impulso "de fora", com o boom da economia internacional de 2004-2008 e, sobretudo, com a entrada vigorosa da China no mercado de commodities.

Por trás deste novo Brasil está o "espírito de empresa". A aceitação do risco, da competitividade, do mérito, da avaliação de resultados. O esforço individual e coletivo, a convicção de que sem estudo não se avança e de que é preciso ter regras que regulem a economia e a vida em sociedade. O respeito à lei, aos contratos, às liberdades individuais e coletivas faz parte deste novo Brasil. O "espírito de empresa" não se resume ao mercado ou à empresa privada. Abrange vários setores da vida e da sociedade. Uma empresa estatal deixa de ser uma "repartição pública", na qual o burocratismo e os privilégios políticos, com clientelismo e corrupção, freiam seu crescimento. Uma ONG pode possuir esse mesmo espírito, assim como os partidos deveriam possuí-lo. E que não se creia que ele dispense o sentimento de coesão social, de solidariedade: o mundo moderno não aceita o "cada um por si e Deus por ninguém". O mesmo espírito deve reger os programas e ações sociais do governo na busca da melhoria da condição de vida dos cidadãos.

Foi isso que apontei em meu artigo na revista *Interesse Nacional*, que tanto debate suscitou, às vezes a partir de leituras equivocadas e mesmo de má-fé. É inegável que há espaço para as oposições firmarem o pé neste novo Brasil. Ele está entre os setores populares e médios que escapam do clientelismo estatal, que têm independência para criticar o que há de velho nas bases políticas do governo e em muito de suas práticas, como a ingerência política na escolha dos "campeões da globalização", o privilégio de setores econômicos "amigos", a resistência à cooperação com o setor privado nos investimentos de infraestrutura, além da eventual tibieza no controle da inflação, que pode cortar as aspirações de consumo das classes emergentes. Para ocupar esse espaço, entretanto, é preciso que também as oposições se invistam do espírito novo e sejam capazes de representar este novo Brasil, tão distante do pequeno e, às vezes, mesquinho dia a dia da política congressual.

56. A soma e o resto*

Ou encontramos uma estratégia comum para a sobrevivência da vida no planeta e para a melhoria da condição de vida dos mais pobres em cada país, ou haverá riscos de rupturas no equilíbrio ecológico e no tecido social.

Tomo de empréstimo o título de um livro de Henri Lefebvre, escritor francês que rompeu com o Partido Comunista em 1958 e publicou suas razões para tanto nesse livro de 1959. Anos mais tarde, em 1967-8, fui colega de Lefebvre em Nanterre quando demos início, junto com Alain Touraine, Michel Crozier e com o então quase adolescente Manuel Castells, a uma experiência de renovação da velha "Sorbonne", na área das ciências humanas.

Sempre gostei do título do livro de Lefebvre e agora, ao escrever estas linhas — sem qualquer pretensão a devaneios psi-

---

* *O Estado de S. Paulo* e *O Globo*, 3 de julho de 2011.

canalíticos —, me recordo também de que Lefebvre tinha uma grande semelhança física com meu pai. Mas o fato é que há momentos para fazer um balanço. No caso, Lefebvre descontava o que o Partido Comunista lhe tirara ou vice-versa e via o que sobrava: a experiência dramática das revelações que Khruschóv fizera dos horrores stalinistas, somada à invasão da Hungria, provocou uma remexida crítica na intelectualidade europeia, que não deixou de afetar a brasileira e a mim próprio.

Hoje, ao completar oitenta anos de idade, diante do fato inescapável de que o tempo vai passando e, às vezes, não deixa pedra sobre pedra, eu, que não sou dado a balanços de mim mesmo (nem dos outros), senti certa comichão para ver o que resta a fazer e a soma das coisas que andei fazendo. Mas que não se assuste o leitor: o espaço de uma crônica não é suficiente para arrolar o esforço de oito décadas para tentar construir algo na vida, quanto mais para alistar o muito de errado que fiz, que pode superar as pedras que eventualmente ficaram em pé. Além do mais, prefiro olhar para frente a mirar para trás.

Quando algum repórter me pergunta o que acho que ficará de mim na história, costumo dizer, com o realismo de quem é familiarizado com ela, que daqui a cem anos provavelmente nada, talvez um traço dizendo que fui presidente do Brasil de 1995 a 2003. Quando insistem em que fiz isso ou aquilo, outra vez meu realismo — não pessimismo nem hipocrisia de modéstia — pondera que, no transcorrer da história, quem sobra nela é visto e revisto pelos pósteros de modo ora positivo, ora negativo, dependendo da atmosfera reinante e da tendência de quem revê os acontecimentos passados. Portanto, melhor não nos deixarmos embalar pela ilusão de que há pedras que ficam e que serão sempre laudadas. Além do mais, dito com um pouco de ironia, se o julgamento que vale para os homens políticos, e mesmo para os intelectuais, é o da história, de que serve o que venham a dizer de nós depois de mortos?

Pois bem, se é assim, se o que vale é o agora, não tenho palavras para agradecer a tantos, e foram muitos, os que se referiram a mim com generosidade nesse passado mês de junho. Mesmo sabendo, repito, da efemeridade dos juízos, é bom escutar pessoas próximas, não tão próximas e mesmo distanciadas por divergências procurarem ver mais o lado bom, quando não apenas ele, e expressarem opiniões que me deixaram lisonjeado e, a despeito de meu realismo, quase embalado na ilusão de que fiz mais do que penso ter feito. Como não posso agradecer a cada um pessoalmente, nem desejo deixar de lado alguém e os muitos que me disseram pessoalmente palavras de estímulo ou as registraram por cartas, e-mails ou na web, aproveito esta página de jornal para reiterar que não sei como exprimir o quanto a solidariedade dos contemporâneos me emocionou.

Não posso me queixar da vida. Vivi a maior parte do tempo dias alegres, mesmo que muitas vezes tensos. Assim como senti as perdas que fazem parte de sobreviver. Perdi muita gente próxima ou que admirava à distância nestes oitenta anos. Pais, irmãos, mulher, amigos, amigas, companheiros de vida acadêmica e política. Mesmo agora, para que nem tudo fossem rosas, perdi, às vésperas de meu aniversário, um companheiro de universidade com quem convivi cerca de cinquenta anos, Juarez Brandão Lopes. E, no momento em que escrevo estas linhas, veio a notícia da morte de Paulo Renato Souza, companheiro, colaborador, grande ministro da Educação, colega de exílio. As perdas, para quem está vivo, são relativas. Aprendi a conviver na memória com as pessoas queridas e mesmo com algumas mais distantes, com as quais "converso" vez ou outra no imaginário para reposicionar o que penso ou digo. Levo em conta o que diriam os que não estão mais por aqui, mas deixaram marcas profundas em mim. Na soma, não cabe dúvida, mantive mais amigos que adversários. Não sinto rancor por ninguém, talvez até por uma característica psicológica, pois esqueço logo as coisas de que não gosto e procuro me lembrar das que gosto e pelas quais tenho apego.

Por fim, para não escrever uma página muito água com açúcar, se me conforta ter tantos amigos e receber deles tanto apoio, e se prezo a amizade acima de quase tudo, devo confessar que, apesar de meu pendor intelectual ser forte, no fundo, sou um *Homo politicus*, condição herdada de meus pais e de algumas gerações de ancestrais. Vivo a vida na tecla do serviço ao público, da pólis, e para mim o público hoje não é apenas o brasileiro, mas tem uma dimensão global. Pode parecer "coisa de velho", mas o fato é que a esta altura da vida estou convencido, sem prejuízo das crenças partidárias e ideológicas, de que cada vez mais, como humanidade, como cidadãos e como seres nacionais, simultaneamente, estamos nos aproximando de uma época na qual ou encontramos alguns pontos de convergência, uma estratégia comum para a sobrevivência da vida no planeta e para a melhoria da condição de vida dos mais pobres em cada país, ou haverá riscos efetivos de rupturas no equilíbrio ecológico e no tecido social.

Não é o caso de especificar as questões neste momento. Mas cabe deixar uma palavra de advertência e de otimismo: é difícil buscar caminhos que permitam, em alguns temas, uma marcha em comum, mas não é impossível. Tentemos. Vi tanta boa vontade ao redor de mim nestas últimas semanas que a melhor maneira de retribuir é dizendo: espero poder ajudar a todos e a cada um a sermos mais felizes e dispormos de melhores condições de vida. Guardarei as armas do interesse pessoal, partidário ou mesmo dos egoísmos nacionais sempre que vislumbrar uma estratégia de convergência que permita dias melhores no futuro. Com confiança e determinação, eles poderão vir.

57. Encruzilhadas mundiais*

Um novo quadro de poder se desenha no mundo: o predomínio do Ocidente se vê contestado pela emergência de fatores econômicos, demográficos, e mesmo culturais, sinocêntricos, ou, melhor, "asiaticocêntricos".

Diante dos horrores da Segunda Guerra Mundial, os vencedores se dispuseram a criar a Organização das Nações Unidas (ONU) e outras instituições internacionais para impedir as grandes conflagrações e regular, dentro do possível, certas matérias de interesse geral, como o comércio, com a Organização Mundial do Comércio (OMC), os desequilíbrios financeiros globais e o socorro a países endividados, com o Fundo Monetário Internacional (FMI). Outras, ainda, para promover o desenvolvimento (Banco Mundial) ou para remediar as questões básicas dos povos em matéria de saúde (Organização Mundial da Saúde) e da educação

---

* *O Estado de S. Paulo* e *O Globo*, 4 de dezembro de 2011.

(Unesco). Embora longe do ideal, é inegável que essas organizações alcançaram algum progresso. Em pelo menos um ponto crucial, a ONU foi vitoriosa: apesar da Guerra Fria, não se deu um choque direto entre os Estados Unidos e a União Soviética. No período pós-Guerra Fria, tampouco se veem riscos de confronto militar entre a China e as potências ocidentais.

Acontece, entretanto, que já se passaram mais de cinquenta anos da formação da ONU, e os fundamentos econômicos e políticos da ordem mundial se transformaram enormemente. Pelo menos quatro fatos significativos impõem uma revisão dessas instituições internacionais: o fim da União Soviética, a incrível expansão econômica da China, a reaparição do mundo islâmico na cena internacional e a emergência de novos polos de poder econômico e político no mundo (não apenas os Brics, mas a Turquia, o Irã, a África do Sul, a Coreia do Sul e outros países asiáticos). Sem esquecer que o Japão e a Alemanha, que não têm assento no Conselho de Segurança, se puseram no topo da economia mundial.

No mundo ocidental, a transformação de maior significado foi a construção da União Europeia, por seu alcance político-civilizatório. Esse movimento unificador foi consequência do mesmo impulso que levou à formação da ONU: cansadas de guerrearem, a Alemanha e a França se tornaram o sustentáculo da Comunidade Europeia, conjunto de nações cujas relações devem se basear na solidariedade entre a Europa mais rica e a mais pobre, num arranjo supranacional que busque a paz fundamentada na prosperidade comum.

Considerados em conjunto, os acontecimentos político-econômicos do pós-Guerra Mundial foram capazes de substituir a guerra pela luta por melhores posições na produção, no comércio e nas finanças mundiais. Os conflitos refluíram para o âmbito regional e muito frequentemente tiveram, depois do desabamento da União Soviética e dos ideais comunistas, mais fundamentos culturais e religiosos do que propriamente econômicos. As transformações no sistema produtivo nos últimos quarenta anos, com uma série de avanços tecnológicos, permitiram uma expansão econômica à escala global sem guerras nem anexações territoriais. A atual globalização difere, portanto, da anterior expansão capitalista, denominada geralmente de imperialismo, que supunha o poder dos Estados, com exércitos, guerras e ocupações coloniais.

Que modificações advirão do quadro de poder que se vai desenhando no mundo, somado à crise financeira iniciada em 2007 e que perdura? Uma coisa parece certa: o predomínio do Ocidente se vê contestado pela emergência de fatores econômicos, demográficos, e mesmo culturais, sinocêntricos, ou melhor, "asiaticocêntricos". Está reaberta a rota para o Extremo Oriente. Dominique Moïsi, analista francês da cena internacional, vem insistindo nessa tese, exposta no livro *A geopolítica das emoções*. Em artigo mais recente, mostrou que a América está tentando se adaptar ao que chama de "século da Ásia", formando uma comunidade econômica com países dessa região. Desde a década de 1990, algumas nações emergentes, como o próprio Brasil, vêm se aproximando da China e da Ásia em geral — em nosso caso, as relações com o Japão são mais antigas e já foram mais próximas. Países africanos, mesmo não sendo "economias emergentes", do mesmo modo se vinculam crescentemente à China como exportadores de matérias-primas, tendência seguida por vários países da América Latina.

Com as consequências econômicas da atual crise financeira, é natural que a tendência a depender da Ásia se reforce. Dela escapa a Europa, embora não tenha sido capaz de tomar decisões que interrompam a debacle econômico-financeira. Velhas tensões voltam a incandescer os corações europeus. Berlim quer se manter na ortodoxia financeira, não aceita que o Banco Central Europeu empreste aos Tesouros nacionais, teme que os eleitores reajam negativamente a ajudar países que, no entendimento deles, não souberam ser previdentes. Por isso, recusa-se a emitir bônus salvadores em troca de títulos das dívidas dos bancos e países europeus. É como se, de alguma maneira, voltássemos, figurativamente, à linguagem das guerras. Em alguns países europeus, foi dada a falência da política: enquanto os povos protestam, indignados, os "mercados" indicam e conseguem impor primeiros--ministros, tal a desmoralização dos partidos e da classe dirigente.

Nesse panorama, é premente que apareçam lideranças globais do calibre das que conseguiram criar a ONU e suas diferentes organizações e daquelas que construíram a velha/nova Europa. Os governos norte-americanos já erraram muito ao não perceber o significado do mundo árabe e islâmico e tentar impor-lhe o seu estilo de democracia, quando eles próprios já se retorciam em dificuldades econômicas e políticas. O mundo todo paga o preço da expansão do terrorismo e da quase impossibilidade de manter unidas comunidades religiosas, culturais e nacionais diversas sob o domínio de um mesmo Estado. Caiu o Iraque, mas a paz não veio. O Afeganistão padece entre a corrupção e os senhores da guerra e do ópio. Na Líbia, uma intervenção que tinha propósitos humanitários percorreu o caminho das atrocidades. E por aí vamos, sem mencionar as áreas mais quentes, como Palestina/Israel, Irã ou Paquistão.

Com realismo, mas sem perder de vista os ideais universais desenhados em 1948, é urgente que as potências dominantes reconheçam as novas realidades e convidem à mesa os que têm vez e voz no mundo. Tomara que Dominique Moïsi tenha razão e a liderança americana esteja de fato construindo as bases para um relacionamento estável, de paz, prosperidade e respeito aos direitos humanos, com a Ásia, sem ambicionar difundir sua ideologia política, muito menos aceitar a generalização do modelo chinês.

58. Crime sem castigo*

Dia chegará — se não houver reação — em que a corrupção passará a ser condição de governabilidade. O perigo é que se crie uma expectativa de que um líder autoritário seja o antídoto para coibir a disseminação de tais práticas.

Houve tempo em que se dizia que ou o Brasil acabava com a saúva ou a saúva acabaria com o Brasil. As saúvas andam por aí, não acabaram, nem o Brasil acabou. Será a mesma coisa com a corrupção? Que ela anda vivinha por aí não restam dúvidas, que acabe com o Brasil é pouco provável, que acabe no Brasil, tampouco. Mas que causa danos enormes é indiscutível. Haverá quem diga que sempre houve corrupção no país e pelo mundo afora, o que provavelmente é certo, mas, a partir de certo nível de sua existência e, pior, da aceitação tácita de suas práticas como

---

* *O Estado de S. Paulo* e *O Globo*, 1º de abril de 2012.

"fatos da vida", se ela não acaba com o país, deforma-o de modo inaceitável. Estamos nos aproximando desse limiar.

Há formas e formas de corrupção, especialmente das instituições e da vida política. As mais tradicionais entre nós são o clientelismo — a prática de atender os amigos, e os amigos dos amigos, nomeando-os para funções públicas —, a troca de favores e o patrimonialismo, isto é, a confusão entre público e privado, entre Estado e família. Tudo isso é antigo e deita raízes na península Ibérica. A frase famosa "é dando que se recebe", de inspiração dita franciscana, se referia mais à troca de favores do que ao recebimento de dinheiro. Por certo, um sistema político assentado nessas práticas já supõe o desdém pela lei e tende a permitir deslizes mais propriamente qualificados como corrupção. Mesmo quando não haja suborno de funcionários ou vantagem pecuniária pela concessão de favores, prática que os juristas chamam de prevaricação, os apoios políticos obtidos dessa maneira são baseados em nomeações que implicam gasto público. Progressivamente, tais procedimentos levam a burocracia a deixar de responder ao mérito, ao profissionalismo. Com o tempo, as gorjetas e mesmo o desvio de recursos — o que mais diretamente se chama de corrupção — aumentam como consequência desse sistema.

Nos dias que correm, entretanto, não se trata apenas de clientelismo, que sem dúvida continua a existir, ao menos parcialmente, mas de algo mais complexo. Se o sistema patrimonialista tradicional já contaminava nossa vida política, a ele se acrescenta agora algo mais grave. Com o desenvolvimento acelerado do capitalismo e a presença abrangente dos governos na vida econômica nacional, as oportunidades de negócios entremeados por decisões dependentes do poder público se ampliaram consideravelmente. E as pressões políticas se deslocaram do mero favoritismo para o "negocismo". Há contratos por todo lado a serem firmados com entes públicos, tanto no âmbito federal quanto no estadual e no municipal. Crescentemente, os apoios políticos passam a depender do atendimento do apetite voraz de setores partidários que só se dispõem a "colaborar" se devidamente azeitados pelo controle de partes do governo que permitam decisões sobre obras e contratos. Mudaram, portanto, o tipo de corrupção predominante e o papel dela na engrenagem do poder. Dia chegará — se não houver reação — em que a corrupção passará a ser condição de governabilidade, como ocorre nos chamados narco-Estados. Não naturalmente em função do tráfico de drogas e do jogo (que também se podem propagar), mas da disponibilidade do uso da caneta para firmar ordens de serviço ou contratos importantes.

Não por acaso, há vozes, cada vez mais numerosas, na mídia, no Congresso e mesmo no governo, a clamar contra a corrupção. E o que é mais entristecedor, algumas delas por puro farisaísmo, como ainda agora, em clamoroso caso que afeta o Senado e sabe Deus que outros ramos do poder. O perigo, não obstante, é que se crie uma expectativa de que um líder autoritário ou um partido salvador seja o antídoto para coibir a disseminação de tais práticas. Em outros países, já vimos líderes supostamente moralizadores se engolfarem no que diziam combater, e a experiência com partidos "puritanos", mesmo entre nós, tem mostrado que nem eles escapam, aqui ou ali, das tentações de manter o poder ao preço por ele cobrado. Quando este passa a ter a conivência do setor gris da sociedade, lá se vão abaixo as belas palavras, deixando um rastro de desânimo e revolta nos que neles acreditaram.

A experiência histórica mostra, contudo, que há caminhos de recuperação da moral pública. Na década de 1920, nos Estados Unidos, havia práticas dessa natureza em abundância. O controle político exercido por bandos corruptos aboletados nas câmaras municipais, como em Nova York, onde o Tammany Hall deixou fama, é arquiconhecido. As ligações entre o proibicionismo do álcool e o poder político, da mesma forma. Pouco a pouco, sem nunca, por certo, eliminar a corrupção completamente, o caráter sistêmico desse tipo de procedimento foi sendo desmantelado. À custa de quê?

Pregação, justiça e castigo. Hoje, bem ou mal, os "graúdos", ao menos alguns deles, também vão para a cadeia. Ainda recentemente, em outro país, a Espanha, depois de rumoroso escândalo, alto personagem político foi condenado e está atrás das grades. Não há outro meio de restabelecer a reputação da gestão pública senão a exemplaridade dos líderes maiores, condenando os desvios e não participando deles, o aperfeiçoamento dos sistemas de controle do gasto público e a ação enérgica da justiça.

A despeito do desânimo causado pela multiplicação de práticas corruptas e pela impunidade vigente, há sinais alvissareiros. É inegável que os sistemas de controle, tanto os tribunais de contas quanto as auditorias governamentais e as promotorias, estão mais alerta, e a mídia tem clamado contra o mau uso do dinheiro e do patrimônio públicos. A ação do Conselho Nacional de Justiça (CNJ) e as decisões do Supremo Tribunal Federal (STF) sobre a validade da Lei da Ficha Limpa mostram que o clamor começa a despertar reações. Mas é preciso mais. Necessitamos de uma reforma do sistema de decisões judiciais, na linha do que foi proposto pelo ministro Peluso, para acelerar a conclusão dos processos e dificultar que bons advogados posterguem a consumação da justiça. Só quando se puserem na cadeia os poderosos que tenham sido condenados por crimes de colarinho-branco, o temor, não da vergonha, mas do cárcere, coibirá os abusos.

Não nos esqueçamos, porém, de que existe uma cultura de tolerância que precisa ser alterada. Não faltam conhecidos corruptos a serem brindados em festas elegantes e a terem quem os ouça como se impolutos fossem. As mudanças culturais são lentas e dependem de pregação, pedagogia e exemplaridade. Será pedir muito? E não nos esqueçamos também de que a responsabilidade não é só dos que transgridem e da pouca repressão, mas da própria sociedade — isto é, de todos nós —, por aceitar o inaceitável e reagir pouco diante dos escândalos.

59. Política e moral*

> Não é com os partidos que a política ganhará outra vez legitimidade. Se me parece um erro reduzir o sentimento das ruas a uma crise de indignação moral, também é errado não perceber que a crise institucional bate às nossas portas.

Acabo de ler o mais recente livro de Alain Touraine, *Carnets de campagne* [Cadernos de campanha], sobre a campanha de François Hollande. Sem entrar no mérito das apostas políticas do autor, é admirável a persistência com que Touraine vem estudando as agruras da sociedade contemporânea como resultado da crise da "sociedade industrial". Ele refuta análises baseadas numa sociologia dos sistemas e não, como lhe parece mais apropriado, numa sociologia dos "sujeitos históricos" e dos movimentos sociais. O livro vai direto ao ponto: não é possível conceber a política apenas como uma luta entre partidos, com programas e

---

* *O Estado de S. Paulo* e *O Globo*, 6 de maio de 2012.

interesses opostos, marcados por conflitos diretos entre as classes. A globalização e o predomínio do capital financeiro-especulativo terminaram por levar o confronto a uma pugna entre o mundo do lucro (como ele designa genericamente, com o risco de condenar toda forma de capitalismo) e o mundo da defesa dos direitos humanos e de um novo individualismo com responsabilidade social, temas que Touraine já tratara em 2010 no livro *Após a crise*, fundamentados em outra publicação, *Penser autrement*, de 2007.

A ideia-chave está resumida na parte final de *Após a crise*: ou nos abandonamos às crises, esperando a catástrofe derradeira, ou criamos um novo tipo de vida econômica e social. Neste, é preciso reviver o apelo aos direitos universais da pessoa humana à existência, à liberdade, aos pertencimentos sociais e culturais — portanto, à diversidade de identidades —, que estão sendo ameaçados pelo mundo desumano do lucro. É preciso contrapor os temas morais ao predomínio do econômico. Há uma demanda crescente de respeito por parte dos cidadãos. Estes aderem a valores não como decorrência automática da condição de patrões, empregados, ricos, pobres, de pertencimento a esta ou àquela organização, mas por motivos morais e culturais. Com essa perspectiva, Touraine responde categoricamente que não é com os partidos que a política ganhará outra vez legitimidade. As instituições estão petrificadas.

Só os movimentos sociais e de opinião, movidos por um novo humanismo expresso por lideranças respeitadas, pode despertar a confiança perdida. Só assim haverá força capaz de se opor aos interesses institucionais do capitalismo financeiro-especulador, que transformou o lucro em motor do cotidiano. Daí a importância de novos atores, de novos "sujeitos sociais", portadores de uma visão de futuro que rejeite o statu quo.

A partir daí, Touraine, sociólogo experimentado, não propõe uma prédica "moralista", mas, sim, novos rumos para a sociedade. Estes, no caso da França, não podem consistir numa volta à "social-democracia", ou seja, ao que representou na sociedade industrial o acesso aos bens públicos pelos trabalhadores; muito menos ao neoliberalismo gerador do consumismo que mantém o carrossel do lucro. Trata-se de fazer o mundo dos interesses ceder lugar ao mundo dos direitos e à luta contra os poderes que os recusam às populações. É preciso libertar o pensamento político da mera análise econômica. Os exemplos de insatisfação abundam, e não só na França. Basta ver os *indignados* espanhóis, os rebeldes da praça da Paz Celestial de Beijing ou os atores da Primavera Árabe. Falta dar-lhes objetivos políticos que, acrescento eu, criem uma nova institucionalidade, mais aberta ao individualismo responsável e à ação social direta que marcam a contemporaneidade.

Por que escrevo isso aqui e agora? Porque, mutatis mutandis, também no Brasil se sentem os efeitos dessa crise. Não tanto em seus aspectos econômicos, mas porque, havendo independência relativa entre as esferas econômicas e políticas, a temática referida por Touraine está presente entre nós. Se me parece um erro reduzir o sentimento das ruas a uma crise de indignação moral, também é errado não perceber que a crise institucional bate às nossas portas, e as respostas não podem ser "economicistas". A insatisfação social é difusa: a corrupção disseminada, as filas do SUS e seu descaso para com as pessoas, o congestionamento do trânsito, as cheias e os deslizamentos dos morros, a violência e o mundo das drogas, a morosidade da justiça, enfim, um rosário de mal-estar cotidiano que não decorre de uma carência monetária direta — embora também haja exagero quanto ao bem-estar material da população —, mas constitui a base para manifestações de insatisfação. Por outro lado, cada vez que uma instituição — dessas que, aos olhos do povo, aparecem como carcomidas — reage e fala em defesa das pessoas e dos seus direitos, o alívio é grande.

O Supremo Tribunal Federal, numa série de decisões recentes, é um bom exemplo.

No momento em que o Brasil parece mirar no espelho retrovisor das corrupções, dos abusos e das leniências das autoridades com o malfeito, há o risco de crer que tudo dá no mesmo: os partidos, as instituições, as lideranças políticas, tudo estaria comprometido. É hora, portanto, de um discurso que, sem olhar para o retrovisor e sem bater boca com "o outro lado", até porque os lados estão confundidos, surja de base moral para mobilizar a população. Quem sabe, como na França, a palavra-chave seja, outra vez, igualdade. Na medida em que, por exemplo, se vê o Tesouro engordar o caixa das grandes empresas à custa dos contribuintes via BNDES, uma palavra por mais igualdade, até mesmo tributária, pode desencadear mobilização. Para tal, é preciso politizar o que aparece como constatação tecnocrática e denunciar os abusos usando a linguagem do povo.

Está na moda falar sobre as "novas classes médias", muitas vezes com exagero. Se até agora elas vão ao embalo da ascensão social, amanhã demandarão serviços públicos melhores e poderão ser mais críticas das políticas populistas, pois são fruto de uma sociedade que é "da informação", que está conectada. Crescentemente, cada um terá de dizer se está ou não de acordo com a agenda que lhe é proposta. As camadas emergentes não são prisioneiras de um status social que regule seu comportamento. Aos líderes, cabe politizar o discurso, no melhor sentido, e com ele tocar a alma dos recém-chegados à participação social, não para conduzi-los a um partido (como no passado), mas para que "tomem partido" contra tanto horror perante os céus. Isso só ocorrerá se os dirigentes forem capazes de propor uma agenda nova, com ressonância nacional, embasada em crenças e esperança. Sem a distinção entre bem e mal, não há política verdadeira. É esse o desafio para quem queira renovação.

60. As classes médias na berlinda*

É hora de reforçar, e não de menosprezar, os valores fundamentais ditos "de classe média" — estudo, trabalho, honestidade.

Desde abril até agora, viajei bastante, saindo e voltando ao Brasil. Fui aos Emirados Árabes, ao México, ao Japão, à China e, na semana passada, a Buenos Aires. Sempre participando de seminários ou fazendo conferências. Lia, naturalmente, os jornais locais que tinham edição em inglês. Por toda parte, um assunto dominante: a crise econômica.

Em alguns países, mesmo com regimes políticos muito diferentes, como China e Brasil ou Argentina, alguma preocupação com a corrupção. Nessa mesmice, li com prazer em Buenos Aires, no *La Nación*, um artigo de Marcos Aguinis, "O orgulho da classe média", reproduzido no dia seguinte em *O Globo*.

Aguinis desacredita da visão, que predominava nos círculos

---

* *O Estado de S. Paulo* e *O Globo*, 1º de julho de 2012.

de esquerda, de que a classe média — a pequena burguesia, como era chamada — seria a Geni da história. Fascinados pelo papel revolucionário e libertador da revolução proletária e, mais tarde, pelo ímpeto das massas ascendentes, os ideólogos de esquerda — e não só eles, pois a moda pegou — não viam mais do que atraso e mesquinhez na classe média, os "desvios" pequeno-burgueses e a tibiez que lhe tiravam o ímpeto para transformar a sociedade. Provavelmente, em certas conjunturas históricas, especialmente na velha Europa, era assim que as classes médias agiam. Basta ler os romances de Balzac, como *Eugénie Grandet* ou *O pai Goriot*, para sentir que essas camadas ficavam apequenadas, mesquinhas, diante da burguesia vitoriosa ou da nobreza decadente aliada à mesma. Entretanto, terá sido essa a posição das classes médias nas Américas e nos países de imigração?

Dou a palavra a Aguinis: na Argentina, tanto no campo quanto nas cidades, as classes médias se expandiram e começaram a construir valores que deram respaldo a três culturas, "a cultura do trabalho, a cultura do esforço e a cultura da honestidade". O mesmo, acrescento, terá ocorrido na Austrália ou no Canadá e, de outra maneira, nos Estados Unidos. E no caso brasileiro, terá sido distinto? No que se iriam apoiar as classes médias urbanas — compostas de profissionais liberais, funcionários públicos, militares, professores e mais algumas poucas categorias —, esmagadas entre a escravidão e o senhorio rural, agraciadas aqui e ali com algum título não hereditário durante o Império, para manter as distinções e realizar algo na vida? Basicamente, na escola e nos valores familiares que levam ao trabalho. Tudo com muito esforço.

Com a chegada dos imigrantes, à medida que estes, motivados pelas necessidades de trabalhar, "faziam a América", também se incorporavam às classes médias trilhando os caminhos do estudo e buscando ostentar a "boa moral". No percurso dessa camada de imigrantes, vimos a formação de algo que poderia se aproximar de uma "burguesia pequena", ou pequena burguesia: sua base econômica, em maior número do que no caso das populações brasileiras mais antigas, provinha de um pequeno negócio. Ainda assim, sua inserção na sociedade e sua gradação social eram dadas pelas mesmas virtudes das antigas classes médias, a valorização do trabalho, o estudo "para subir na vida", a honestidade.

A própria base operária brasileira, a camada dos trabalhadores, usando outros instrumentos de ascensão social, como os sindicatos, e mantendo o ideal de trabalhar por conta própria, não fugiu deste padrão: escola-trabalho-decência. Obviamente, quando a sociedade se massifica, quando os meios de comunicação, TV à frente e agora a internet, dão os compassos da dança, o quadro é menos nítido. Já não vemos com clareza que valores guiam as chamadas classes médias emergentes. Mesmo que haja exagero na insistência com que se repete que milhões e milhões de brasileiros estão ingressando nas "novas classes médias", dado que por ora se trata de novas categorias de renda, mais do que propriamente de uma nova "classe social", a transformação da renda em classe é questão de tempo: esta vai sendo formada. Seus membros, pouco a pouco, irão frequentar escolas razoáveis, criar uma teia de relações com acesso aos mesmos clubes e gozar das mesmas facilidades de recreação, trajar-se mais ou menos de modo igual (o que já ocorre), desenvolver uma cultura de trabalho qualificado e, de novo, comportar-se valorizando a decência e a honestidade.

Como se comportarão essas classes emergentes na política quando se transformarem numa categoria social com características, anseios e valores próprios? É provável que se juntem, nas formas de comportamento e nos valores, às classes médias preexistentes.

Estas, no momento, se sentem um tanto desconectadas da instituição que, sem ser a única, as abrigou e lhes deu influência: o governo, o Estado. Justamente porque a política vem sendo percebida cada vez mais como um jogo de vale-tudo, em que a moral conta menos do que o resultado.

    É hora, por isso mesmo, de reforçar, e não de menosprezar, os valores fundamentais ditos "de classe média" — estudo, trabalho, honestidade. Valores culturais não se impõem por lei, são modelos de conduta aos quais se juntam sentimentos positivos. Só a exemplaridade e a repetição enaltecida deles (na escola, na família, na mídia e na vida pública) vão, aos poucos, inculcando na mentalidade geral as formas que definem o que é bom, o que é ruim. Minha aposta é a de acreditar, como crê Aguinis, que a velha e boa classe média, que já contribuiu para a formação da nação, pode ainda ter papel relevante e será capaz de contagiar, com seus valores, as camadas emergentes, pois estas a eles já são predispostas: melhoraram a renda com esforço e trabalho.

    É certo que o descaso em nossa vida pública pelos valores básicos das classes médias diminui as chances de que eles venham a prevalecer. Há oportunidades, entretanto, para reforçá-los. O julgamento do mensalão é uma delas. Seja qual for o resultado, se o Supremo Tribunal Federal se comportar institucionalmente, sem medo de condenar ou de absolver, desde que explicando o porquê e sendo transparente, pode ajudar a demarcar os limites do inaceitável. Nem só de pão vive o homem. A decência e a honestidade são partes da vida. Convém reforçar os comportamentos que se inspiram nelas.

61. Pessoas e histórias*

> *No diálogo entre pessoas de uma mesma geração, um entende a linguagem do outro. Será que esse tipo de diálogo faz sentido para as novas gerações — ou, para elas, nós seremos "os outros"?*

Após os dias tórridos da passagem do ano, São Paulo se tornou mais amena. As férias escolares, o trânsito menos atormentado, os cinemas mais vazios e a temperatura agradável convidavam ao lazer. Assisti a um filme admirável, *Amor*, no qual dois atores, Emmanuelle Riva e Jean-Louis Trintignant, dirigidos por Michael Haneke, desenvolvem a trama do relacionamento de um casal de velhos músicos que leva uma vida confortável para os padrões europeus, embora sem serviços domésticos e isolado dos familiares. Além do mais, contratempos na velhice podem ser sofridos. O derrame da senhora não abala a ternura do marido. Mas o cotidiano é duro: ela tem de ir ao banheiro carregada, o

---

* *O Estado de S. Paulo* e *O Globo*, 3 de fevereiro de 2013.

marido tem de lhe dar de comer na boca etc. Diante da piora da saúde da mãe, a filha tem dificuldades para entender e lidar com a situação, denotando mais angústia do que afeição e, quiçá, alguma preocupação material com o que possa sobrar. O genro é insuportável, e os netos nem aparecem. Resultado: os dois velhos vão se consumindo num mundo que é só deles, entre boas recordações e desespero, até um derradeiro gesto de amor.

São assim as relações humanas. Ambíguas, cambiantes, cheias de paixão e ódio. Mas, em cada geração, mesmo na tensão e na discórdia, um entende a linguagem do outro. A vivência das mesmas situações cria referências culturais que acolchoam a razão. Foi sob o impacto emocional de *Amor* que participei de um jantar com o casal Grécia e Roberto Schwarz, amigos de mais de cinquenta anos. De tempos em tempos nos vemos, mantendo a amizade, ainda que no campo político estejamos apartados.

Por coincidência, no dia aprazado para o jantar, José Serra (outro amigo com quem convivo há mais de cinco décadas) marcara um encontro em minha casa. Minhas conversas com Serra são longas, de horas a fio. E raramente terminam no mesmo dia, posto que ele é notívago. Serra chegou indisposto. Imaginei que a conversa seria amarrada. Mas logo, com franqueza suficiente para cada um saber o que o outro pensa, fluiu bem. De repente, olhei o relógio e adverti: daqui a pouco chegará o Roberto. Serra permaneceu.

No jantar, num restaurante, começamos a conversa lembrando um amigo comum, Albert Hirschman. O grande intelectual recentemente falecido teve influência enorme sobre todos nós, como pessoa e como intelectual, o que tornava amena a conversa. Era uma espécie de renascentista contemporâneo, *bricoleur* de palavras e ideias, que não apreciava as "grandes teorias", mas que, com suas miniaturas, lançava luz sobre a história e a natureza dos conflitos sociais e humanos.

Passado o momento de convergências, Roberto me perguntou: "Quando vocês (em tese) eram socialistas, o que queriam e no que acreditavam?". Respondi: "Nosso objetivo era maior igualdade, o meio para isso seria eliminar a apropriação privada dos meios de produção, tudo o mais era secundário, mesmo a liberdade". Pensei: existiam variações na esquerda, os trotskistas havia muito denunciavam o terror stalinista, embora alguns de seus líderes também o tivessem praticado; a "esquerda democrática", mais liberal, não era comprometida com práticas contra a liberdade.

Fiquei pensando: o que tem a ver essa discussão com os dias atuais? Quem ainda pensa em "controle coletivo" dos meios de produção? Só mesmo os nacional-desenvolvimentistas que amam o capitalismo dirigido e identificam o Estado com o coletivo, mas nem por isso são de esquerda.

Em outro momento, Roberto, mais fiel às teses clássicas da esquerda, comentou: "Você não acha que, mesmo sem referência explícita às classes sociais e suas lutas, elas existem e é necessária uma teoria que as situe em função da forma contemporânea de acumulação de capital, inclusive na China?". Respondi: "Acho, sim, mas teria de ser proposta uma nova teoria geral do capital e das relações de produção, pois a globalização alterou muita coisa".

Não parece que a oposição burguesia/proletariado tenha a vigência que teve no passado. A dissolução do conceito de classe nas "categorias de renda" chamadas classes A, B, C, D, ou nesta "nova classe média", dificilmente se sustenta teoricamente, acrescentei. Outra vez, olhando a atualidade, quem, na esquerda, no centro, na direita, ou seja, em qualquer lugar do espectro político vigente, pensa nessas questões? O governo do PT é o primeiro a se jactar da expansão das "novas classes médias" e a comemorar os êxitos do capitalismo, ficando envergonhado quando o "pibinho" parece comprometê-los.

Passando de considerações abstratas para terrenos mais concretos, Serra criticou duramente a desindustrialização em curso, os desmandos na administração pela penetração de interesses políticos e clientelísticos, enfim, a condução do PT. Ao que Roberto redarguiu como era de esperar: "Mas houve avanços sociais inegáveis". E, da minha parte, acrescentei que começaram no meu governo... "Certo", disse, "mas ganharam maior dimensão com o PT. Vejam o acesso às universidades com as cotas."

Por fim, xeque-mate: e o mensalão? Ah, mas é a "direita" que se regozija com as condenações, embora sem elas a justiça estivesse comprometida. Serra, mais incisivo: "E o PT é 'de esquerda'?". Silêncio geral. As categorias com que concordávamos nos inibiam de classificar partidos atuais na escala antiga na qual fôramos formados.

Pode parecer que o desentendimento era geral. Mas, não. Conversávamos como quem vivera uma mesma história política e cultural. Era um diálogo entre pessoas da mesma geração, apesar das discordâncias eventualmente existentes. Será que o tipo de diálogo que tivemos faz sentido para as novas gerações? Ou Fernando Gabeira tem razão: as diferenças contemporâneas são comportamentais (ser ou não evangélico, aceitar ou não o casamento gay, ser "verde" ou "jurássico" etc.)? O diálogo caloroso e, para nós, interessante, que nos levou insensivelmente a recuar no tempo, terá algum sentido para as novas gerações — ou, para elas, nós seremos "os outros"?

62. O poder em tempo de Facebook*

Para que ações de protesto ocorram, não bastam as tecnologias. É necessária uma chispa de indignação diante da injustiça para fazer com que o medo dê lugar à ousadia, à esperança.

Eu já me preparava para apelar aos brasileiros e brasileiras a fim de assinarmos um texto enérgico, exigindo ação do Conselho de Segurança na Ásia, punição exemplar para o terrorismo islâmico e até um armistício na guerra dos Poderes entre nós. Vendo e ouvindo o noticiário desta semana, entretanto, tive a impressão (ou a ilusão) de que o risco da guerra atômica que a Coreia do Norte iria desencadear está afastado. O atentado em Boston foi coisa de americano naturalizado e não de terrorista da Al-Qaeda. E o choque inevitável entre o Congresso e o STF terminou em abraços. Recuei. Pude ler calmamente dois livros interessantes.

O primeiro foi o de Manuel Castells, *Redes de indignação e*

---

* *O Estado de S. Paulo* e *O Globo*, 5 de maio de 2013.

esperança. Com precisão, vivacidade e enorme quantidade de informações, Castells passa em revista o que aconteceu na Islândia, em Túnis, no Egito, na Espanha (o movimento dos *indignados*) e nos Estados Unidos, onde o movimento pela ocupação de espaços públicos (Occupy Wall Street) teve certo vulto. Por trás desses protestos, está o cidadão comum informado e conectado pelas "redes sociais" e por toda sorte de modernas tecnologias de informação. Havendo um clima psicossocial que as leve à ação e algum fator desencadeante, as pessoas podem sair do isolamento para se manifestar. Dependendo do fator desencadeante (desemprego, autocracia e imolação de alguém como forma de protesto, em certos casos, ou perda de emprego e de esperança, em outros), as pessoas se mobilizam, se juntam em grupos ou multidões e contestam o poder.

Como e por que o fazem? Para que as ações ocorram, não bastam as tecnologias. É necessária uma chispa de indignação a partir de um ato concreto de alguém (ou de alguns). Mais importante do que a origem do protesto, porém, é a forma como ele se manifesta e se propaga. A imagem é central para permitir um contágio rápido, via ferramentas como o YouTube ou o Facebook.

A chispa, entretanto, só ateia fogo e produz reações quando se junta profunda desconfiança das instituições políticas com deterioração das condições materiais de vida. A isso se soma frequentemente o sentimento de injustiça (com a desigualdade social, por exemplo, ou com a corrupção diante do descaso dos que mandam) que provoca a ira, a indignação, geralmente proveniente de uma situação de medo que dá lugar à ousadia. Passa-se, assim, do medo à esperança.

Esses protestos têm em comum a dispensa de líderes, a manifestação pela ocupação de um espaço público e a ênfase na unidade do movimento e na autonomia dos atores. Costumam ser autorreflexivos e pouco programáticos. "Portanto, são movimentos sociais com o objetivo de mudar os valores da sociedade"; podem ter consequências eleitorais, mas não pretendem "mudar o Estado nem se apoderar dele". Propõem uma nova utopia, a da autonomia das pessoas diante das instituições. Mas nem por isso, diz Castells, são opostos à democracia representativa. Apenas denunciam suas práticas tal como se dão hoje, com perda de legitimidade. A influência desses movimentos sobre a política é limitada (depende da abertura das instituições às negociações com os movimentos), mas eles expressam a "negação à legitimidade da classe política e a denúncia de sua submissão às elites financeiras".

O outro livro que li, *O fim do poder*, escrito por Moisés Naím, também trata do poder contemporâneo e das formas de sua contestação. Naím ressalta o gigantismo do poder — o *big state*, as grandes organizações econômicas internacionais etc. — e, simultaneamente, mostra que surgiram formas de micropoder capazes de minar as estruturas tradicionais de poder, as grandes organizações do Estado (Congressos, partidos, Forças Armadas). Uns vetam os outros, e, ademais, a autonomia dos indivíduos e sua constante busca por espaço enfraquecem a capacidade do poder de se efetivar.

Assim como Castells, Naím reconhece a importância dos movimentos contestatórios contemporâneos e sabe que a perda de legitimidade dos que mandam está na origem das revoltas contra as democracias representativas. Com uma diferença: Naím aposta no reencontro entre o protesto explosivo — "apolítico", no sentido de ser indiferente à reconstrução do Estado e das instituições — e a renovação dos partidos e das instituições. Não perdeu a esperança no restabelecimento de elos entre a autonomia do indivíduo e a representação política nas instituições, inclusive nos partidos.

Castells tampouco menospreza o diálogo dos movimentos sociais com os líderes e movimentos institucionais reformistas. Contudo, tem maiores esperanças na mudança dos valores da sociedade pela pressão dos movimentos do que numa mudança institucional forçada por eles. A mudança cultural se torna, para Castells, condição para as mudanças políticas, enquanto Naím, numa abordagem mais alinhada com a tradição clássica, crê na possibilidade da relegitimação das instituições políticas.

As consequências dessas análises para o nosso dia a dia são óbvias. Enquanto houver uma condição material razoável e um fluxo de informações que reflita mais o ânimo dos "grandes atores" (os Estados, os partidos, a briga institucional), será ilusório esperar que as pessoas passem da indignação (mesmo que haja tal sentimento) à esperança. Seria cegueira, porém, imaginar que a roda da história parou e que sempre nos faltará indignação. Se os ganhos sociais propiciados pela estabilização forem erodidos pela inflação (ainda estamos distantes disso), o panorama pode mudar. Isso não ocorrerá sem um gesto político de recusa do jogo habitual de enganos. Melhor do que esperar por ele, contudo, será criar condições para evitar que os erros se repitam e diminuam mais ainda a legitimidade do poder.

63. Tempos difíceis*

As manifestações de rua têm uma mistura de motivos, que vão da má qualidade do transporte público à dificuldade de acesso à educação e à saúde. Mas se a fagulha provocou fogo foi porque havia muita palha no paiol.

Tudo já foi dito, ou quase tudo, sobre os atos públicos em curso. Para quem acompanha as transformações das sociedades contemporâneas, não surpreende a forma repentina e espontânea das manifestações. Em artigo publicado nesta coluna há dois meses, resumi estudos de Manuel Castells e Moisés Naím sobre as demonstrações na Islândia, na Tunísia, no Egito, na Espanha, na Itália e nos Estados Unidos. As causas e os estopins que provocaram os protestos variaram: em uns, a crise econômico-social deu ânimo à reação das massas; em outros, o desemprego elevado e a opressão política foram os motivos subjacentes aos protestos. As

---

* *O Estado de S. Paulo* e *O Globo*, 7 de julho de 2013.

consequências também não foram idênticas. Em algumas sociedades, nas quais havia o propósito específico de derrubar governos autoritários, o movimento conseguiu contagiar a sociedade inteira, obtendo sucesso. Resolver uma crise econômico-social profunda, como nos países europeus, se mostra mais difícil. Em certas circunstâncias, é possível até mesmo alterar instituições políticas, como na Islândia. Em todos os casos mencionados, os protestos afetaram a conjuntura política e, quando não saíram vitoriosos em seus propósitos imediatos, acentuaram a falta de legitimidade do sistema de poder.

Os fatos que desencadeiam esses protestos são variáveis e não necessariamente se prendem à tradicional motivação da luta de classes. Lembremos o caso de um movimento anterior, a "revolução de maio" em Paris, que se originara do protesto estudantil "por um mundo melhor": tratava-se mais de uma reação de jovens que alcançou setores médios da sociedade, sobretudo os ligados às áreas da cultura, do entretenimento, da comunicação social e do ensino, embora viesse a apoiar depois as reivindicações sindicais. Algo do mesmo tipo se deu na luta pelas Diretas Já. Embora antecedida pelas greves operárias, ela também se desenvolveu a partir de setores médios e mesmo altos da sociedade, aparecendo como um movimento "de todos". Não há, portanto, por que estranhar ou desqualificar as mobilizações atuais por serem movidas por jovens, sobretudo das classes médias e médias altas, muito menos, só por isso, considerá-las advindas "da direita".

O mais plausível é que haja uma mistura de motivos, desde os ligados à má qualidade de vida nas cidades (transportes deficientes, insegurança, criminalidade), que afetam a maioria, até os processos que atingem especialmente os mais pobres, como dificuldade de acesso à educação e à saúde e, sobretudo, baixa qualidade de serviços públicos nos bairros onde moram e nos transportes urbanos. Na linguagem atual das ruas, é "padrão Fifa" para uns e padrão burocrático-governamental para a maioria. Portanto, desigualdade social. E, no contexto, um grito parado no ar contra a corrupção (as preferências dos manifestantes por Joaquim Barbosa não significam outra coisa). O estopim foi o custo e a deficiência dos transportes públicos, com o complemento sempre presente da reação policial acima do razoável. Mas se a fagulha provocou fogo foi porque havia muita palha no paiol.

A novidade, em comparação com o que ocorreu no passado brasileiro (nisso nosso movimento se assemelha aos dos europeus e norte-africanos), é que a mobilização se deu pela internet, pelo Twitter e pelo celular, sem intermediação de partidos ou organizações e, consequentemente, sem líderes ostensivos, sem manifestos, panfletos, tribunas ou tribunos. Correlatamente, os alvos dos protestos são difusos e não põem em causa de imediato o poder constituído, nem visam questões macroeconômicas, o que não quer dizer que esses aspectos não permeiem a irritação popular.

Complicador de natureza imediatamente política foi o modo como as autoridades federais reagiram. Um movimento que era "local" — mexendo mais com os prefeitos e governadores — passou a ser nacional a partir do momento em que a presidente chamou para si a questão e a qualificou primordialmente, no dizer de Joaquim Barbosa, como uma questão de falta de legitimidade. A tal ponto que o Planalto pensou em convocar uma Constituinte, e agora, diante da impossibilidade constitucional disso, pensa em resolver o impasse por meio de plebiscito. Impasse, portanto, que não veio das ruas.

A partir daí, o enredo virou outro: o da relação entre Congresso, Executivo e Judiciário e a disputa para ver quem encaminha a solução do impasse institucional, ou seja, quem e como se faz uma "reforma eleitoral e partidária". Assunto importante e complexo, que se apenas desviasse a atenção das ruas para os palácios do Planalto Central e não desnudasse a fragilidade destes, talvez fosse bom golpe de marketing. Mas não. Os titubeios do Executivo e as manobras no Congresso não resolvem a carestia, a baixa qualidade dos empregos criados, o encolhimento das indústrias, os gargalos na infraestrutura, as barbeiragens na Energia, e assim por diante. O foco nos aspectos políticos da crise, sem que se negue a importância deles, antes agrava do que soluciona o "mal-estar", criado pelos "malfeitos" na política econômica e na gestão do governo. O afunilamento de tudo numa crise institucional (que, embora em germe, não amadurecera na consciência das pessoas) pode aumentar a crise, em vez de superá-la.

A ver. Tudo dependerá da condução política do processo em curso e da paciência das pessoas diante de suas carências práticas, às quais o governo federal preferiu não dirigir preferencialmente a atenção. E dependerá também da evolução da conjuntura econômica. Esta revela, a cada passo, as insuficiências advindas do mau manejo da gestão pública e da falta de uma estratégia econômica condizente com os desafios de um mundo globalizado.

64. Cartas na mesa*

Nem só na África e no Oriente Médio há um desencontro entre o poder e o povo. Sociedades de massas se sentem mal representadas pelos que as comandam.

Saí do Brasil depois que as manifestações populares haviam provocado um tsunâmi na avaliação dos principais dirigentes políticos. Na Europa, o noticiário repercute a recidiva da crise egípcia, a volta da incerteza na Tunísia, a continuidade trágica da guerra civil síria, os infindáveis atentados no Paquistão e no Afeganistão, enfim, uma rotina de tragédias preanunciadas que, vistas de longe, parecem "coisas do Terceiro Mundo". Enquanto isso, a China vai encolhendo sua economia, os Estados Unidos confiam na recuperação, e a Europa se contorce em ajustes sem fim. Do Brasil, ecoam apenas os passos do Papa, por vezes tocando o solo lamacento dos ermos para onde o levam em sua pregação.

* *O Estado de S. Paulo* e *O Globo*, 4 de agosto de 2013.

De nossas aflições financeiras, os mercados externos só eventualmente tratam, mas delas sempre se esquivam, retirando suas aplicações ao primeiro sinal de alarme. Do desabamento político, poucas referências há. Embora nenhuma crise de legitimidade tenha sido o gatilho do torvelinho popular, este terminou por mostrar que existe algo parecido com ela. Se de nossa política a mídia ocidental cuidasse, talvez visse que nem só na África e no Oriente Médio há um desencontro entre o poder e o povo. Há algo que não está funcionando direito na política, mesmo nas partes mais longínquas do Ocidente, como a América do Sul. Há um elo nesse desarranjo: as sociedades urbanas de massas, agora hiperconectadas pela internet, se sentem mal representadas pelos que as comandam. Isso vale tanto para nós quanto para a Itália, a Espanha, a Grécia ou Portugal, assim como valeu para a Islândia ou pode vir a valer para outras regiões nas quais, além da crise de legitimidade política, choques culturais e religiosos acrescentem outra crise à de identidade.

Em nosso caso, como nos demais países ocidentais, o fator geral mais evidente que condiciona e possibilita o surgimento do mal-estar político deriva da grande crise financeira de 2007-8. Mas seria enganoso pensar que basta retomar o ritmo do crescimento da economia e tudo se arranja. É melhor ter cautela e reconhecer que, uma vez visto o rei nu, sua magia se desfaz ou engana menos incautos. As novas formas de sociabilidade criadas pelos meios diretos de informação e comunicação estão a requerer revisão profunda no modo de fazer política e nas instituições nas quais o poder é exercido. A desconfiança dos partidos e dos políticos é generalizada, embora não atinja o mesmo grau em todos os países e as instituições não desabem nem sejam incapazes de se aprimorar. Até agora, os efeitos construtivos da pressão popular sobre as instituições — salvo na Islândia — estão por ver-se. Mas basta que haja eleições para que os governos (de esquerda, de direita ou o que mais sejam) caiam, como cairia o nosso se as eleições fossem em breve.

A questão é complexa, e há responsáveis políticos, em maior ou menor grau. Para começar, o governo Lula zombou da crise: era uma "marolinha" e seguiu funcionando, fagueiro, como se nada precisasse ser feito para ajustar o rumo. Houve, portanto, uma avaliação errada da conjuntura. Mas também outras barbeiragens. O lulopetismo, arrogante, pôs a lanterna na popa do barco e, rumando ao passado, retomou as políticas dos tempos militares geiselianos como se avançasse intrépido para o futuro. Tome subsídios para pobres e ricos, mais para estes do que para aqueles, mais sem razão ao ajudar os ricos do que os pobres. Perceberam tarde que o cobertor era curto, faltaria dinheiro. Se há problemas, tome maquiagem: o Tesouro se endivida, empresta dinheiro no mercado, repassa-o ao BNDES, que fornece os mesmos recursos aos empresários amigos do rei. Toma-se dinheiro a, digamos, 10%, e se concede a 5%. Quem paga a farra: eu, você, os contribuintes todos e os consumidores, porque algo dessa mágica desemboca em inflação.

A maquiagem fiscal já não engana: mesmo o governo dizendo que sua dívida líquida não aumenta, os que sabem ler balanços veem que a dívida bruta aumenta e os que investem ou emprestam, nacionais ou estrangeiros, aprenderam muito bem a ler as contas. Deixam de acreditar no governo. Mais ainda quando observam suas ginásticas para fingir que é austero e mantém o superávit primário.

Não é só. Em vez de preparar o Brasil para um futuro mais eficaz e decente, com regras claras e competitivas que incentivassem a produtividade, o "modelo" retrocedeu ao clientelismo, ao protecionismo governamental e à ingerência crescente do poder político na vida das pessoas e das empresas. E não apenas graças a características pessoais da presidente: a visão petista descrê da sociedade civil, a atrela ao governo e ao partido, e transforma o Estado na mola exclusiva da economia. Pior e inevitável, a corrupção, independentemente dos desejos de quem esteja no ápice, vem junto. Tal sistema não é novo, foi coroado lá atrás, ainda no primeiro mandato de Lula, quando se armou o mensalão. Também neste caso há responsáveis políticos, e nem todos estão na lista dos condenados pelo Supremo.

Com ou sem consciência de seus erros, o petismo é responsável por muito do que aí está. Não por acaso seu líder supremo, depois de longo silêncio, ao falar foi claro: se identificou com as instituições que as ruas criticam e, como Macunaíma, aconselhou a presidente a fazer oposição a si mesma, como se governo não fosse...

Se as oposições pretenderem sobreviver ao cataclismo, a hora é agora. O Brasil quer e precisa mudar. Chegou o momento de as vozes oposicionistas se comprometerem com um novo estilo de política e de assim procederem. Escutando e interpretando o significado do protesto popular. Sendo diretas e sinceras. Basta de corrupção e de falsas manias de grandeza.

Enfrentemos o essencial da vida cotidiana, dos transportes à saúde, à educação e à segurança, não para prometer o milagre da solução imediata, mas a transparência das contas, das dificuldades e dos propósitos. E não nos enganemos mais: ou nos capacitamos para participar e concorrer num mundo global áspero e em crise, ou estaremos condenados à irrelevância.

65. Sem complacência*

Às manifestações de junho, têm se seguido cenas de violência. Se nas democracias não houver autoridade legítima que coíba os abusos, prepara-se o terreno para aventuras demagógicas de tipo autoritário.

As notícias da semana que terminou não foram auspiciosas, nem no plano internacional, nem no local. Uma decisão da Corte Suprema da Argentina, sob forte pressão do governo, sancionou uma lei que regula a concessão de meios de comunicação. Em tese, nada de extraordinário haveria em fazê-lo. No caso, entretanto, trata-se de medida tomada especificamente contra o grupo que controla o jornal *El Clarín*, ferrenho adversário do kirchnerismo. Cerceou um grupo de comunicação opositor ao governo, com o pretexto de assegurar pluralidade nas normas de conces-

* *O Estado de S. Paulo* e *O Globo*, 3 de novembro de 2013.

são. Há, contudo, tratamento privilegiado para o Estado e para as empresas amigas do governo.

Da Venezuela, vem-nos uma patuscada incrível: as cidades do país apareceram cobertas de cartazes contra a "trilogia do mal", ou seja, os principais líderes opositores, aos quais se debitam as falências do governo! Seria por causa deles que há desabastecimento, falta de energia e crise de divisas, além da inflação. Tudo para incitar ódio popular aos adversários políticos do governo, apresentando-os como inimigos do povo.

O lamentável é que os governos democráticos da região assistem a tudo isso como se fosse normal e como se as eleições majoritárias, ainda que com acusações de fraudes, fossem suficientes para dar o passaporte democrático a regimes que são coveiros das liberdades.

No Brasil, também há sinais preocupantes. Às manifestações espontâneas de junho, têm se seguido demonstrações de violência, desconectadas dos anseios populares, que paralisam a vida de milhões de pessoas nas grandes cidades. A elas, somam-se, às vezes, atos violentos da própria polícia. Com isso, deixa-se de ressaltar que nem toda ação coercitiva da polícia extrapola as regras da democracia. Pelo contrário, se nas democracias não houver autoridade legítima que coíba os abusos, estes minam a crença do povo na eficácia do regime e preparam o terreno para aventuras demagógicas de tipo autoritário.

Temos assistido ao encolhimento do Estado diante da fúria de vândalos, aos quais aderem agora facções do crime organizado. Por isso, é de lamentar que o secretário-geral da Presidência se lamurie pedindo mais "diálogo" com os Black Blocs, como se eles ecoassem as reivindicações populares. Não: eles expressam explosões de violência anárquica desconectada de valores democráticos, uma espécie de magma de direita, ao estilo dos movimentos que existiram no passado no Japão e na Alemanha pós-nazista.

Esses atos vandálicos dão vazão, de modo irracional, ao mal-estar que se encontra disseminado, principalmente nas grandes cidades, como produto da insensatez da ocupação do espaço urbano com pouca ou nenhuma infraestrutura e baixa qualidade de vida para uma aglomeração de pessoas em rápido crescimento. O acesso caótico aos transportes, o abastecimento de água deficiente e a rede de serviços (educação, saúde e segurança) insuficiente não atendem às crescentes demandas da população. Sem mencionar que a corrupção escancarada irrita o povo. Não é de estranhar que, conectados aos meios de comunicação, que tudo informam, os cidadãos queiram dispor de serviços de países avançados ou de "padrão Fifa", como dizem. Sendo assim, mesmo que a situação de emprego e salário não seja ruim, a qualidade de vida é insatisfatória. Quando, ainda por cima, a propaganda do governo apresenta um mundo de conto da carochinha e o cotidiano é outro, muito mais pesado, explicam-se as manifestações, mas não se justificam os vandalismos.

Menos ainda quando o crime organizado se aproveita desse clima para esparramar terror e coagir as autoridades a não fazer o que deve ser feito. Estas precisam assumir suas responsabilidades e atuar construtivamente. É necessário dialogar com as manifestações espontâneas, conectadas pela internet, e dar respostas às questões de fundo que dão motivos aos protestos. A percepção de onde o calo aperta pode sair do diálogo, mas as soluções dependem da seriedade, da competência técnica, do apoio político e da visão dos agentes públicos.

Os governos petistas puseram em marcha uma estratégia de alto rendimento econômico e político imediato, mas com pernas curtas e efeitos colaterais negativos a prazo mais longo. O futuro chegou, na esteira da falta de investimento em infraestrutura, do estímulo à compra de carros, do incentivo ao consumo de gasolina, em detrimento do etanol, e do gasto das famílias via crédito fácil, empurrado pela Caixa Econômica Federal. Os reflexos aparecem nas grandes cidades pelo país afora: congestionamentos, transporte público deficiente, aumento do nível de poluição atmosférica etc.

De repente, caiu a ficha do governo: tudo pela infraestrutura, na base da improvisação e da irresponsabilidade fiscal. Primeiro o governo federal subtraiu receitas de estados e municípios para cobrir de incentivos a produção e a compra de carros. Depois, em vista do "caos urbano" e da proximidade das eleições, afagou governadores e prefeitos permitindo-lhes a contratação de novos empréstimos, sobretudo para gastos em infraestrutura. A mão que os afaga é a mesma que apedreja a Lei de Responsabilidade Fiscal, ferida gravemente pela destruição de uma de suas cláusulas pétreas: a vedação ao refinanciamento de dívidas dentro do setor público. Mais uma medida, esta especialmente funesta, que alegra o presente e compromete o futuro.

Não haverá solução isolada e pontual para os problemas que o país atravessa, e as grandes cidades sentem mais do que quaisquer outras. Os problemas estão interconectados, assim como as manifestações e demandas. Não basta melhor infraestrutura se o crime organizado continua a operar, nem mais hospitais e escolas sem incremento à qualidade da saúde e da educação. As soluções terão de ser iluminadas por uma visão nova do que queremos para o Brasil. Precisamos propor um futuro não apenas materialmente mais rico, mas mais decente e de melhor qualidade humana. Quem sabe, assim, possamos devolver aos jovens e a todos nós causas dignas de serem aceitas, que sirvam como antídoto aos impulsos vândalos e à complacência com eles.

66. A que ponto chegamos!*

Se queremos sair do lodaçal que afoga a política, vamos esperar que uma crise maior destrua a crença em tudo e a mudança seja feita pela vontade férrea de algum salvador da pátria?

Eu, como boa parte dos leitores de jornal, não aguento mais ler as notícias que entremeiam política com corrupção. É um sem-fim de escândalos. Algumas vezes, mesmo sem que haja indícios firmes, os nomes dos políticos aparecem enlameados. Pior, de tantos casos com provas veementes de envolvimento em "malfeitos", basta citar alguém para que o leitor se convença de imediato de sua culpabilidade. A sociedade já não tem mais dúvidas: se há fumaça, há fogo.

Não escrevo isso para negar responsabilidade de alguém especificamente, muito menos para amenizar eventual culpa dos que se envolveram em escândalos, tampouco para desacreditar

---

* *O Estado de S. Paulo* e *O Globo*, 4 de maio de 2014.

de antemão as denúncias. Os escândalos jorram em abundância, não dá para tapar o sol com peneira. O da Petrobras é o mais simbólico, dado o apreço que todos temos pelo que a companhia fez para o Brasil. Escrevo porque os escândalos que vêm aparecendo numa onda crescente são sintomas de algo mais grave: é o próprio sistema político atual que está em causa, notadamente suas práticas eleitorais e partidárias. Nenhum governo pode funcionar na normalidade quando atado a um sistema político que permitiu a criação de mais de trinta partidos, dos quais vinte e poucos com assento no Congresso. A criação pelo governo atual de 39 ministérios para atender às demandas dos partidos é prova disso e, ao mesmo tempo, garantia de insucesso administrativo e conivência com práticas de corrupção, apesar da resistência a essas práticas por alguns membros do governo.

Não quero atirar a primeira pedra, mesmo porque muitas já foram lançadas. Não é de hoje que as coisas funcionam dessa maneira. Mas a contaminação da vida político-administrativa foi se agravando até chegarmos ao ponto a que chegamos. Se no passado o nosso sistema de governo foi chamado de "presidencialismo de coalizão", agora ele é apenas um "presidencialismo de cooptação". Nunca entendi o motivo pelo qual o governo Lula fez questão de formar uma maioria tão grande, pagando o preço do mensalão. Ou melhor, posso entendê-lo: é porque o PT tem vocação de hegemonia. Não vê a política como um jogo de diversidade no qual as maiorias se compõem para fins específicos, mas sem a pretensão de absorver a vida política nacional sob um comando centralizado.

Meu próprio governo precisou formar maiorias. Mas havia um objetivo político claro: precisávamos de três quintos da Câmara e do Senado para aprovar reformas constitucionais necessárias à modernização do país. Ora, os governos que me sucederam não reformaram nada nem precisaram de tal maioria para aprovar emendas constitucionais. Deixaram-se levar pela dinâmica dos interesses partidários. Não só do partido hegemônico no governo, o PT, ou dos maiores, como o PMDB, mas de qualquer agregação de vinte, trinta ou quarenta parlamentares, às vezes menos, que, para participarem da "base de apoio", se organizam numa sigla e pleiteiam participação no governo: um ministério, se possível; ou uma diretoria de empresa estatal, ou uma repartição pública importante. Daí serem necessários 39 ministérios para dar cabida a tantos aderentes. No México do PRI, diziam que, fora do orçamento, não havia salvação...

A raiz desse sistema se encontra nas regras eleitorais que levam os partidos a apresentarem uma lista enorme de candidatos em cada estado para, nelas, o eleitor escolher seu preferido, sem saber bem quem são ou que significado político-partidário têm. Logo depois, ele já nem lembra em quem votou. A isso, acrescenta-se a liberalidade de nossa Constituição, que assegura ampla liberdade para a formação de partidos. Por isso, não é possível obter melhorias nessas regras por intermédio da legislação ordinária. Algumas dessas melhorias foram aprovadas pelos parlamentares. Por exemplo, a exigência de uma proporção mínima de votos em certo número de estados para a autorização do funcionamento dos partidos no Congresso. Ou a proibição de coligações nas eleições proporcionais, por meio das quais se elegem deputados de um partido coligado aproveitando a sobra de votos de outro partido. Ambas foram recusadas por inconstitucionais pelo Supremo Tribunal Federal.

Com o número absurdo de partidos (a maior parte deles meras siglas sem programa, organização ou militância), forma-se, a cada eleição, uma colcha de retalhos no Congresso, em que mesmo os maiores partidos não têm mais do que um pedaço pequeno da representação total. Até a segunda eleição de Lula, os presidentes se elegiam apoiados numa coalizão de partidos e logo tinham de ampliá-la para ter a maioria no Congresso. De lá para cá, a coalizão eleitoral passou a assegurar maioria parlamentar. Mas, por vocação do PT à hegemonia, o sistema degenerou naquilo que mencionei como "presidencialismo de cooptação". E deu no que deu: um festival de incoerências políticas e portas abertas à cumplicidade diante da corrupção.

Mudar o sistema atual é uma responsabilidade coletiva. Repito o que disse, em outra oportunidade, a todos os que exerceram ou exercem a Presidência: por que não assumimos nossas responsabilidades, por mais diversa que tenha sido a nossa parcela individual no processo que nos levou a tal situação, e nos propomos a fazer conjuntamente o que os nossos partidos, por suas impossibilidades e por seus interesses, não querem fazer: mudar o sistema? Sei que se trata de um grito um tanto ingênuo, pedir grandeza. A visão de curto prazo encolhe o horizonte para o hoje e deixa o amanhã distante. Ainda assim, sem um pouco de quixotismo, nada muda.

Se, de fato, queremos sair do lodaçal que afoga a política e conservar a democracia que tanto custou ao povo conquistar, vamos esperar que uma crise maior destrua a crença em tudo e a mudança seja feita não pelo consenso democrático, mas pela vontade férrea de algum salvador da pátria?

67. Vitória amarga[*]

Sem contas públicas em ordem, não existe direita nem esquerda, mas o caos. Economia é política: convicção, mensagem e desempenho.

Raras vezes houve vitória eleitoral tão pouco festejada. Nem mesmo o partido da candidata vencedora, tonitruante e dado a autocelebrações, vibrou o suficiente para despertar o país da letargia. Os mais espertos talvez tenham percebido que seus quadros minguaram, com graves perdas de entusiasmo e adesão na juventude e certo rancor em setores do empresariado mais moderno.

A reeleita possivelmente saboreie o êxito com certo amargor. É indiscutível a legalidade da vitória, mas discutível sua legitimidade. O que foi dito durante a campanha eleitoral não se compaginava com a realidade. Só mesmo seu ministro da Fazenda, que coabita com o novo ministro designado, pôde dizer, de cara lava-

---

[*] *O Estado de S. Paulo* e *O Globo*, 7 de dezembro de 2014.

da, que a economia saíra da estagnação e os males que a assolam vêm da crise mundial.

Recentemente, fazendo coro a essa euforia de encomenda, diante de dados que mostram um "crescimento" de 0,1% do PIB no trimestre passado, houve a repetição da bobagem: finalmente a economia teria saído da "recessão técnica", de dois ou mais trimestres seguidos. Palavras, palavras, palavras, que não enganam sequer os que as estão pronunciando.

Na formação do novo gabinete, a presidente começou a atuar (escrevo antes que a tarefa esteja completa) no sentido de desdizer o que pregara na campanha.

Buscou um tripé "de direita" para o comando da economia. Na verdade, o adjetivo é despiciendo: a calamidade das contas públicas a levou a escolher quem imagina ser capaz de repô-las em ordem, pois sem isso não existe direita nem esquerda, mas o caos. Menos justificável, senão pela angústia dos apoios perdidos, é a composição anunciada do resto do ministério, de cunho mais conservador/clientelístico. Esperemos.

A presidente, com essa reviravolta, deve sentir certa constrangedora falta de legitimidade. Foi a partir da ação dela na Casa Civil que se implantou a "nova matriz econômica": mais gastança governamental e mais crédito público, à custa do Tesouro. Foi isso que não deu certo e serviu de alavanca para outros equívocos que levaram o governo do PT a perder a confiança de metade do país. Sem falar da quebra moral.

Metade, sim, mas que metade? É só ver os dados eleitorais com maior minúcia, município por município: a oposição ganhou, em geral, nas áreas mais dinâmicas do país, inclusive nas capitais onde a sociedade civil é mais ativa e há maior escolaridade, capacidade empreendedora mais autônoma e menos amarras aos governos. O lulopetismo, nascido no coração da classe trabalhadora do ABC, recuou para as áreas do país onde a ação do governo supre a ausência de uma sociedade civil ativa e de setores produtivos mais independentes de decisões governamentais.

É falaciosa a afirmação de que houve vitória da oposição em áreas geográficas tomadas isoladamente: Sudeste rico em contraposição ao Nordeste pobre, idem quanto ao Sul ou ao Centro-Oeste em relação ao Norte. Ou de ricos contra pobres, à moda lulista. Por certo, como há maior concentração da pobreza nas áreas mais dependentes do assistencialismo governamental, houve, de fato, uma distinção na qual as faixas de renda pesam. Mas os 7 milhões de dianteira que Aécio levou sobre Dilma em São Paulo terão sido "dos ricos"? Absurdo. Nas áreas menos dependentes do governo, ricos e pobres tenderam a votar contra o lulopetismo, e nas demais, a favor de Dilma, ou melhor, do governo. A votação na oposição no Acre, em Rondônia, em Roraima ou nas capitais do Norte e do Nordeste se explica melhor pelo dinamismo do agronegócio e pelos serviços que ele gera e, no caso das capitais, pela maior autonomia de decisão das pessoas.

Esse é o xis da questão. Eleito com apoio dos mais dependentes (não só dos mais pobres, mas também dos dependentes da "máquina pública" e das empresas a ela associadas), o "novo" governo precisa fazer uma política econômica que atenda aos setores mais dinâmicos do país. Vem daí certa tristeza na vitória: a tarefa a ser cumprida seria mais bem realizada com a esperança, o ânimo e o compromisso de campanha dos que não venceram. Cabe agora aos vitoriosos vestir a camisa de seus opositores (como Lula já fez em 2003), continuar nos maldizendo e fazendo, mal, o que nós faríamos de corpo e alma, portanto, melhor. Atenção: a economia não é tudo. Menos ainda um ajuste fiscal. O êxito de uma política econômica depende, é óbvio, da política. Economia é política. Política exige convicção, capacidade de se comunicar, mensagem e desempenho. No Plano Real, coube a mim ser o arauto, falar com a sociedade, ir ao Congresso, convencer o próprio governo. O presidente Itamar Franco teve a sabedoria de indicar, para me suceder, o embaixador Ricupero, que fez o mesmo papel. E agora, quem desempenhará a função de governar numa democracia, isto é, obter o apoio, o consentimento, a adesão dos demais atores políticos? Do Congresso, das empresas, dos sindicatos, das Igrejas, da mídia, numa palavra, da sociedade.

A presidente Dilma, mulher sincera, ciosa de suas opiniões, será capaz de se transmutar em andorinha da mensagem execrada por ela e sua grei? A nova equipe econômica terá esse perfil ou se isolará no tecnicismo? O "petrolão" será uma ventania ou um tufão a derrubar as muralhas do governo e da "base aliada"? E a oposição, irá se opor de verdade ou embarcará no tecnicismo e na boa vontade à espera de que o "mercado", sobretudo o financeiro, se acalme e tudo volte à moda antiga? O mesmo cabe dizer de cada setor da sociedade.

É mais fácil rearranjar a economia do que acertar a política. Que fazer com essa quantidade de partidos e ministérios, interligados mais por interesses, muitos dos quais escusos? Sem liderança, nada a fazer. Com miopia eleitoreira, menos ainda. Tomara que não sejam os juízes os únicos a purgar nossos males, como ocorreu na Itália, até porque, no exemplo citado, o resultado posterior, a eleição de um demagogo como Berlusconi, não foi promissor.

68. Chegou a hora*

> *Temo havermos perdido o rumo da história e o fato de a liderança nacional não perceber que a crise que se avizinha não é corriqueira: a desconfiança não é só da economia, é do sistema político como um todo.*

Quando eventualmente este artigo vier a ser lido, a Câmara dos Deputados estará escolhendo seu novo presidente. Ganhe ou perca o governo, as fraturas na base aliada estarão expostas. Da mesma maneira, o esguicho da operação Lava Jato respingará não só nos empresários e ex-dirigentes da Petrobras nomeados pelos governos do PT, mas nos eventuais beneficiários da corrupção que controlam o poder. A falta de água e seus desdobramentos energéticos continuarão a ocupar as manchetes. Não é preciso saber muito de economia para entender que a dívida interna (3 trilhões de reais!), os desequilíbrios dos balanços da Petrobras

---

* *O Estado de S. Paulo* e *O Globo*, 1º de fevereiro de 2015.

e das empresas elétricas, a diminuição da arrecadação federal, o início de desemprego, especialmente nas manufaturas, o aumento das taxas de juros, as tarifas subindo, as metas de inflação sendo ultrapassadas, dão base a prognósticos negativos do crescimento da economia.

Tudo isso é preocupante, mas não é o que mais me preocupa. Temo, especialmente, duas coisas: havermos perdido o rumo da história e o fato de a liderança nacional não perceber que a crise que se avizinha não é corriqueira: a desconfiança não é só da economia, é do sistema político como um todo. Quando esses processos ocorrem, não vão para as manchetes de jornal. Ao entrar na madeira, o cupim é invisível; quando percebido, a madeira já apodreceu.

Por que temo havermos perdido o rumo? Porque a elite governante não se apercebeu das consequências das mudanças na ordem global. Continua a viver no período anterior, no qual a política de substituição das importações era vital para a industrialização. Exageraram, por exemplo, ao forçar o "conteúdo nacional" na indústria petrolífera, excederam-se na fabricação de "campeões nacionais" à custa do Tesouro. Os resultados estão à vista: quebra de empresas beneficiárias do BNDES, planejamento em locais inadequados de refinarias "Premium" que acabam jogadas na vala dos projetos inconclusos. Pior, quando executados, têm o custo e a corrupção multiplicados. Projetos decididos graças à "vontade política" do mandão no passado recente.

Pela mesma cegueira, para forçarem a Petrobras a se apropriar do pré-sal, mudaram a Lei do Petróleo que dava condições à estatal de concorrer no mercado, a endividaram e a distanciaram da competição. Medida que isentava a empresa da concorrência nas compras, transformou-se em mera proteção para decisões arbitrárias que facilitaram desvios de dinheiro público.

Mais sério ainda no longo prazo: o governo não se deu conta

de que os Estados Unidos estavam mudando sua política energética, apostando no gás de xisto com novas tecnologias, buscando autonomia e barateando o custo do petróleo. O governo petista apostou no petróleo de alta profundidade, que é caro, descontinuou o etanol pela política suicida de controle dos preços da gasolina que o tornou pouco competitivo e, ainda por cima (desta vez graças à ação direta de outra mandona), reduziu a tarifa de energia elétrica em momento de expansão do consumo, além de ter tomado medidas fiscais que jogaram no vermelho as hidrelétricas.

Agora todos lamentam a crise energética, a falta de competitividade da indústria manufatureira e a alta dos juros, consequência inevitável do desmando das contas públicas e do descaso com as metas de inflação. Os donos do poder se esqueceram de que havia alternativas, que sem renovação tecnológica os setores produtivos isolados não sobrevivem na globalização e que, se há desmandos e corrupção praticados por empresas, eles não decorrem de erros do funcionalismo da Petrobras, nem exclusivamente da ganância de empresários, mas de políticas que são de sua responsabilidade, até porque foi o governo que nomeou os diretores ora acusados de corrupção, assim como foram os partidos ligados a ele os beneficiados.

Preocupo-me com as dificuldades que o povo enfrentará e com a perda de oportunidades históricas. Se mantido o rumo atual, o Brasil perderá um momento histórico, e as gerações futuras pagarão o preço dos erros dos que hoje comandam o país.

Nada será consertado sem uma profunda revisão do sistema político e, mais especificamente, do sistema partidário e eleitoral. Com uma base fragmentada e alimentando os que o sustentam com partes do orçamento, o governo atual não tem condições para liderar tal mudança. E ninguém em sã consciência acredita no sistema prevalecente. Daí minha insistência: ou há uma regeneração "por dentro", governo e partidos reagem e alteram o que sabemos que deve ser alterado nas leis eleitorais e partidárias, ou a mudança virá "de fora". No passado, seriam golpes militares. Não é o caso, não é desejável nem se veem sinais.

Resta, portanto, a justiça. Que ela leve adiante a purga; que não se ponham obstáculos insuperáveis ao juiz, aos procuradores, delegados ou à mídia. Que tenham a ousadia de chegar aos mais altos hierarcas, desde que efetivamente culpados. Que o STF não deslustre sua tradição recente. E, em especial, que os políticos, dos governistas aos oposicionistas, não lavem as mãos. Não deixemos a justiça só. Somos todos responsáveis perante o Brasil, ainda que desigualmente. Que cada setor político cumpra sua parte, e, em conjunto, mudemos as regras do jogo partidário eleitoral. Sob pena de sermos engolfados por uma crise, que se mostrará maior do que nós.

69. A miséria da política*

Nós, que estamos longe de sofrer as restrições econômicas que maltratam o povo cubano ou os arbítrios de poder que machucam os venezuelanos, nos afogamos em copo d'água. Por que isso, diante de uma situação infinitamente menos complexa?

Otimista por temperamento, com os necessários freios que o realismo impõe, raramente me deixo abater pelo desalento. Confesso que hoje, no entanto, quase desanimei: que dizer, que recado dar diante (valham-me os clássicos) de tanto horror perante os céus?

Na procura de alento, pensei em escrever sobre situações de outros países. Passei o carnaval em Cuba, país que visitava pela terceira vez. A primeira fora na década de 1980, senador à época — como jurado num Prêmio Casa de las Américas. Voltei à ilha como presidente da República. Vi menos do povo e dos costumes

---

* *O Estado de S. Paulo* e *O Globo*, 1º de março de 2015.

do que na vez anterior: o circuito oficial é bom para conhecer outras realidades, não as da sociedade. Agora visitei Cuba como cidadão comum, sem seguranças nem salamaleques oficiais. Fui para descansar e para admirar Havana, antes que o novo momento econômico de relações com os Estado Unidos a modifique muito. Não fui, portanto, para avaliar a situação política (o que nem seria possível em sete dias) ou para me espantar com o já sabido, de bom e de mau, que lá existe. Não caberia, portanto, regressar e fazer críticas ao que não olhei com maior profundidade. Os únicos contatos mais formais que tive foram com Roberto Retamar (poeta e diretor da referida Casa de las Américas), com o jornalista Ciro Bianchi e com o conhecido romancista Leonardo Padura. Seu *O homem que amava os cachorros* — sobre a perseguição a Trótski em seu exílio da União Soviética — é uma admirável novela histórica. Rigorosa nos detalhes, aguda nas críticas, pode ser lida como um livro policial, especialidade do autor, que, no caso, reconstitui as desventuras do líder revolucionário e o monstruoso assassinato feito a mando de Stálin.

Jantei com os três cubanos e suas companheiras. Por que ressalto o fato, de resto trivial? Porque, embora ocupando posições distintas no espectro político da ilha, mantiveram uma conversa cordial sobre os temas políticos e sociais que iam surgindo. A diversidade de posições políticas não tornava o diálogo impossível. Eles próprios não se classificavam, suponho, em termos de "nós" e "eles", os bons e os maus. Por outro lado, ainda que o cotidiano dos cubanos seja de restrições econômicas que limitam as possibilidades de bem-estar, em todos os populares com quem conversei senti esperanças de que, no futuro, estarão melhor: o fim eventual do embargo, o fluxo de turistas, a liberdade maior de ir e vir, as remessas aumentadas de dinheiro dos cubanos da diáspora, tudo isso criou um horizonte mais desanuviado.

É certo que não senti o mesmo ânimo em todos os contatos

mais recentes que tive com pessoas de nossa região. Antes de viajar, recebi ligação telefônica da mãe de Leopoldo López, oposicionista venezuelano que cumpriu um ano de cadeia no dia 18 de fevereiro. Ponderada e firme, a senhora me pediu que nós, brasileiros, façamos algo para evitar a continuidade do arbítrio. Ainda mantém esperanças de que, para além dos protestos no Congresso e na mídia, alguém do governo entenda o nosso papel histórico e grite pela liberdade e pela democracia.

Na semana passada, foi a vez de Henrique Capriles me telefonar para pedir solidariedade diante de novos atos de arbítrio e truculência em seu país: o prefeito Antonio Ledezma, eleito para o governo do Distrito Metropolitano de Caracas pelo voto popular, havia sido preso dias antes em pleno exercício de suas funções. Não bastasse, houve, em seguida, a invasão de vários diretórios de um partido oposicionista. Cabe notar, como me disse Capriles, que Ledezma não é um político exaltado, que faz propostas tresloucadas: só deseja, como muitos, manter viva a chama democrática e mudar, pela pressão popular e não pelas armas, o nefasto governo de Nicolás Maduro. Esperamos todos que o desrespeito aos direitos humanos provoque reações de repúdio ao que acontece na Venezuela.

Até mesmo os colombianos, depois de meio século de luta armada, vão construindo veredas para a pacificação. As Farc e o governo, lenta, penosa, mas esperançadamente, vêm há meses abrindo frestas por onde possa passar um futuro melhor. Amanhã, segunda-feira, 2 de março, o presidente Juan Manuel Santos e outras personalidades, entre as quais Felipe González, estarão reunidos em Madri num encontro promovido por *El País* (ao qual não comparecerei por motivos de força maior) para reafirmar a fé na paz colombiana.

Enquanto isso, nós, que estamos longe de sofrer as restrições econômicas que maltratam o povo cubano ou os arbítrios de poder que machucam os venezuelanos, eles também submetidos à escassez de muitos produtos e serviços, nos afogamos em copo d'água.

Por que isso, diante de uma situação infinitamente menos complexa? Por que Lula, em vez de se erguer ao patamar que a história requer, insiste em esbravejar, como fez no final de fevereiro, dizendo que porá nas ruas as hostes do MST (pior, falou nos "exércitos"...) para defender o que ninguém ataca, a democracia, e — incrível — para salvar a Petrobras de uma privatização que tucano nenhum deseja? Será que a lógica do marquetismo eleitoral continuará a guiar os passos da presidente e de seu partido? Não percebem que a situação nacional requer novos consensos, que não significam adesão ao governo, mas viabilidade para o Brasil não perder suas oportunidades históricas?

Confesso que tenho dúvidas se o sentimento nacional, o interesse popular, serão suficientes para dar maior têmpera e grandeza a tais líderes, mesmo diante das circunstâncias potencialmente dramáticas de que nos aproximamos. Num momento que exigiria grandeza, o que se vê é a miséria da política.

70. Um pouco de bom senso*

No mundo atual, há um sentimento antiordem estabelecida que poderá cobrar um preço alto no futuro. Está na moda, por motivos compreensíveis, pôr no pelourinho a política e os políticos. Não é só aqui e vem de longe.

Descartes, em fase famosa, escreveu que o bom senso é a faculdade mais bem distribuída no mundo. Na época, *bon sens* se referia à razão. Traduzindo para hoje: a inteligência das pessoas se divide entre elas seguindo uma curva normal. Pode ser. Mas o *common sense* dos americanos é outra coisa: a sabedoria. Seja no sentido francês, seja no inglês, parece que o mundo de hoje perdeu o senso.

De hoje? Muito comumente os que tomam decisões pouco se preocupam com os dias futuros. O tempo passa, e quem paga a conta são as gerações futuras. A falta de senso vem de longe. Basta olhar para o que vimos ainda esta semana. Seja o Isis, seja

* *O Estado de S. Paulo* e *O Globo*, 3 de julho de 2016.

quem for o responsável pelos ataques terroristas na Turquia, eles são respostas irracionais a atos igualmente irracionais do passado. Não foi o colonialismo inglês que partiu o Oriente Médio em Estados-nação que controlam etnias, religiões e culturas distintas? E na África, os ingleses não contaram com a ativa cooperação dos franceses e demais potências ocidentais para criar países artificiais? Mais recentemente, não foram os americanos no Iraque, os europeus na Líbia e todos juntos na Síria que fizeram intervenções para restabelecer o "bom governo", deixando os países divididos e ingovernáveis? E não foram outras pessoas que pagaram com a vida, décadas depois, o ardor missionário dos terroristas de vários tipos?

Mais recentemente, a maioria dos britânicos votou por separar o Reino Unido da União Europeia. Só depois eles se assustaram. Amanhã, acaso os americanos não podem pregar uma peça neles próprios (e em todo o mundo) e eleger Trump? Espero que não. Mas, em qualquer dos casos (e ainda que os ingleses tenham lá seus argumentos contra a "burocracia de Bruxelas"), as consequências, como a sabedoria de Eça fazia o conselheiro Acácio dizer, vêm sempre depois.

Escrevo isso não para justificar, mas para tentar explicar algo que ocorre entre nós. Assim como no passado outras visões do mundo puderam levar alguns povos, momentaneamente, à insensatez e esta cobrou seu preço no transcorrer do tempo, no mundo atual há um sentimento antiordem estabelecida, que poderá cobrar um preço alto no futuro. Está na moda, por motivos compreensíveis, pôr no pelourinho a política e os políticos. Não é só aqui e vem de longe.

O mesmo movimento que levou à ampliação da interação social, saltando grupos, Estados e nações, baseado no acesso à informação e às novas tecnologias, pôs em xeque as instituições tradicionais, tanto das ditaduras quanto das democracias representativas. Foi assim na Primavera Árabe do mesmo modo que nos movimentos dos *indignados* da Espanha e, agora, no anti-Bruxelas da Grã-Bretanha. E não é de outra índole o tipo estranho de protesto que permitiu a Trump derrotar os "donos" do Partido Republicano, ou o susto que o senador Bernie pregou em Hillary. Por todos os lados, há um mal-estar, um inconformismo: todos veem e sabem que a vida pode ser melhor, sentem que o progresso material cria oportunidades, mas delas se apoderam alguns, não todos.

Deriva daí, como do desemprego, que é outra faceta da desigualdade básica de apropriação de oportunidades, uma insatisfação generalizada que se volta contra *los de arriba*. O horizonte parece toldado, mas não a ponto de impedir que *los de abajo* vislumbrem bom tempo para alguns, o que irrita. Irrita mais ainda quando há um sentimento de impotência porque os que sabem e possuem têm vantagens desproporcionais diante da maioria que vê o bonde da história passar.

Essa constatação só aumenta a angústia e a responsabilidade dos que dela têm noção. Vivemos no Brasil, à nossa moda, algo disso. Há responsáveis, mas não vem ao caso acusar. Provavelmente alguns deles, se forem intelectualmente honestos, estão se perguntando: por que não vi antes que endividar o país de maneira irresponsável, mesmo que a pretexto de aumentar momentaneamente o bem-estar do povo e criar ilusões de crescimento econômico, é algo ruinoso, que as gerações futuras pagarão? Exemplo simples: quando foi derrotada a emenda na previdência social de meu governo que definia uma idade mínima para as aposentadorias, não faltou quem gritasse vitória. Alguns dos mesmos que, década depois, se deram conta de que não se tratava de "neoliberalismo", mas de projetar no futuro próximo as consequências financeiras de tendências demográficas inelutáveis.

Diante do estrago, não adianta chorar: é darmo-nos as mãos e ver se encontramos caminhos.

Digo há tempos que o sistema político atual (eleitoral e partidário) está "bichado". Sou defensor das ações da Lava Jato e sei que sem elas seria mais difícil melhorar as coisas. Mas não nos iludamos: sem alguma forma de instituição política e sem políticos que a manejem, não será suficiente botar corruptos na cadeia para purgar erros de condução da economia e da política. Que prendam quem for responsável, mas não se confunda tudo: nem todos os políticos basearam sua trajetória na transgressão, nem todos os que financiaram a política, bem como os que receberam ajuda financeira, foram doadores ou receptores de propinas. Se não se distinguir o que foi doação eleitoral dentro da lei do que foi caixa dois, e este do que foi arranjo criminoso entre governo, partidos, funcionários e empresários, faremos o jogo de que "todos são iguais".

Se fossem, que saída haveria? Está na hora de juntar as forças descomprometidas com o crime — e elas existem nos vários setores do espectro político — para que o bom senso volte a imperar e para que possamos recriar as instituições, entendendo que, no mundo contemporâneo, a transparência não é uma virtude, mas um imperativo; e, por outro lado, que, se não houver meios institucionais para decidir e legitimar o que queremos, não sairemos da desilusão e da perplexidade.

Não é hora só para acusações, é hora também para a busca de convergências.

71. Triste fim*

> O amálgama dos ultraconservadores em matéria comportamental com os oportunistas forma o que denomino de "o atraso". Ou bem seremos capazes de reinventar o rumo da política, ou a insatisfação popular se manifestará nas ruas, sabe-se lá contra quem e a favor do quê.

Viramos uma triste página. Melhor teria sido que o governo Dilma Rousseff tivesse competência política e administrativa para chegar ao final. O que sobrou? Ilusões perdidas de quem acreditou no modo PT de governar, economia em recessão, desemprego em massa, escândalos, uma onda de desencanto.

Será a ex-presidente a única responsável? Não. Mas ela foi incapaz de manter as rédeas do governo e deixou evaporar as condições de governabilidade. Juntou-se a isso o crime de responsabilidade.

Uma pessoa eleita por 54 milhões de votos é derrubada,

---

* *O Estado de S. Paulo* e *O Globo*, 4 de setembro de 2016.

sendo inocente, como repisou a defesa petista? Houve um "golpe congressual" pela perda da maioria, como nos sistemas parlamentaristas? Não. O impeachment requer fundamento jurídico (um desrespeito continuado à Constituição), mas é também um processo político (a falta de sustentação congressual e popular) e não tem necessariamente consequências capituladas no Código Penal. Foi jogando com este último aspecto que a presidente Dilma apelou retoricamente para sua "inocência" (não roubei, não tenho conta no exterior etc.).

Vale dizer em sua homenagem que, na parte lida do discurso perante o Senado e em boa parte da arguição, ela se mostrou "uma guerreira". Se a guerrilheira do passado não era tão democrática como afirma, isso não apaga a nobreza de sua resistência ao arbítrio e à tortura. Tampouco, entretanto, sua combatividade justifica as "pedaladas fiscais", os gastos não autorizados pelo Congresso, as centenas de bilhões de reais destinados à maciça transferência de renda em benefício de empresas nacionais e estrangeiras, via BNDES e subsídios fiscais, para não mencionar o fato de que presidia o Conselho de Administração da Petrobras quando a empresa era assaltada em benefício de seu partido e da "base aliada".

A presidente Dilma Rousseff pagou com o impeachment o preço de sua teimosia e da visão voluntarista que se consubstanciou na "nova matriz econômica". E pagou também pela má companhia. Se a presidente não cometeu os malfeitos, foi beneficiária política deles. Foram tantos os implicados nessa rede que, aos olhos do povo, acabou condenada toda a "classe política". A ruína do governo petista provoca o desabamento do atual sistema político. Os erros vêm desde quando os partidos social-democratas (grosso modo, PSDB, PT, PSB e PPS) foram incapazes de inibir suas idiossincrasias e de conviver, divergindo quando fosse o caso.

O PT, herdeiro da visão de um mundo dividido em classes e organizado em torno do eixo direita-esquerda, encarou os liberais-

-conservadores, especialmente o PFL, como se fossem uma direita reacionária. Quis pintar o PSDB como um partido da elite conservadora. A fatal decisão do primeiro governo Lula de se aliar aos "pequenos partidos", e não ao PMDB — que representava o "centro" —, e transformar o PSDB em "partido inimigo" deu origem ao mensalão, que posteriormente encontrou réplica mais ampla no petrolão.

O PT de Lula abriu assim espaço para o oportunismo, o corporativismo dos vários "centrões". O atual amálgama dos ultraconservadores em matéria comportamental com os oportunistas, clientelistas etc. forma o que eu denomino de "o atraso". Meu governo e o de Lula, no início, ainda foram capazes de dar rumo ao país, o que forçou o atraso a jogar como coadjuvante. Mais recentemente, entretanto, houve uma inversão: o atraso passou a comandar as ações políticas, tendo Eduardo Cunha como figura exponencial. O mal-estar na sociedade, somado às informações sobre desmandos e corrupções que circulam numa sociedade livre e ao desenvolvimento de instituições estatais de controle externo, pôs em xeque o arranjo político institucional: o povo e as instituições reagiram e abriram espaço para a mudança de práticas.

Estamos assistindo, e não só no Brasil, aos efeitos das grandes transformações econômicas e tecnológicas. Sociedades estruturalmente fragmentadas por uma nova divisão do trabalho, culturalmente heterogêneas, com muitas dificuldades para manter a coesão social, com ampliação gigantesca da acumulação de capitais e interrogações sobre como oferecer empregos e reduzir a desigualdade.

Nesse tipo de sociedade, as distinções de classe se mesclam com outras formas de identificação social. Nelas, paradoxalmente, os partidos perdem espaço e as narrativas capazes de juntar massas dispersas suprem o vazio criado na trama política. Daí o slogan: "É golpe". O resto, as ligações efetivas dos petistas com interesses vários, os resultados de suas políticas e a identificação dos grupos que delas se beneficiaram, fica obscurecido pela força eventual da narrativa.

O desafio das lideranças renovadoras será criar, mais do que uma "narrativa", propostas que desenhem caminhos para a nação. Teremos capacidade, coragem e iniciativa para rever posturas, caminhos e alianças? Terá o PT disposição para uma verdadeira reconstrução e para o diálogo não hegemônico? E os demais partidos, inclusive e principalmente o PSDB, serão capazes de aglutinar a maioria, apesar de inevitáveis divergências?

O que vimos nas semanas passadas foi o rufar de tambores para a construção de um discurso: uma presidente inocente sendo destronada por golpistas ansiosos pelo poder. Mau começo para quem precisa se reinventar. A despeito disso, temos desafios comuns. Ou bem seremos capazes de reinventar o rumo da política, ou novamente a insatisfação popular se manifestará nas ruas, sabe-se lá contra quem e a favor do quê. E não bastam *circus*, belas palavras, também é preciso oferecer *panis*, um rumo concreto para o país e sua gente.

72. Reflexões amargas*

Cabe ao PSDB responder à vitória reafirmando o social de seu nome e acompanhando as transformações dos valores e da cultura, opondo-se, portanto, às ondas reacionárias não só na Europa, mas também entre nós.

Há poucos dias, em Lisboa, assustei-me vendo o noticiário da TV. Surgiu na tela um porta-aviões russo deslizando nas costas europeias, cercado por navios patrulheiros. Que mal haveria, pensei depois, em mostrar o garbo de um navio russo? Nada e tudo. Fossem normais os dias e seria tão banal quanto ver o desfilar de um porta-aviões da Armada americana cercado por poderosos navios protetores. Por que, então, o susto? Porque as coisas estão mudando, há cada vez mais riscos e medos no ar.

Passadas décadas do estabelecimento de relações diplomáticas entre a China comunista e os Estados Unidos (pasmem! sob

---

* *O Estado de S. Paulo* e *O Globo*, 6 de novembro de 2016.

Nixon e Kissinger), em meados dos anos 1970, e do fim da União Soviética, no início dos anos 1990, damo-nos conta do que esses fatos significaram: a Pax Americana. Terá ela chegado ao fim? Pode ser. Os russos, com sua ingerência na Síria, tentam forçar o Ocidente a dar-se conta de que, por mais que seu poderio bélico haja diminuído, ainda são uma potência atômica. Os novos tsares se dão ao luxo de ocupar a Crimeia e de ameaçar a Ucrânia sem que a Otan, ou quem seja, limite suas aspirações restauradoras do que historicamente pertenceu à Rússia.

Também a China, depois de décadas de relações estáveis com os Estados Unidos, se ouriça com o Tratado Transpacífico (TTP) e mostra disposição de definir como "suas" ilhas remotas situadas no mar do Japão e de reivindicar soberania sobre águas presumivelmente internacionais no mar do Sul da China. Ao mesmo tempo, desenvolve projetos de integração viária e econômica com a Europa, quem sabe sentindo-se mais segura na Eurásia do que no Pacífico. E começa a ser mais amiga da Rússia, de quem sempre foi rival.

A Europa fragmentada, mais ainda depois do Brexit, não é capaz de responder aos desafios da imigração crescente dos desesperados da Terra, nem de outorgar nova legitimidade ao pacto social de pós-guerra que a manteve una e próspera. Como responder aos novos tempos de desemprego e baixo crescimento e evitar a onda direitista e reacionária?

Não escrevo isso por diletantismo geopolítico. Em Paris, de onde envio este artigo, segui as notícias das eleições brasileiras. As urnas confirmaram o que se previa: a derrocada do PT, os êxitos do PSDB e a emergência da antipolítica, que se expressou nas abstenções, nas anulações de voto e na vitória de candidatos de não partidos.

Ganhamos, diria como eleitor do PSDB, mas para o que fazer? Qual é a proposta, não só do PSDB, mas dos dirigentes políticos em geral, para o Brasil como nação, mais do que como simples economia, e como país que é parte de um mundo desafiador no qual coexistem os avanços da globalização e as dificuldades dos Estados nacionais para lidar com as demandas dos perdedores dela e das organizações internacionais para evitar a escalada de conflitos geopolíticos?

Nesse contexto, minha sensação é a de que nós, que temos responsabilidades públicas, ainda não sentimos com força a urgência do que é preciso fazer para reconstruir o tecido social de um país com 12 milhões de desempregados, em situação fiscal falimentar e com suas formas tradicionais de coesão política desarticuladas. O estrago que o lulopetismo e o milenarismo esquerdista fizeram foi sentido pelo povo, como as urnas mostraram. Mas temo que tenha faltado a nós, líderes políticos, a percepção de que, acima de nossas bandeiras partidárias, temos de reconstruir a economia, refazer as bases da convivência política, tragadas moralmente pela permissividade e pela corrupção, e engatar novamente o Brasil no mundo em que vivemos.

Talvez não nos tenhamos dado conta de que as classes sociais hierarquizadas em cujas diferenças amarrávamos nossas ideologias e nossos partidos, sem se dissolverem, estão fragmentadas em múltiplos interesses, valores e lealdades, num caleidoscópio de fios que se tecem e se desfazem graças às novas formas de comunicação (cada vez mais instantâneas), que quebram as referências políticas tradicionais.

Teremos discernimento para vislumbrar onde ancorar o interesse nacional num mundo de predominância financeiro-tecnológica, bélico e com riscos de incêndio? Saberemos refazer alguma solidariedade, ao menos sul-americana, e, a partir dela, nos posicionar sem a afetação de que somos uma potência e, ao mesmo tempo, sem sermos subservientes às nações poderosas nem prisioneiros de um "Terceiro Mundo" que não funciona mais como periferia colonial do capitalismo competitivo, como foi no passado? Não estaremos à altura dos desafios se não afirmarmos a necessidade de uma trégua nacional, não para conciliar elites, mas para pactuar o futuro e pensar sobre ele. Será preciso coragem para o STF deixar a Lava Jato cumprir o seu papel de restauradora da moral pública, mas também manter vivo o respeito aos direitos individuais. E o governo federal, que bem fez em buscar a harmonia dos Poderes, a despeito da figura dos titulares, precisa encaminhar soluções jurídicas que mantenham as empresas ativas, salvaguardando os empregos e nossa capacidade produtiva, sem prejuízo da punição dos dirigentes que a justiça julgar cabível aos responsáveis por crimes. Caso contrário, não faltam capitais globais dispostos a adquirir na bacia das almas o que caro custou construir.

Tais desafios requerem vozes. No vazio político das sociedades contemporâneas, paradoxalmente, precisamos que os líderes se comprometam, explicitem suas posições, tomem partido sem tanta preocupação com seus "partidos"; e que, ao proporem soluções, se recordem de que se a voz não ouvida, a dos que se sentem deslocados pelo "progresso", não encontrar um lugar digno na sociedade do futuro se tornará inimiga dela.

Cabe ao PSDB responder à vitória reafirmando o social de seu nome e acompanhando as transformações dos valores e da cultura, opondo-se, portanto, às ondas reacionárias não só na Europa, mas também entre nós.

73. Crise, não só política*

"Se o poder vem dos que estão em cima, a confiança vem dos que estão embaixo." Nessa quebra de confiança, vão de cambulhada as instituições políticas, os partidos e os Parlamentos.

Há poucas semanas, participei de um encontro preparatório de uma conferência que organizarei em Lisboa para a Fundação Champalimaud sobre a crise da democracia representativa. Ao encontro, compareceram, além dos responsáveis pela Fundação, Alain Touraine, Pascal Perrineau, Michel Wieviorka, Ernesto Ottone, Miguel Darcy e Nathan Gardels, entre outros intelectuais. Os debates ressaltaram que a população desconfia da justiça e mesmo da capacidade de gestão dos sistemas político-partidários prevalecentes nas democracias representativas.

Um dos presentes citou o abade Sieyès, que, ao tempo da Revolução Francesa, afirmava: "Se o poder vem dos que estão em

* *O Estado de S. Paulo* e *O Globo*, 2 de julho de 2017.

cima, a confiança vem dos que estão embaixo". Escapam dessa crise, por óbvio, os países nos quais prevalecem formas autoritárias de mando, nos quais conta a repressão, não o consentimento. Perrineau chamou a atenção para dados mostrando que não diminuiu a confiança nas famílias, nas instituições comunitárias, no localismo. A crise parece ser mais "política", e, quanto mais distante a pessoa está dos centros de poder, mais desconfia deles. Há inegavelmente uma dimensão territorial: quanto mais afastados estão os núcleos populacionais das novas modalidades de produção e da vida associativa contemporânea "em rede", maior a probabilidade de seu enraizamento nas tradições, maior o "conservadorismo" e maior o temor do "novo", principalmente da substituição do trabalho humano por máquinas. Pior ainda por máquinas "inteligentes".

Há mais: nessa quebra de confiança, vão de cambulhada as instituições políticas criadas ao longo dos dois últimos séculos, os partidos e os Parlamentos. O analista se surpreende quando vê que, na distribuição de voto, tanto nas últimas eleições francesas quanto nas inglesas do Brexit ou nas norte-americanas que elegeram Trump, o "voto operário" se deslocou para a "direita" e, junto com ele, se foi também boa parte do voto proveniente do que se chamava de "pequena burguesia". O Labour Party inglês, os democratas nos Estados Unidos e os socialistas e comunistas na França foram levados de roldão pelo voto "conservador", ou, quem sabe?, pela formação de uma maioria de outro tipo, como fez Macron.

Em resumo, há algo de novo no ar, e não apenas nas plagas brasileiras. Uma nova sociedade está se formando, e não vemos com clareza que instituições políticas poderão corresponder a ela. Dito à moda gramsciana: o velho já morreu e o novo ainda não se vislumbra; ou, se vislumbrado, não é reconhecido, acrescento.

Que força motora provoca tão generalizadas modificações? Relembrando o assessor de Clinton que, sobre o fator-chave nas eleições, dizia "é a economia, seu bobo", poder-se-ia dizer agora: é a globalização (como digo há décadas). Esta surgiu com as novas tecnologias (nanotecnologia, internet, robotização, contêineres etc.) que revolucionaram as relações produtivas, permitiram a deslocalização das empresas, a substituição de mão de obra por máquinas, a interconexão da produção e dos mercados etc. Tudo visando "maximizar os fatores de produção", ou seja, concentrar os centros de criatividade, dispersar a produção em massa para locais de mão de obra abundante e barata, e unificar os mercados, sobretudo financeiros. Criaram-se assim condições para a emergência de sociedades novas.

Novas não quer dizer "boas sociedades", depende do ponto de vista. Sem dúvida, o crescimento exponencial da produtividade e da produção aumentou a massa de capitais no mundo. Sua distribuição, entretanto, não sofreu grande desconcentração. Mais ainda, o "progresso" trouxe, ao lado da diminuição da pobreza no mundo, o aumento do desemprego formal e dificuldades para a empregabilidade, posto que o trabalho humano conta mais, nos dias de hoje, se junto com ele vier criatividade. Globalmente, houve um amortecimento do controle nacional de decisões (pela concentração de poder nos polos criativo-produtivos e bancários) sem a existência de regras de controle financeiro global. Com isso, a ameaça de crises, ou ao menos a percepção da possibilidade dela, aumentou as incertezas.

É inegável que a "nova sociedade" incrementa a mobilidade social (forma-se o que, na falta de melhor nome, vem sendo chamado de "novas classes médias"), e, ao mesmo tempo, se criam contingentes não desprezíveis de inocupados ou impropriamente ocupados (novas formas de subemprego). Também são deslegitimadas as formas institucionais anteriores, os partidos, e mesmo as de coesão social (as classes com seus sindicatos e associações). Criam-se sociedades fragmentadas às quais se soma, em situações como a brasileira, a fragmentação dos partidos. Em qualquer caso, há perda de sua credibilidade. Pouco a pouco, dissipam-se os laços entre "a sociedade" e o "sistema político". Há, portanto, mais a ser entendido e contextualizado do que uma crise do sistema representativo.

Isso implica novos populismos e leva a "direita" ao poder? Não necessariamente. Alain Touraine, em sua apresentação, referiu-se a um tema que lhe é caro: liberdade, igualdade e dignidade são os motes nos quais há que persistir. Mas como? Trump juntou os cacos da "velha sociedade", o Rust Belt, temerosa dos outros e do futuro (lá vêm os imigrantes, ou os terroristas, ou, extremando, os "muçulmanos"), e venceu. Macron, contudo, ganhou defendendo a liberdade e o progresso (a globalização e a integração da Europa), e combateu as corporações, poderosas na França.

Em países como o nosso, isso não basta: há que insistir na igualdade (nas políticas sociais, em reformas que combatam os privilégios corporativos). E, principalmente, na "dignidade", no respeito à pessoa, e à ética. O "basta de corrupção!" não é uma palavra de ordem "udenista". É um requisito para uma sociedade melhor e mais decente. Em momentos de transição, a palavra conta: só ela junta fragmentos, até que as instituições e suas bases sociais se recomponham. É o que nos está faltando: a mensagem que aponte caminhos de esperança para passos à frente.

74. Ainda há tempo?*

> *Se não formos capazes de criar consensos em favor do país e do povo, o pior acontecerá. Os riscos se transformam em realidade pela inércia, pela covardia ou pela falta de visão dos que poderiam a eles se opor.*

Começo de ano. A praxe indica que nessas ocasiões é mais recomendável expressar os desejos de um próximo ano melhor e lastimar o que de ruim houve no anterior, sem deixar de soprar nas brasas de esperança suscetíveis de serem encontradas no meio de desvarios e extravagâncias porventura havidas. Será?

Não sei. Fui formado com a obsessão da dúvida metódica cartesiana. A certa altura, lendo Pascal, percebi que, mesmo para os mais crentes, o caminho da salvação não se encontrava no cômodo embalar da fé sem pitadas de dúvidas. Melhor tê-las e tentar res-

* *O Estado de S. Paulo* e *O Globo*, 7 de janeiro de 2018.

ponder, com a lógica (e a esperança), ao demônio da descrença. Por isso, insiro o ponto de interrogação no título do artigo.

Mantenho a esperança, mas convém reconhecer que 2017 mostrou que não dá para ter certeza de que os riscos da guerra e do irracional não prevaleçam. Já tivemos sonhos de cooperação entre Estados quando os diplomatas se dedicavam ao multilateralismo para resolver problemas ou, pelo menos, promover convergência de opiniões, mas só vemos embates. Quantos atentados terroristas houve? Muitos, e mesmo que tivesse sido um só, matando crianças e adultos que nada têm a ver com as fúrias políticas e religiosas dos fanáticos, já seria suficiente para assustar a razão. Que dizer do Boko Haram, das mortes provocadas pela Al-Qaeda e pelo Estado Islâmico, dos atentados na Tunísia, no Iêmen, ou onde mais seja, que prossigam no caminho perverso do ataque, já antigo, às Torres Gêmeas ou ao Bataclan? O mundo parece percorrer um longo ciclo de desrazão que pode muito bem levar a uma guerra mundial.

Quase a cada mês, vem nova má notícia. Pior, não são apenas os ditos terroristas que matam a rodo. Nas cidades brasileiras, o crime organizado, muitas vezes com fuzis na mão, em conluio com o narcotráfico e o contrabando de armas, mata nas nossas barbas milhares de pessoas por ano. Estamos longe das terras conflagradas da Síria, do Iraque, da península Arábica ou de onde mais seja, mas nos morros cariocas, nos presídios amazônicos, nas terras desbravadas do Oeste ou nas ermas periferias de São Paulo, a matança é impiedosa, embora com menos repercussão global do que quando ataques terroristas acontecem em capitais europeias.

E que dizer de outro tipo de matança, não apenas moral, mas concreta, quando a corrupção praticada pelos criminosos de colarinho-branco, em escala e despudor sem precedentes, além de arrasar moralmente setores ponderáveis das elites dirigentes, deixa ainda mais à míngua os que dependem dos serviços do Estado, sobretudo os pobres?

Diante desse quadro, cujas tintas espessas sublinho para dar nitidez ao olhar, embora sabendo que também se possam ver paisagens menos sombrias, qual tem sido a resposta dos povos? Nos Estados Unidos, Donald Trump se elegeu, contrariando o establishment, os partidos, boa parte da mídia e de Wall Street. Na Europa Central e do Leste, governos com participação de forças de extrema direita se afirmam na Hungria, na Áustria e na Polônia. Nas pesquisas brasileiras de opinião, pelo menos até agora, sem o quadro eleitoral formado, despontam um capitão irado cujas propostas são pouco conhecidas e um líder populista sobre o qual pesam acusações (e mesmo condenações) que destroem o sonho que outrora representou.

Será que, antes de recobrar a razão, o mundo precisará passar por novas privações e testemunhar o abrir-se do cogumelo atômico que a irada Coreia do Norte ameaça despejar no Japão, quem sabe saltando sua irmã do Sul pelo temor do contágio, podendo mesmo alcançar os Estados Unidos? Viveremos os horrores de uma guerra globalizada? Há décadas parecia que a confrontação dos Estados Unidos com a antiga potência soviética ou mesmo com a China, sem falar nas fricções entre Índia e Paquistão, ou na potencial reação atômica de Israel ao Irã dominador da técnica nuclear, estava controlada. O que esperar quando Donald Trump decreta Jerusalém capital de Israel, animando um conflito milenar?

E no Brasil? Já não terá bastado o descalabro econômico-financeiro produzido pelo "capitalismo de laços" que o lulopetismo patrocinou, envolvendo e beneficiando empresas e partidos políticos, para que aprendamos a lição de que não há atalhos fáceis para o desenvolvimento e que este requer o império da lei? Será que o Bolsa Família (que se originou em governos anteriores e sem tanto alarde) foi suficiente para amortecer a consciência popular e fazer crer que a esperança em dias melhores se contenta com migalhas?

É cedo para responder. Mas não para agir com convicção e tudo fazer para que tais horizontes não despejem novas tempestades. Que não se iluda o leitor: o pior pode sempre acontecer. Evitá-lo depende de cada um e de todos nós. Não há fé cega na razão ou nos bons propósitos que barre o irracional sem que sejam criadas alternativas que impeçam o pior de prevalecer, pela guerra ou pelo voto. As consequências, já dizia o conselheiro Acácio de Eça de Queiroz, vêm sempre depois...

Posta a dúvida, construamos caminhos mais razoáveis. Pelo menos no que está ao alcance de nossas mãos. O Brasil precisa, urgentemente, de bom senso. Se as forças não extremadas se engalfinharem para ver quem entre vários será o novo líder e não forem capazes de criar consensos em favor do país e do povo, o pior acontecerá. No afã de juntar, importa diminuir as divergências sobre o que não é essencial. Com esperança, e falo simbolicamente, as forças representadas (ou que os adiante mencionados gostariam de representar) por Alckmin, Marina, Meirelles, Joaquim Barbosa, ou quem mais seja (inclusive os setores ponderados da esquerda), precisam entender que os riscos se transformam em realidade pela inércia, pela covardia ou pela falta de visão dos que poderiam a eles se opor.

Bom 2018!

75. Civilização ou barbárie*

A história mostra que a democracia pode morrer sem golpes de Estado quando líderes políticos se aproveitam do rancor ou do medo do povo para sufocá-la em nome da grandeza da pátria, da revolução ou do combate à desordem.

Passei as duas últimas semanas em Lisboa e Londres. Vi pela mídia a indignação provocada pelo assassinato de Marielle Franco, vereadora que denunciava abusos contra os direitos humanos no Rio de Janeiro.

Dizer que se tratou de mais um assassinato é não entender o recado que quiseram dar os que a mataram. A intervenção militar na segurança pública do Rio não foi devidamente preparada e não soluciona todos os males, mas é vista como uma ameaça real pela banda podre das forças policiais, pelas milícias e pelas organizações criminosas. Os autores do crime quiseram deixar claro que

* *O Estado de S. Paulo* e *O Globo*, 1º de abril de 2018.

o poder ilegal está disposto a tudo para preservar seus domínios. É sinal de uma escalada.

Na Colômbia, entre as décadas de 1970 e 1990, o crime organizado foi de ousadia em ousadia até assassinar um candidato a presidente da República e explodir um avião de passageiros. No México, há mais de dez anos, vive-se uma guerra que não poupa jornalistas, políticos, policiais, militares e cidadãos comuns. Ano passado, o país teve a maior taxa de homicídios já registrada.

O assassinato de Marielle é um alerta. Deve nos fazer lembrar que está em jogo a possibilidade ou não de avançarmos na construção de uma sociedade decente no Brasil. Nos últimos trinta anos, muita coisa mudou para melhor. Menos os índices de violência. E isso se deve em larga medida à expansão do crime organizado. A escalada da violência põe em risco a própria democracia.

Não é uma questão partidária ou mesmo ideológica. Os que mataram a vereadora, assim como os assassinos da juíza Patrícia Acioli em 2011 e de centenas de policiais nos últimos anos no Rio de Janeiro, não são de esquerda nem de direita, são bandidos. E bandidos organizados em poderes paralelos que se impõem pela violência e pela corrupção. Os mais pobres, que não têm meios para se proteger da sistemática violação dos mais elementares direitos humanos, são suas maiores vítimas.

Senti de perto o drama vivido pelas populações das favelas cariocas quando participei do documentário *Quebrando o tabu*. Elas vivem entre o fogo cruzado de grupos criminosos rivais. Apesar disso, não veem na polícia uma aliada. Quando esta sobe o morro, me contou uma mãe com um filho traficante e outro não, todo mundo apanha. O filme põe em discussão a chamada guerra às drogas, que em vários países tem sofrido críticas e propostas de mudanças por não reduzir o consumo de entorpecentes e aumentar a violência.

A comoção provocada pela morte de Marielle dá esperança

de ser possível reunir pessoas e forças sociais diversas em torno do objetivo comum de reduzir com urgência a violência no Brasil. Devemos estabelecê-lo acima de interesses e paixões eleitorais e condenar a exploração política rasteira do episódio. É muito perigosa a mistura de ódio político, violência cotidiana e demagogia.

O momento pede coesão em torno de valores: firmeza no combate ao crime, mas dentro da lei; ordem, sim, mas dentro da democracia. A polícia deve estar bem armada, não a sociedade. Que o digam os milhões de jovens americanos que, depois de sucessivos *mass shootings*, foram às ruas no último fim de semana protestar contra a facilidade de acesso a armas naquele país.

Sem coesão em torno de determinados valores, o que esperar do futuro? O país vive uma disjuntiva: podemos reconhecer os males que nos afligem — e a escalada da violência é um dos maiores, se não o maior — e estabelecer políticas que reduzam ou eliminem esses males, ou nos deixar dominar pelo espírito de facção e largar o país à deriva. Sem catastrofismos nem exageros, o risco existe.

Não falo como homem de partido, mas como brasileiro: o Brasil precisa de lideranças que tenham a capacidade de reunificar o país em torno de alguns objetivos comuns. Se, em outubro, o país se deixar levar pelo ódio, o que será de nós como "comunidade nacional"? Não pode haver comunidade nacional bem-sucedida sem crença na importância da convivência política civilizada, sem recuperação da confiança na democracia, sem a prevalência da ordem dentro do estado de direito.

É urgente recuperar a autoridade pública, mas autoridade derivada da legitimidade das urnas, da capacidade de governar para o país em seu conjunto, da exemplaridade da conduta, da compreensão de que o Brasil requer tanto mais eficiência econômica quanto mais justiça social, tanto mais ordem quanto mais democracia, tanto mais eficácia no combate ao crime quanto mais respeito aos direitos humanos.

Nas circunstâncias atuais, a eleição do futuro presidente se torna agônica. Que ele ou ela seja não só expressão de um sentimento, como também líder competente para governar. Que saiba que o Estado deve estar a serviço da sociedade e não de grupos ou partidos políticos. Que valorize a Federação e convoque governadores e prefeitos a se engajar nas grandes causas nacionais. Que respeite o Congresso, mas seja capaz de conduzi-lo e, obediente às leis, não tenha medo de buscar reformá-las quando inconsistentes com as necessidades do país.

Cada um de nós tem a responsabilidade de ajudar o eleitor a distinguir entre a demagogia e a proposta consistente, entre informação e fake news, entre compromisso com valores e políticas e truques de marketing. A ansiada renovação de conduta deve ter início na campanha e se traduzir num novo governo capaz de fazer o país recuperar a confiança em seu futuro.

Caso contrário, temo enveredarmos por descaminhos que, cedo ou tarde, nos levem a governos não democráticos, de direita ou de esquerda. A história dos últimos vinte anos mostra que a democracia pode morrer sem que necessariamente haja golpes de Estado e supressão de eleições. Ela morre quando grupos e líderes políticos se aproveitam do rancor ou do medo do povo para sufocá-la pouco a pouco em nome da grandeza da pátria, da revolução ou do combate à desordem.

Nossa maior arma contra esse risco é a palavra e o voto. Façamos bom uso dela.

76. Decifra-me ou te devoro[*]

É preciso criar um clima que permita convergência para afastar o risco maior: o do populismo, em especial quando já vem abertamente revestido de um formato autoritário.

A semana que acaba hoje foi plena de tensão demonstrando a quem não percebera antes a profundidade das dissensões que vêm de há muito tempo. As incongruências da política econômica dos governos de Lula e Dilma, em sua fase final, já haviam levado a economia à paralisação e o sistema político a deixar de processar decisões. Daí o impeachment do último governo, ainda que baseado em arranhões de normas constitucionais.

Todo impeachment é traumático. Fui ministro de um governo que resultara de um impeachment, o do presidente Itamar Franco. Este, com sabedoria, percebeu logo que precisaria de um ministério representativo do conjunto das forças políticas. Como

---

[*] *O Estado de S. Paulo* e *O Globo*, 3 de junho de 2018.

o PT, que apoiara o impeachment do presidente Collor, se recusava a assumir responsabilidades de governo (com olho eleitoral), Itamar conseguiu a aceitação de uma pasta por Luiza Erundina, então no PT. Mesmo eu, eleito presidente por maioria absoluta no primeiro turno sem precisar buscar o apoio do PT, tive como um de meus ministros um ex-secretário-geral do PT.

De lá para cá, os tempos mudaram. A possibilidade de algum tipo de convivência democrática, facilitada pela estabilização econômica graças ao Plano Real, que tornou a população menos antigoverno quando viu em marcha uma política econômica que beneficiaria a todos, foi substituída por um estilo de política baseado no "nós", os supostamente bons, e "eles", os maus. Isso somado ao descalabro das contas públicas herdado pelo governo atual, mais o desemprego facilitado pela desordem financeira governamental, levou a uma exacerbação das demandas e à desmoralização dos partidos. A Lava Jato, ao desnudar as bases apodrecidas do financiamento partidário pelo uso da máquina estatal em conivência com empresas para extrair dinheiro público em obras sobrefaturadas (além do enriquecimento pessoal), desconectou a sociedade das instituições políticas e desnudou a degenerescência em que o país vivia.

A dita "greve" dos caminhoneiros veio servir uma vez mais para ignição de algo que estava já com gasolina derramada: produzir um contágio com a sociedade, que, pouco familiarizada com as causas e a razoabilidade ou não do protesto, aderiu, calada, à paralisação ocorrida. Só quando seus efeitos no abastecimento de combustíveis e de bens essenciais ao consumo e mesmo à vida, no caso dos hospitais, tornaram-se patentes, houve a aceitação, também tácita, da necessidade de uma ação mais enérgica para retomar a normalidade.

Mas que ninguém se engane: é uma normalidade aparente. As causas da insatisfação continuam, tanto as econômicas quanto as políticas, que levam, na melhor das hipóteses, à abstenção eleitoral e ao repúdio de "tudo que aí está". Portanto, o governo e as elites políticas, de esquerda, do centro ou da direita, que se cuidem, a crise é profunda. Assim como o governo Itamar buscou sinais de coesão política e deu resposta aos desafios econômicos do período, urge agora algo semelhante.

Dificilmente o governo atual, dados sua origem e o encrespamento político havido, conseguirá algo além do que pôr esparadrapos nas feridas. Nada de significativo será alcançado sem que uma liderança embasada no voto e crente na democracia consiga responder aos atuais desafios econômicos e morais. Não há milagres, o sistema democrático-representativo não se baseia na "união política", senão na divergência dirimida pelas urnas. Só sairemos da enrascada se a nova liderança for capaz de apelar para o que possa unir a nação: finanças públicas saudáveis e políticas adequadas, taxas razoáveis de crescimento que gerem emprego, confiança e decência na vida pública.

É por isso que, há algum tempo, venho pregando a união entre os setores progressistas (que entendam o mundo e a sociedade contemporâneos), que tenham uma inclinação popular (que saibam que, além da necessidade de haver emprego, é preciso reduzir as desigualdades), que se deem conta de que o mundo não mais funciona top/down, mas que "os de baixo" são parte do conjunto que forma a nação e que, em vez de se proporem a "salvar a pátria", devem conduzi-la no rumo que atenda, democraticamente, com liberdade, aos interesses do povo e do país.

Não se trata de formar uma aliança eleitoral apenas, muito menos de fortalecer o dito "centrão", um conjunto de siglas que mais querem o poder para se assenhorar de vantagens do que para se unir por um programa para o país.

Nas democracias, é natural que os partidos divirjam quando as eleições majoritárias se dão em dois turnos, quando os "blocos sociais e políticos" podem ter mais de uma expressão partidária. Mas é preciso criar um clima que permita convergência. E, uma vez no caminho e no exercício do poder, quem represente esse "bloco" precisará ter a sensibilidade necessária para unir os que dele se aproximam e afastar o risco maior: o do populismo, em especial quando já vem abertamente revestido de um formato autoritário.

Na quadra atual, entre o desemprego e a violência cada vez mais assustadora do crime organizado, a perda de confiança nas instituições é um incentivo ao autoritarismo. O bloco proposto deve se opor abertamente a isso. Não basta defender a democracia e as instituições, é preciso torná-las facilitadoras da obtenção das demandas do povo, saber governar, não ser leniente com a corrupção e entender que sem as novas tecnologias não há como atender às demandas populares crescentes. E, principalmente, criar um clima de confiança que permita investimento e difundir a noção de que, num mundo globalizado, pouco vale dar as costas a ele.

Tudo isso requer liderança e "fulanização". Quem, sem ser caudilho, será capaz de iluminar um caminho comum para os brasileiros? "Decifra-me ou te devoro", como nos mitos antigos.

77. Um novo caminho*

A vitória da candidatura Bolsonaro funcionou como um braço cego da história: acabou de quebrar o que já estava em decomposição. O desafio está em recriar a democracia.

A última eleição foi um tsunâmi que varreu o sistema político brasileiro. Terminou o ciclo político-eleitoral iniciado depois da Constituição de 1988. Ruiu graças ao modo como se formaram os partidos, o sistema de voto e o financiamento das campanhas. A vitória da candidatura Bolsonaro funcionou como um braço cego da história: acabou de quebrar o que já estava em decomposição. Em meio a tantos cacos espalhados, há a necessidade de reconstrução. Ela será feita pelo próximo governo? É cedo para dizer.

O sistema político-partidário não ruiu sozinho. As fraturas são maiores. Antes, o óbvio: a Lava Jato mostrou as bases apodre-

---

* *O Estado de S. Paulo* e *O Globo*, 2 de dezembro de 2018.

cidas que sustentavam o poder, sacudiu a consciência do eleitorado. Qualquer tentativa de reconstruir o que desabou e de fazer emergir algo novo passa pela autocrítica dos partidos, começando pelo PT, sem eximir o PMDB, tampouco o PSDB e os demais. Em sua maioria, os "partidos" são sopas de letras e não agremiações baseadas em objetivos e valores. Atiraram-se à captura do erário, com maior ou menor voracidade.

Visto em retrospectiva, é compreensível que um sistema partidário sem atuação na base da sociedade desmonte com aplausos populares. Os mais pobres encontram nas Igrejas evangélicas — e, em proporção muito menor, na Igreja católica e em outras religiões — recursos para se sentir coesos e integrados. O povo tem a sensação de que os Parlamentos e os partidos não atendem aos seus interesses. O eleitorado, contudo, não desistiu do voto e imaginou que talvez algo "novo", inespecífico, possa regenerar a vida pública.

Não foi só isso que levou à vitória o novo presidente. Basta conhecer mais de perto a vida dos mais pobres nas favelas e nas periferias carentes de quase tudo para perceber que parcelas importantes do território vivem sob o domínio do crime organizado, violência que não se limita a essas populações, pois alcança partes significativas da população urbana e rural.

Inútil imaginar outros motivos para a vitória "da direita". Não foi uma direita ideológica que recebeu os votos. Estes foram dados mais como repulsa a um estado de coisas em geral e ao PT em particular. O governo foi parar em mãos mais conservadoras e mesmo de segmentos abertamente reacionários não pelas propostas ideológicas que fizeram, e sim pelo que eles simbolizaram: a ordem e a luta contra a corrupção. Não venceu uma ideologia, venceu o sentimento de que é preciso pôr ordem nas coisas, para estancar a violência e a corrupção, e tentar retomar algum tipo de coesão social e nacional.

Enganam-se os que pensam que "o fascismo" venceu. Enganam-se tanto quanto os que veem o "comunismo" por todos os lados. Essa polarização marcou a pugna política em outra época, anterior à Segunda Guerra, ao fim da qual foi substituída pela polarização entre capitalismo liberal e socialismo.

Os problemas básicos do país continuarão a atazanar o povo e o novo governo. Este não será julgado nas próximas eleições por sua ideologia "direitista", mas por sua capacidade, ou não, de retomar o crescimento, diminuir o desemprego, dar segurança à vida das pessoas, melhorar as escolas e hospitais, e assim por diante.

Com isso, não quero justificar a "direita" dizendo que se for capaz de bem governar vale a pena apoiá-la, mas também não posso endossar a "esquerda" quando ela deixa de reconhecer seus erros, conclama a votar contra tudo que o novo governo propuser, sem considerar o que realmente conta: quais os efeitos para o bem-estar das pessoas, para o fortalecimento dos valores democráticos e para a prosperidade do país.

As mudanças pelas quais passamos, aqui e no mundo, são inúmeras e profundas. Podemos mesmo falar numa nova "era", a da conectividade. Se houve quem escrevesse *"cogito, ergo sum"* (penso, logo existo), como fez Descartes, se houve depois quem dissesse que o importante é saber que "sinto, logo existo", em nossa época, sem que essas duas afirmativas desapareçam, é preciso adicionar: "Estou conectado, logo existo". Vivemos a era da informática, das comunicações e da inteligência artificial que sustentam o processo produtivo e formam redes entre as pessoas.

As novas tecnologias permitem formas inovadoras de enfrentar os desafios coletivos, assim como acarretam alguns inconvenientes, como a dificuldade de gerar empregos, a propagação instantânea de fake news, a formação de ondas de opinião que mais repetem um sentimento ocasional do que expressam um compromisso com políticas a serem sustentadas em longo prazo.

Elas dependem de instituições, partidos, Parlamentos e burocracias para ser efetivas.

As questões centrais da vida política não se resumem, no mundo atual, à luta entre esquerda e direita. No passado, o espectro político correspondia a situações de classe, interpretadas por ideologias claras, assumidas por partidos. Na sociedade contemporânea, com a facilidade de relacionamento e comunicação entre as pessoas, os valores e a palavra voltaram a ter peso para mobilizar politicamente. Isso abre brechas para um novo populismo e uma exacerbação do personalismo. O desafio está em recriar a democracia. O que chamo de um centro radical começa por uma mensagem que envolva os interesses e sentimentos das pessoas. E essa mensagem, para ser contemporânea, não deve estancar nem num palavreado "de direita", nem "de esquerda". Deve, a despeito das divergências de classe que persistem, buscar o interesse comum capaz de cimentar a sociedade. O país não se unirá com o ódio e a intransigência cultural existentes em alguns setores do futuro governo.

Há espaço para propostas que juntem a modernidade ao realismo e, sem extremismos, abra um caminho para o que é novo na era atual. Esse percurso tem de incorporar a liberdade, especialmente a de as pessoas participarem da deliberação dos assuntos públicos, e a igualdade de oportunidades que reduzam a pobreza. E há de ver na solidariedade um valor. Só juntos poderemos mais.

VI. INCERTEZA
(2019-21)

78. A vez da Venezuela*

Insistirá o governo no descaminho de subordinar a política externa a uma ideologia e não às realidades? Bom mesmo seria criticar o autoritarismo na Venezuela, acolher as vítimas e manter acesa a chama democrática.

O Brasil está sendo confrontado com sua história. Quem leu o texto recente de Rubens Ricupero sobre a política externa do governo Bolsonaro perceberá os descaminhos nos quais poderemos enveredar. Diante dos ensaios de ruptura com as tradições de nossa política externa, empalidecem as diferenças de matiz político-ideológico observadas desde Sarney até Michel Temer. Basta ler o livro *Um diplomata a serviço do Estado*, do embaixador Rubens Barbosa, para ver que se manteve certo consenso básico sobre o interesse nacional e sobre o modo de adequá-lo a mudanças nos ventos do mundo.

* *O Estado de S. Paulo* e *O Globo*, 3 de março de 2019.

Historicamente, a condução de nossa política externa obedeceu a linhas de continuidade, com raras exceções em períodos não democráticos. É ao barão do Rio Branco que se atribui a noção de que deveríamos manter boas relações com os Estados Unidos para fazer o que nos convém na área que nos toca mais de perto, a América do Sul. Na guerra contra o nazismo, até bases estrangeiras foram autorizadas a se instalar no Brasil. Mas foi um momento histórico excepcional a requerer que agíssemos assim. Em regra, nunca houve adesões incondicionais: primaram nossos interesses soberanos. Mesmo na Guerra Fria, quando o bloco capitalista se opunha ao bloco comunista, buscamos manter certa autonomia.

Com a globalização, muita coisa mudou no ambiente político e, sobretudo, na interconexão econômica dos países. A diplomacia brasileira, porém, não deixou de se orientar pelo interesse nacional. Em artigo recente publicado neste espaço, eu disse que o atual governo abusa da inconsistência em certas áreas. Para onde nos pode levar esse "abuso da inconsistência" na política externa?

É compreensível que haja incertezas na atualidade, advindas da nova página que vem se abrindo nas relações entre os Estados Unidos e a China. A aceitação recíproca, obtida graças às reformas de Deng Xiaoping, às teorias sobre o "socialismo harmonioso" e à ascensão pacífica da China, começa a mudar. Os chineses queriam evitar a "armadilha de Tucídides": a emergência de nova potência levaria a guerras com o antigo *hegemon*. Assim, o país abriu sua economia para capitais internacionais o usarem como plataforma de exportação e se tornou o principal financiador do déficit comercial dos Estados Unidos, comprando títulos do Tesouro americano. Essa estratégia assegurou tempo e gerou os recursos necessários para que a China ampliasse o mercado interno e investisse na formação de empresas globais capazes de disputar a liderança tecnológica com suas rivais americanas.

Estamos chegando a uma profunda revisão dessas políticas,

adotadas quando a coincidência de interesses prevaleceu sobre a rivalidade, em ambas as partes. A luta tecnológica pelo predomínio no mundo globalizado pode produzir surpresas desagradáveis. Por trás da retórica arrogante e aparentemente desconexa de Trump, existe uma luta efetiva pelo predomínio global. A chamada "guerra comercial" é um sintoma dessa disputa nas tecnologias determinantes do poder futuro, na economia e no campo da segurança. As tensões no Pacífico, do sul da costa chinesa ao litoral do Vietnã, são a face mais visível da dimensão militar do conflito entre as duas potências. O antagonismo ainda é mais agudo no ciberespaço, no qual batalhas são travadas diariamente.

Nesse quadro, que interesse poderia ter o Brasil em assumir a priori um dos lados da disputa? Os que sustentam que devemos nos alinhar em tudo à Casa Branca desconhecem que a sociedade americana é democrática e que seu atual ocupante não expressa necessariamente um consenso duradouro. Vamos transferir a embaixada em Israel de Tel-Aviv, contrariando nossa histórica pregação em favor de dois Estados naquela região do Oriente Médio?

E que sentido faz criticar a própria ONU como suspeita de "globalismo" do qual ela seria o instrumento? A única consequência prática é macular a imagem do Brasil em áreas tão sensíveis e importantes quanto são os direitos humanos, o meio ambiente e a imigração. O dano à imagem do país, uma vez cristalizado, terá consequências contra os nossos interesses, como já se deram conta os setores mais lúcidos do empresariado brasileiro.

Insistirá o governo no descaminho de subordinar a política externa a uma ideologia e não às realidades? Em nenhum outro lugar, as consequências dessa reviravolta seriam mais nocivas do que na nossa vizinhança. A crise da Venezuela se aprofunda. O caso remete à "política do Barão", pois mexe com os nossos interesses mais imediatos, na América do Sul. É de louvar a prudência dos militares, mas é de temer a vocalização de alguns líderes políticos sobre a nossa ação nesse drama. Sejamos claros: o governo Maduro é antidemocrático e insustentável. Não é de hoje que tenho me manifestado publicamente dessa maneira, em reuniões internacionais, acadêmicas e políticas. Contudo, falar em permitir bases estrangeiras em território nacional ou em abrir caminho para aventuras guerreiras nas nossas vizinhanças não tem nada a ver com os interesses brasileiros de longo prazo. E em política externa é disso que se trata.

Apoiar a oposição venezuelana é uma coisa. Imaginar que se deva fazer o que foi feito na Líbia, pensando que forças externas podem reconstruir a democracia no país, é ignorar os fatos. Os desatinos verbais têm sido de tal ordem que resta o consolo de ver os militares recordar que temos uma tradição de altanaria e soberania a respeitar, soberania nossa e dos demais países.

Bom mesmo seria ver o Itamaraty voltar a ser coerente com a sua tradição: ressaltar e criticar o autoritarismo predominante na Venezuela, apoiar a oposição, dar acolhida às vítimas do arbítrio do atual governo e manter acesa a chama democrática. Abrir espaço para que terceiros países, mormente os distantes da América do Sul, queiram resolver o drama político pela força não nos convém e fere nossas melhores tradições de atuação internacional.

79. 1964: lembranças e tormentos*

A memória se vai, ficam as recordações. Cinquenta e cinco anos se passaram: celebrar o quê? No meu caso, exílio, processos e perda de cátedra. Rancor? Para quê? Olhar para frente e manter a democracia é o que conta.

Cinquenta e cinco anos passam depressa. A memória se vai, ficam as recordações. No dia 13 de março de 1964, eu estava no Rio de Janeiro, na casa de meu pai. À noite, fui à Central do Brasil pegar o trem de volta para São Paulo. Meu pai, general reformado e ex-deputado federal, residia no Arpoador, no mesmo prédio em que moravam minha avó e um tio. Lá também morava Carlos Drummond de Andrade. Por Copacabana inteira, passando por Botafogo e Flamengo, havia velas acesas nas sacadas de muitos edifícios: a classe média, especialmente a mais alta, protestava contra Jango Goulart, presidente da República que convocara

* *O Estado de S. Paulo* e *O Globo*, 7 de abril de 2019.

seus apoiadores a se reunir naquela noite em comício perto da Central do Brasil, em frente à praça da República.

Tomei o trem indiferente ao que ocorria. Por acaso, nele se encontravam vários amigos: o José Gregori, que viria a ser ministro da Justiça em meu governo; Plínio de Arruda Sampaio, que fora meu colega de curso primário no colégio Perdizes em São Paulo e se tornaria deputado federal constituinte; e o engenheiro Marco Antônio Mastrobuono, futuro marido da filha de Jânio Quadros. No jantar, conversas e discussões. O "golpe" estava no ar: de quem seria? Não chegamos a um consenso se dos militares e da "direita", ou das "forças populares", com Jango à frente, em favor de vagas reformas. Só sabíamos de uma coisa: viesse do lado que viesse, sofreríamos as consequências...

Na época, eu era um jovem professor-assistente da Faculdade de Filosofia, tinha 33 anos e assento no Conselho Universitário da USP como representante dos livres-docentes. Pouquíssimos sabiam de minhas relações de família com a vida política. Meu pai se elegera deputado federal pelo PTB em 1954. No governo de Getúlio, um primo de meu pai havia sido governador do Rio, e outro, ministro da Guerra, o mesmo cargo ocupado por um tio-avô no início dos anos 1930. No governo de Juscelino, um tio havia presidido o Banco do Brasil.

Meu pai e muitos familiares pertenciam à ala nacionalista e eram favoráveis à campanha do "Petróleo é nosso", na qual também me envolvi. Nunca me esquecerei do vidrinho de petróleo baiano, colocado numa estante na casa do marechal Horta Barbosa, que eu frequentava quando menino, pois sua filha se casara com um irmão de meu pai.

Eu me interessava sobretudo pela Faculdade, da qual me tornei professor em 1953, num ambiente avesso a Vargas e distante dos militares.

Minha participação política até então havia sido fugaz: no

começo dos anos 1950, estive próximo da esquerda, do Partidão e do círculo intelectual liderado por Caio Prado Júnior na *Revista Brasiliense*. Rompi com o PC quando os soviéticos invadiram a Hungria em 1956. Depois do Relatório Khruschóv, da mesma época, agitei bastante contra os dirigentes comunistas. Não simpatizava com o populismo de Jango, embora fosse amigo de seu chefe da Casa Civil, Darcy Ribeiro. Nada disso impediu que, a partir de 1964, eu fosse considerado "subversivo" pelos novos donos do poder.

No início dos anos 1960, lutava pela organização da carreira universitária e pela Fapesp. No Conselho Universitário, ajudei a derrotar a "oligarquia": com o apoio de Hélio Bicudo e Plínio Sampaio, ambos do gabinete do governador Carvalho Pinto, elegemos o professor Ulhôa Cintra para reitor da USP. Por isso, eu gozava de prestígio em camadas de professores e, sobretudo, de estudantes.

Recordo-me de duas reuniões na Faculdade de Filosofia na noite de 1º de abril de 1964. Numa, tentava acalmar os estudantes, pois não entendia bem o que ocorrera e achava precipitado haver manifestações. Na segunda, tentava o mesmo com meus colegas professores. Tamanha era a confusão que houve quem propusesse um manifesto contra os militares golpistas que apoiavam Jango... Precisei telefonar para um colega, professor da Medicina, pedindo que viesse em meu socorro, para evitar o protesto contra Jango que estava sendo deposto.

Em seguida, a polícia tentou prender outro professor, Bento Prado, confundindo-o comigo. Tive de me "esconder", primeiro em casas de amigos em São Paulo, depois no Guarujá, num apartamento do Thomaz Farkas, na companhia de Leôncio Martins Rodrigues. De lá saí para ir a Viracopos, cercado por familiares e amigos, sob a batuta de Maurício Segall, que se informava e sabia dos aeroportos ainda sem listas de subversivos a serem capturados.

Voei para Buenos Aires, onde me hospedei no apartamento de um colega sociólogo, José Num, que mais tarde foi secretário da Cultura de Néstor Kirchner. Da Argentina fui para o Chile, carregando comigo os escritos da tese que pretendia defender para conquistar uma cátedra que vagara com a saída de Fernando de Azevedo.

Ruth, minha mulher, ficou em São Paulo. Ela procurou, então, o professor Honório Monteiro, que representava a Faculdade de Direito no Conselho Universitário e era afilhado de sua avó. Eu me dava bem com ele, assim como com meus vizinhos de cadeira no Conselho, representantes da Faculdade de Direito, Luís Eulálio Vidigal e Gama e Silva (que fora ao jantar de comemoração de meu doutorado. Mal sabia eu que, anos depois, ele assinaria o AI-5...). Quando Ruth perguntou ao professor Honório: "O que vai acontecer?", ele, sabiamente, replicou: "Nada; vai mudar tudo". Perdi a condição de professor, que só retomaria em outubro de 1968 ao vencer o concurso para a cadeira de ciência política. A cátedra durou poucos meses. Em 13 de dezembro, Gama e Silva, então ministro da Justiça, leu o AI-5 que fechou o Congresso, suspendeu o habeas corpus e cassou mandatos, enquanto eu, como vários professores universitários, fui compulsoriamente aposentado em abril de 1969.

A institucionalidade foi quebrada, e a minha vida mudou. Recordar faz parte da história. Celebrar o quê? No meu caso, exílio, processos e perda de cátedra. Rancor? Para quê? Olhar para frente e manter a democracia é o que conta.

80. Basta de gols contra*

Patriotismo não se mede por bravatas. A retórica oficial sobre a Amazônia tem sido danosa aos interesses do Brasil.

Estava na Argentina quando irromperam as queimadas no Brasil. A diplomacia a que me imponho por haver sido presidente me obriga a tratar com especial cuidado questões nacionais quando estou no exterior, ainda que em país irmão.

De volta a casa, não posso deixar de destacar, com preocupação, os graves danos causados pelo governo à imagem do país no exterior. É difícil contestar a avalanche de críticas e de afirmações, nem sempre corretas, que deságuam nas mídias internacionais mais influentes. Isso porque o desaguisado presidencial é extenso: ataque a valores universais de proteção ao meio ambiente e aos direitos humanos, demonstrações de menosprezo pela ciência e pela cultura, supostas relações com as milícias que compõem trá-

* *O Estado de S. Paulo* e *O Globo*, 1º de setembro de 2019.

gico quadro da violência no Rio de Janeiro, casos de nepotismo e por aí vai. Por que e para que tanto desatino?

Aparentemente, o presidente e seu círculo mais íntimo parecem não haver entendido que não estamos mais na Guerra Fria. Não há mais o confronto entre dois blocos ideológicos. Mesmo Trump, capitaneando uma relação comercial belicosa com a China e pensando em levantar muros na fronteira mexicana, não se pauta pela lógica bipolar de um mundo dividido entre esquerda e direita. Nem a China. E muito menos a Europa. Qual o sentido, pois, em fazer desaforos ao presidente da França e sua esposa, em ressuscitar um nacionalismo anacrônico parecido ao que aflorou (na época com maior razão) diante do projeto de um think tank americano, Hudson Institute, que nos anos 1960 aventou a ideia estapafúrdia de transformar a Amazônia num grande canal de navegação alternativo ao do Panamá?

A reação dos europeus ao aumento das queimadas na Amazônia responde a motivos distintos e não se deu de maneira uniforme. Há uma preocupação genuína com questões que têm impactos globais (mudança climática e extinção da biodiversidade). Existem também razões menos universais, como a defesa de interesses protecionistas, e motivações circunstanciais, como o receio de derrotas em eleições locais a se realizar no próximo ano. Em vez de reagirmos toscamente, negando dados empíricos e insultando cientistas e chefes de Estado de outros países, deveríamos ter reagido prontamente para combater as queimadas e mostrar, na prática, o compromisso soberano do Brasil com a proteção do meio ambiente. Não há modo mais eficaz para desinflar a conjectura inaceitável sobre conferir um estatuto internacional à Amazônia.

Nessas horas, precisamos de bom senso e racionalidade, virtudes difíceis num país polarizado. Patriotismo não se mede por bravatas nacionalistas, sobretudo quando insultuosas. A proteção do bioma amazônico é, acima de tudo, do interesse do Brasil, um interesse coincidente com o dos demais países que compartilham esse bioma e também com o do planeta. Dadas as restrições fiscais, recursos do exterior são bem-vindos. Não nos falta capacidade para bem administrá-los, com transparência, e em parceria com a sociedade civil, que pode e deve ser aliada e não inimiga na preservação do meio ambiente e na realização de projetos de desenvolvimento.

Há queimadas que em parte são cíclicas, em parte são legais, mas em grande medida (é preciso avaliar o tamanho) são criminosas: derrubada ilegal de mata para queimá-la e transformar a floresta em pasto ou em áreas para grãos. Se nos faltasse terra, vá lá, caberia a discussão sobre o que fazer. Mas elas são abundantes, e o agronegócio brasileiro, aquele que opera dentro da legalidade, não precisa depredar para ser competitivo. Ao contrário, só continuará a ser competitivo se não depredar, como prevê a Constituição e está estatuído nas leis.

Enquanto vozes lúcidas do agronegócio clamam por racionalidade, no governo há quem insista em distorcer os fatos. Como se fosse pouco negar a validade de dados científicos, há o empenho em transformar vítimas em algozes. Nessa linha, a demarcação de terras indígenas é apontada como o grande obstáculo para o desenvolvimento da Amazônia.

É essa retórica de desinformação, insulto e incentivo a práticas ilegais, reiterada ao longo de oito meses, a principal responsável pela crise atual. De um lado, ela abriu a porteira para que os interessados no desmatamento ilegal se sentissem autorizados a tocar fogo no cerrado e na floresta. De outro, deu o pretexto para que a defesa de interesses protecionistas se revestisse com a capa de legitimidade da preocupação ambiental. A retórica oficial tem sido danosa aos interesses do Brasil. Pode pôr em risco até mesmo o acordo do Mercosul com a União Europeia.

De positivo nesse quadro, só há dois pontos a destacar: primeiro, a reação rápida e vigorosa de vários setores da sociedade brasileira; segundo, a prontidão das Forças Armadas em responder à situação de emergência provocada pelo descontrole das queimadas na região amazônica.

Com tanto horror perante os céus, como disse um poeta, devemos aguentar firmes (imprensa, Congresso, Judiciários, líderes empresariais e da sociedade civil) para não deixar que arroubos personalistas e interesses familiares comprometam o futuro do país.

Creio que foi Octávio Mangabeira quem disse: a democracia é como uma plantinha tenra, precisa ser regada todos os dias para crescer. Trata-se agora de preservá-la. Como mostram muitos livros recentes sobre a crise da democracia, a forma moderna de corrompê-la não passa por golpes militares, mas por atos governamentais que, quando não encontram reação à altura, pouco a pouco lhe vão arrancando as fibras.

O preço da liberdade é a eterna vigilância. É preciso nos manter atentos e fortes para que as instituições do Estado continuem a cumprir, com independência, as obrigações impostas pela Constituição.

81. A esfinge e os líderes*

Na vida política, não basta ter ideias: é preciso que alguém as encarne. Ou aparece quem tenha competência para agir e falar em nome dos que mais precisam, ou a esfinge nos devora.

Nos últimos artigos, tenho insistido na necessidade da formação de um "centro democrático progressista". O que é isso? Desde logo, não se trata de um "centrão", ou seja, de um agrupamento de pessoas que dominam legendas de partidos e que, na prática, se unem para apoiar ou rejeitar propostas do governo, cobrando um preço clientelístico. O "centro democrático" tampouco pode ser um agrupamento anódino que ora se define como favorável ao povo e esbanja recursos, como os populistas, ora se comporta de modo austero, com bom manejo das contas públicas, mas sem olhar para o povo, como os "neoliberais". Então o que seria?

* *O Estado de S. Paulo* e *O Globo*, 3 de novembro de 2019.

Escrevi sobre o "liberalismo progressista" dizendo que ele se diferencia do "liberalismo conservador, de corte autoritário". Neste, o mercado é o *deus ex machina* que molda a sociedade. O primeiro respeita os mercados, sabe que as economias contemporâneas são "de mercado" (quase sem exceção), mas sustenta que elas não dispensam a regulação e mesmo a ação do Estado na economia. A atuação estatal, não sendo a única nem mesmo a principal mola do crescimento econômico, continua a ser necessária para evitar que a desigualdade mine a democracia e o crescimento.

Na prática, o risco maior do liberalismo conservador, de caráter autoritário, é o de derrapar para formas abertamente não democráticas de decidir e, assim, aumentar o fosso entre dirigentes e dirigidos, abrindo espaço para manifestações populares antagônicas ao poder. Já o risco do progressismo é se transformar em populismo e, com o propósito ou o pretexto de servir ao "povo", desorganizar as finanças públicas, levar à inflação e ao desemprego. O país cai na estagnação, abrindo espaço para a "direita" (ou seja, para formas disfarçadas ou abertas de autoritarismo).

Não terá sido um vaivém entre essas formas de liberalismo, autoritarismo e populismo (mais do que o risco de fascismos ou comunismos) o que tem caracterizado boa parcela das formas políticas do mundo contemporâneo? Desse vaivém escapam os países nos quais liberdade e democracia não compõem parte do éthos nacional (os que não são ocidentais ou ocidentalizados). A oscilação acima referida, e mesmo a dúvida sobre o valor da democracia representativa, tem aumentado muito, afetando nações de tradição liberal. Não faltam autores que chamam a atenção para esses desdobramentos: a crise das democracias, como morrem as democracias, o povo contra as elites, e assim por diante, dão título a muitos dos volumes que tratam dos fenômenos políticos contemporâneos.

Por trás desse desaguisado estão os novos meios produtivos e as formas contemporâneas de comunicação, que moldam as sociedades. A primeira vez que me dei conta disso foi em maio de 1968, quando era professor da Universidade de Paris, em Nanterre. Anos mais tarde, procurando teorizar a respeito, disse, no discurso em que transmiti a presidência da Associação Internacional de Sociologia em 1986, que os fios desencapados da sociedade podem se tocar de repente, produzindo curtos-circuitos fora da polaridade tradicional "proprietários versus trabalhadores" e dos partidos que, no passado, os representavam. Havendo comunicação em rede, as faíscas que se acendem num ponto se propagam para os demais, e o protesto atravessa os limites entre classes e segmentos sociais, contaminando amplos setores da sociedade. Essa dinâmica do protesto e a velocidade de sua expansão já eram perceptíveis em 1968. Foi só quando a TV e o rádio passaram a cobrir as manifestações estudantis que estas entraram em contato com as negociações sindicais, que antes se davam à parte e à distância.

Que dizer agora, quando a internet e as redes conectam as pessoas e saltam as organizações? Se Descartes dizia "*cogito, ergo sum*" (penso, logo existo), hoje a frase síntese é outra: estou conectado, logo existo. Mais ainda: as forças produtivas contemporâneas, com robôs e inteligência artificial, aumentam a produtividade, concentram a renda e não geram empregos na proporção da procura por trabalho, a despeito da redução da taxa de crescimento da população. E, graças à internet, muitos ficam sabendo do que ocorre.

Não será esse o fantasma por trás dos "coletes amarelos" de Paris, dos partidários do Brexit na Grã-Bretanha ou dos eleitores de Trump que querem ver os Estados Unidos *great again*? E não haverá o risco de, em *nuestra América*, confundirmos a Frente Ampla (eventualmente vitoriosa no Uruguai), ou os peronistas argentinos e agora as manifestações no Chile, que lembram o Brasil de 2013, e mesmo no Equador ou na Bolívia, como uma luta tradicional da "esquerda" contra a "direita", como se ainda estivéssemos nos tempos da Guerra Fria? A guerra agora é outra: menos desigualdade, fim da corrupção política, mais empregos e melhores salários. E quando há diminuição do ritmo de crescimento, como lembrava Tocqueville sobre a Revolução Francesa, a insatisfação eclode forte, como atualmente no Chile.

Dito isso, o centro liberal precisa ser progressista não apenas porque a igualdade de oportunidades e a garantia de um patamar de condições de vida dignas para todos são essenciais para uma democracia estável e uma sociedade civilizada, mas também porque vivemos outro momento do capitalismo, no qual as políticas públicas devem ser complementadas pela ação da sociedade civil. É do interesse da maioria existir um governo ativo e com rumo. Capaz de respeitar as regras do mercado, mas também os interesses e necessidades do povo. E estes não são resolvidos automaticamente na pauta econômica, requerem ação política e ação da sociedade.

Não será esse o miolo de um centro radicalmente democrático e economicamente responsável? Talvez, mas, na vida política, não basta ter ideias: é preciso que alguém as encarne. Ou aparece quem tenha competência para agir e falar em nome dos que mais precisam, ou a esfinge nos devora.

82. Democracia e explosões sociais*

> *Mudanças tecnológicas e culturais põem em xeque as estruturas de poder em todo o mundo. Explosões sociais se tornaram quase comuns quando antes eram um ponto fora da curva.*

Em conferência recentemente feita em Valparaíso, no Chile, Manuel Castells voltou a caracterizar as manifestações populares contemporâneas (como já o fizera em seu livro *Ruptura*) como "explosões" mais do que como movimentos sociais. Com a nova *malaise*, mal-estar que marcou o período anterior à Primeira Guerra Mundial, em plena Belle Époque, parece que a irritação contra *los que mandan* se generaliza.

Castells, que há muito estuda as "sociedades em rede", mostra que estas são fruto da comunicação interpessoal via internet. Os novos meios de comunicação se tornam não só propiciadores da expansão de movimentos sociais, como também facilitadores

---

* *O Estado de S. Paulo* e *O Globo*, 1º de dezembro de 2019.

de súbitas expressões coletivas de repúdio. Estes chegam a dar a sensação de serem capazes de abalar as estruturas de poder, o que, às vezes, de fato se verifica.

Desde quando mostrou os efeitos do uso de telefones celulares para explicar como se deu a reação na Espanha contra as explicações inaceitáveis do governo sobre o famoso caso do atentado na estação de metrô madrilenha de Atocha, nosso autor escreveu vários trabalhos que confirmavam suas análises sobre as sociedades da "informação".

Pois bem, novamente o caso do Chile chama a atenção: país exemplo de crescimento econômico e estabilidade institucional, de repente surge no noticiário mundial como mais um caso de revolta popular e reação policial violenta.

Convém repetir o dito por Castells na conferência de Valparaíso: o Chile é mais um caso de uma série de manifestações com dinâmicas semelhantes. Ou nos esquecemos do ano de 2013 no Brasil? Ou da Primavera Árabe? E por que não acrescentar o Occupy americano ou os coletes amarelos franceses? E, em nossa América Latina, a vizinha Bolívia agora mesmo ou pouco antes no Equador? E acaso o que tem ocorrido no Iraque nas últimas semanas será diferente?

Sim e não. Há algo em comum: mudanças tecnológicas e culturais que põem em xeque as estruturas de poder em todo o mundo. Nos países em que há eleições e liberdade, a reação popular, contraditoriamente, é maior e mais visível. Nos autoritários, o controle da informação e as restrições políticas, por ora, contêm os ímpetos populares. A diferença é notada mesmo onde a liberdade não é plena: basta comparar Hong Kong com a China continental.

O certo é que as explosões sociais se tornaram quase comuns quando antes eram um ponto fora da curva. Nos anos 1960 e 1970, surgiram ondas de protesto social. A origem do mal-estar estava nas universidades, mas ele só se irradiava quando se fundia com as reivindicações tradicionais "de classe". Aí, sim, parecia que o sistema pegaria fogo.

Vi de perto o que aconteceu em 1968 em Nanterre (onde Castells era um jovem professor-assistente). O movimento estudantil extrapolou os limites da universidade, mas só se tornou um fato político nacional ao ganhar a adesão dos sindicatos, confluência que produziu uma greve geral de grandes proporções. No conjunto, o movimento apareceu como uma Revolução Cultural, ainda sem símbolos claros para se expressar.

As explosões contemporâneas não se orientam por grandes projetos utópicos. No Chile o protesto ocorre num país que cresceu economicamente e ampliou muito o acesso à educação superior. Não é decorrência do empobrecimento, mas da frustração de expectativas que se foram elevando ao longo de trinta anos de crescimento acelerado, ainda que mais lento no período mais recente.

A onda de protestos no Chile mostra que uma economia de mercado não dispensa, e sim requer, mecanismos de proteção social que só o Estado é capaz de manter. Prova também que, se já não há lugar para as utopias igualitaristas, a igualdade de direitos continua a ser uma aspiração forte das sociedades democráticas.

O presidente Piñera fez o que se espera de um chefe de Estado em momentos de crise: apelou ao conjunto dos partidos políticos em defesa da democracia. O efeito foi positivo: a maioria deles se engajou num acordo para responder aos protestos.

As forças políticas, da direita à centro-esquerda, convergiram em torno da proposta que simboliza o desejo de mudança expresso nas ruas: uma nova Constituição. A atual ainda carrega parte de suas marcas de origem, na ditadura do general Pinochet, embora tenha sido reformada em vários pontos ao longo dos trinta anos de democracia.

Com exceção de partidos menores de esquerda, as lideranças políticas se juntaram em torno de uma saída democrática. À diferença do caso brasileiro, em que coube ao Congresso essa tarefa, no Chile a nova Constituição será obra de uma assembleia constituinte exclusivamente eleita para essa finalidade.

Em abril, o povo decidirá em plebiscito se a assembleia constituinte terá representantes dos partidos políticos (no máximo metade) ou se será integralmente formada por constituintes eleitos por outras formas de representação da sociedade. A nova Constituição será submetida a referendo popular.

O fato de o presidente eleito e os partidos terem construído em poucos dias um acordo pelo qual cedem poder em favor de um processo deliberativo que produzirá a nova Constituição do país mostra a consciência das lideranças políticas chilenas sobre a necessidade de assumir riscos para restabelecer a legitimidade das instituições políticas e da autoridade pública. Sob pressão, agiram com coragem recorrendo ao repertório institucional democrático. Uniram-se na condenação à violência, e o governo assumiu o compromisso de investigar acusações de violação de direitos humanos na repressão aos protestos.

Confio que o caminho escolhido leve o Chile a bom porto. A reação pela força não aplaca a ira desgovernada. Só a política, com palavras seguidas de ações que envolvam as pessoas na escolha dos caminhos, devolverá aos manifestantes o sentimento de pertencer a uma comunidade nacional em que a cidadania tem vez e voz na definição do presente e na construção do futuro.

83. Cidadania e prosperidade*

Só se avalia o bem que representa respirar o ar da liberdade quando se perde tal possibilidade.

Todo começo de ano, a mesma ladainha: feliz Ano-Novo! É difícil escapar do lugar-comum e não pretendo dele me afastar (pelo menos neste início de janeiro). Tenho boas razões para manter certo otimismo, pois chego aos quase noventa anos — que cumprirei no próximo ano se os fados assim dispuserem — mantendo o bem-estar, o que supõe certa autonomia pessoal. E posso dizer, sem arrogância, que me sinto mais livre, mais à vontade, para dizer o que penso e o que me emociona. Já não serão amarras ideológicas ou partidárias que vão frear meus impulsos. Por certo, a família sempre há que se tomar em consideração; assim como também os amigos. Quanto aos demais, importam, mas não tanto quanto a família ou os amigos.

* *O Estado de S. Paulo* e *O Globo*, 5 de janeiro de 2020.

Dito isso, justifico meu otimismo relativo. Nasci em 1931 em um Brasil mais pobre (nasci no Rio e lá vivi até os nove anos). Era comum ver nas cidades pessoas usando tamancos, nos campos havia medo dos bichos-de-pé, o analfabetismo no país era avassalador, as classes médias altas compravam manteigas e queijos, bem como uvas e muitas outras gulodices mais, importados.

Automóveis usava quem os tinha: os ricos — e olhe lá — ou então os altos burocratas. O comum dos mortais usava o bonde. No Rio havia um reboque em cada bonde, chamado "taioba", com passagem mais barata. Em São Paulo havia os "camarões", mais fechados, e também havia o bonde duplo comum. Para ir a São Paulo (cidade para a qual vim em 1940), ou ir de lá ao Rio, usava-se mais frequentemente os trens, também com categorias de primeira e segunda classe. A grande renovação foi a chegada das "litorinas" (comboios menores e mais ágeis) cujo percurso — diurno — durava cerca de oito horas, enquanto os trens requeriam doze. Avião era para os valentes e milionários... De carro, quem podia dividia a longa viagem de doze a catorze horas ou mais e se alojava no meio do caminho em um hotel ou em alguma fazenda de parente ou amigo. No verão chovia sem parar, tornando um lamaçal os trechos de terra do que veio a se chamar a "Via Dutra". E era via de pista única, com mão para ir, outra para voltar.

De lá para hoje as mudanças foram enormes. Tornamo-nos uma das dez maiores economias do mundo (embora na rabeira delas). A economia se industrializou, e a de serviços cresceu. A agricultura e a mineração brilharam. O país se urbanizou: mais de dois terços da população vivem em cidades (ou em suas muitas periferias pobres). O analfabetismo não chega a abranger 7% da população maior de quinze anos e vem caindo há alguns anos. Universidades (pelo menos no nome) o país as tem às dezenas, e olha que as primeiras foram criadas nos anos 1930, embora houvesse antes escolas isoladas mais antigas. E o SUS, Serviço Único de Saúde, por mais que seja criticado nas cenas em que as tevês mostram filas enormes, é uma realidade de dar inveja a muitos povos: o atendimento é universal e gratuito. Antes só eram acolhidos nos hospitais os membros de alguma categoria profissional ou os que batiam às portas das Santas Casas de Misericórdia. Naturalmente, os mais ricos pagavam e tinham atendimento melhor, mesmo no passado.

E temos democracia. Só se avalia o bem que representa respirar o ar da liberdade quando se perde tal possibilidade. Quem, como em meu caso, viu o país viver com ditaduras ou autoritarismos durante cerca de 25 anos, intermitentes, sabe que respirar a liberdade é algo essencial. O estudo e a prática profissional no exterior, bem como o exílio, me ensinaram a respeitar as instituições que provêm e garantem as liberdades individuais e os direitos, das pessoas e dos coletivos. Desejo, portanto, que continuemos a desfrutar da liberdade e da democracia.

Há mais, contudo. Escrevi que no passado a maioria das pessoas tinha piores condições de existência. Muitos ainda as têm. O modo para melhorar essa situação é conhecido: crescimento da economia e políticas públicas que levem a maior igualdade. Crescimento razoável e contínuo. Ficaram no passado as taxas de 7% e 8% ao ano de crescimento do PIB. Quanto mais amadurece uma economia, menores são as taxas médias de crescimento. Mas almejar crescer 4% ao ano durante uma década (e daí por diante) é possível e necessário. E não suficiente: também é preciso redistribuir a renda, oferecendo mais educação, saúde, emprego e o que seja necessário para a sobrevivência dos despossuídos (mesmo bolsas, para evitar tragédias). E também mudar as regras de tributação, não só para simplificá-las, mas para que elas pesem mais sobre quem pode mais e menos nos que mal conseguem consumir o necessário para sobreviver.

É nesse ponto que o carro pega. O futuro de um país se joga

com sonho e ação. Se olharmos para trás veremos que o sonho se esvaeceu. Persiste, mas é menos nítido na imaginação das pessoas. A rotina pesa mais que a vontade de mudar, de construir um futuro melhor para todos. É o que desejo para 2020 e para daí em diante: que voltemos a sonhar. Tenhamos mais grandeza, não no sentido da arrogância, mas da fé em nosso destino nacional. Precisamos de maior coesão e menos diferenças entre "nós" e "eles", sejam quais forem os "nós" e os "eles". Para tanto precisamos diminuir as desigualdades: elas começam no berço, mas se consolidam na pré-escola e no ensino fundamental. Daí por diante, nem falar...

E não devemos perder de vista que vivemos em uma civilização científico-tecnológica. A batalha do futuro se dará no campo da educação e da cidadania. É preciso que estejamos "conectados", sem perder os valores básicos: precisamos utilizar a razão e saber que ela, sem sentimento, torna-se mecânica, autocrata. Desejo que 2020 aumente a consciência de que podemos melhorar. Para isso, precisamos estar juntos. A melhoria de um, quando prejudica o outro, desfaz a base que devemos prezar: nossa coesão como pessoas que vivem na mesma comunidade nacional.

Bom Ano-Novo, com emprego, prosperidade, mais igualdade e cidadania.

84. Angústias e crença*

Hoje somos mais de 210 milhões, diferentes e desiguais. Não me refiro à desigualdade provinda da diversidade, que nos enriquece, mas da que mantém na pobreza boa parte dos nossos conterrâneos.

Fim e começo de ano são épocas de balanço pessoal, familiar, das empresas e mesmo do país. Sem maiores pretensões, direi umas poucas palavras sobre o mais geral: o que me preocupa ao ver o Brasil como nação.

Primeiro, a maior angústia coletiva: levantar o gigante de seu berço. Tarefa que vem sendo feita ao longo de gerações. É inegável que houve avanços, alguns consideráveis. Da perspectiva histórica, não há muita razão para queixas. Bem ou mal, de uma sociedade agrário-exportadora, que usava escravos como mão de obra, o país passou a dispor de uma economia urbano-industrial,

* *O Estado de S. Paulo* e *O Globo*, 2 de fevereiro de 2020.

baseada no trabalho livre. Para isso, não só as migrações internas como a imigração foram fundamentais. Com elas, se acentuou nossa diversidade cultural.

Hoje somos uma nação plural, em que a contribuição inicial dos portugueses se robusteceu muito, não apenas por havermos conseguido passar da escravidão para o trabalho livre, mas também por termos incorporado étnico-culturalmente os negros à nossa sociedade (embora ainda de forma parcial) e em nossa cultura. Incorporamos também um significativo conjunto de pessoas vindas da Europa latina e de outros segmentos populacionais do continente europeu. Sem nos esquecermos da imigração de origem árabe, tanto de sírios quanto de libaneses, nem da asiática, sobretudo a japonesa. E, desde o início da colonização, houve miscigenação com as populações autóctones.

Dado o mosaico, será que conseguimos de fato criar uma nação consciente de seu destino comum e acreditar que ele seja bom? Esse é o desafio que explica parte de nossas incertezas. Hoje somos muitos, mais de 210 milhões de pessoas habitam o Brasil. Nossa força, como também nossas dificuldades, se liga ao tamanho dessa população: somos muitos, diferentes e desiguais. Não me refiro à desigualdade provinda da diversidade, que nos enriquece, mas da que mantém na pobreza boa parte dos nossos conterrâneos. Essa é outra fonte de nossas angústias: como envolver num destino comum, de prosperidade e bem-estar, tanta gente social, cultural e economicamente desigual? Se há algo a admirar nos Estados Unidos é que, como nação, e apesar de apresentarem as mesmas, e até maiores, diversidades e confrontos entre seus habitantes, eles conseguiram criar e transmitir o sentimento de que "estão juntos". A crença nos valores da pessoa humana, da democracia e da liberdade, que a Constituição americana expressa, serve de cimento para que a nação avance.

Precisamos de algo semelhante. Em nosso caso, talvez o caminho seja o da educação. Enquanto tive poder de decisão, pendi para ampliar a inclusão dos jovens na pré-escola e no ensino fundamental. Não por descrer da importância do ensino secundário e do superior (nem poderia, dada minha vivência como professor), mas porque, nos dias de hoje, quem é bom de verdade avança, mesmo que sozinho, e se torna "global". Porém o que conta para a formação nacional é a média e não a ponta de excelência. E a média não avança se a base da pirâmide não for ampla e sólida.

Até que ponto se conseguiu avançar? Em certos setores, bastante: nos segmentos produtivos nos quais fomos capazes de introduzir ciência e tecnologia. Assim aconteceu especialmente na agricultura que, desde o passado, se apoiou na tecnologia. O Instituto Agronômico de Campinas exemplifica bem o que ocorreu com a produção cafeeira. Por trás de cada produto em que a agricultura avançou, sempre houve o apoio de alguma instituição de fomento e pesquisa. Também nos setores financeiros, a própria inflação elevada às alturas forçou a introdução de tecnologias contemporâneas. Quando ensinei em Paris no início dos anos 1960, era chocante ver os procedimentos quase manuais dos bancos locais e comparar com o que era feito no Brasil para dar conta da inflação diária na movimentação dos correntistas.

Mesmo na indústria, não só as grandes guerras mundiais isolaram os mercados e, sem o querer, tiveram como consequência transformar muitas oficinas mecânicas em fábricas, como houve esforços consistentes para produzir no Brasil aço e materiais de consumo doméstico, inclusive automóvel. E nos orgulhamos de produzir aviões e navios. A indústria extrativista, que era pouco eficiente, se agigantou (basta ver o que ocorreu com o petróleo). E tudo isso requereu melhorias na infraestrutura.

No mundo contemporâneo, há setores nos quais a ciência e a tecnologia deram saltos importantes. Para começar, houve uma revolução na informática. Com ela, foram criadas novas formas de sociabilidade que abalam as estruturas tradicionais de poder e põem em risco as formas vigentes de representação e ação política, especialmente nos países que têm a liberdade como um valor. Mas há outros setores que avançaram graças à ciência e à tecnologia: a área espacial, por exemplo. E, para tocar em setores que dizem mais diretamente ao interesse das pessoas, o que se tem conseguido nas áreas microbiológicas não é pouco.

É essa a grande preocupação quanto ao nosso futuro. Pouco foi feito em algumas das áreas que mais avançam na era contemporânea. É pena vermos o governo atual mergulhado em crenças atrasadas que podem prejudicar, no largo prazo, o nosso destino como nação. Se em vez de namorar o criacionismo e o "terraplanismo" — uma quase caricatura — os que nos governam acreditassem mais na ciência, na diversidade e na liberdade; se em vez de guerrear contra fantasmas (como o "globalismo" ou a penetração "gigantesca" do "marxismo cultural") os que se ocupam da educação, da ciência e da tecnologia no Brasil voltassem seus esforços para ver como se dá a competição entre as grandes potências e dedicassem mais atenção à base científico-tecnológica requerida para desenvolvimento de um país moderno, democrático e que preza a liberdade, estaríamos mais seguros de que nossas inquietações, com o tempo, venham a encontrar solução.

Espero que encontrem, pois os governos passam e as nações permanecem.

85. Tempos incertos*

Assustados com a tempestade perfeita, os que não só acreditam em mitos, mas creem encarná-los, assumem ares de valentia. Na verdade, sentem receio de que sua força se esvaia pelo contrapeso da realidade.

Os tempos modernos se caracterizam pela racionalização crescente, dizem os cientistas sociais. Se é verdade que nas culturas mais simples as crenças — certas ou erradas, não importa — ditavam o que deveria ser feito, com a complexidade do mundo contemporâneo, especialmente pós-industrialização, a ciência substituiu as crenças. Se isso não vale para o que é transcendental, deveria valer como baliza para as decisões, sobretudo as decisões de quem tem responsabilidade pública.

A ciência serve de guia para recomendar o provado, não elimina a necessidade de juízo político e moral sobre decisões a

---

* *O Estado de S. Paulo* e *O Globo*, 7 de junho de 2020.

tomar. Dilemas difíceis chegam em situações de grande incerteza, como agora, pois não só o futuro parece indefinido, mas o presente se mostra volátil. Nestas horas é que mais se requerem lideranças para responder a desafios que exigem soluções complexas. É tarefa de todos ajudar nos resultados a partir do que se alcançou com o conhecimento. Mas os rumos são de responsabilidade moral dos que lideram. Cabe a eles decidir com base no conhecimento, pensando no que é bom ou mau para as pessoas.

Os comentaristas têm repetido que enfrentamos uma "tempestade perfeita". Chove e venta copiosamente por todo lado: o coronavírus é pandêmico, a economia mundial está capenga, para não dizer paralisada ou regredindo, e, em muitos países, os donos do poder creem em mitos. Mitos que não são como os dos primitivos, aos quais não havia saber que se contrapusesse.

Assustados com a tempestade perfeita, os que não só acreditam em mitos, mas creem encarná-los, assumem ares de valentia. Na verdade, sentem receio de que sua força se esvaia pelo contrapeso da realidade, que não conseguem compreender. Buscam culpados e inimigos, em vez de diálogo e convergência, para atravessar o temporal, com o menor dano possível ao casco do navio, aos tripulantes ou aos passageiros a bordo, sobretudo os do "andar de baixo".

Os que mandam nem sempre entendem os sinais que provêm de outros setores da sociedade. Desde quando inventaram na política brasileira a peleja do "nós" contra "eles", o adversário virou inimigo. E com inimigo não há conversa: o inimigo se destrói. A menos que ele se renda e, ajoelhado, mostre repúdio às suas ideias "subversivas", que corroem a "ordem".

Em nosso país, que vive uma tempestade perfeita, o "nós" contra "eles" é criminoso. A vítima é a estabilidade da democracia, conquista civilizatória que nos tem permitido resolver nossos conflitos políticos de modo pacífico. Quem a põe em xeque ou silencia diante de vozes autoritárias não é conservador. É promotor da instabilidade e do retrocesso civilizatório ou conivente com ele. Alguns são cultores da violência, do fanatismo e da ignorância. Subversivos são os que assim procedem, não quem ergue sua voz para preservar o patrimônio comum de todos os brasileiros, mulheres e homens, civis e militares, conservadores, liberais e progressistas: a democracia que construímos.

São tempos incertos. Neles, a liderança deve apelar à racionalidade, ao bom senso, ao sentimento de solidariedade e de comunhão nacional, admitir que não há caminhos fáceis nem soluções mágicas, cabendo ao país buscar alternativas de braço dado. O Brasil tem vulnerabilidades, a começar por seus grandes aglomerados urbanos nos quais milhões de pessoas vivem do trabalho informal e habitam moradias precárias. Sem falar dos desempregados e mesmo dos que perderam condições para se empregar. Tem também limitações fiscais, que podem e devem ser flexibilizadas num momento de emergência social e econômica, porém jamais ser desconsideradas. Mas o Brasil também tem ativos: o SUS, instituições de pesquisa científica como a Fiocruz, universidades como a USP e várias outras, epidemiologistas de categoria internacional, militares devotados ao serviço público, uma sociedade civil solidária e ativa, governadores e prefeitos que arregaçaram as mangas para enfrentar o desafio, uma imprensa atenta e instituições públicas de controle capazes de zelar pelo bem comum etc.

O que nos tem faltado é quem possa inspirar, em lugar de ódio e rancor, confiança em nós mesmos. Confiança requer serenidade de quem busca despertá-la nos seus compatriotas, exige compostura, capacidade de convencer pelas ideias e não de se impor pela ameaça.

O Brasil já contou com políticas e políticos que despertavam confiança. Convivi com Tancredo Neves. Era homem de fala mansa, mas de valores firmes. Foi um democrata a vida toda, um político de diálogo, atento à necessidade de buscar denominadores comuns em momentos críticos. Convivi com Ulysses Guimarães, que sabia aliar ao diálogo a firmeza, quando necessário. E assim vários outros.

Que a lembrança deles nos inspire a fazer frente aos arreganhos autoritários com firmeza e serenidade. E que novas lideranças possam encarnar o espírito ecumênico que caracterizou boa parte de nossa liderança para que, em 2022, não se repita a escolha trágica de quatro anos atrás.

86. Agonia e esperanças*

No auge da pandemia, o governo persiste no negacionismo, na politização e no desprezo ao conhecimento. Isso, que já seria grave em tempos normais, chega às raias do absurdo diante da ameaça que pesa sobre o país.

Quase ao chegar ao final do ano em curso, as agonias aumentaram. Na economia, o país se arrasta numa recessão há já algum tempo, agravada pela pandemia causada pelo novo coronavírus. Tudo naturalmente aumentado pela desconfiança no governo federal: faltam a ele as qualidades necessárias não só para agir com rapidez, mas mesmo para agir. Não vou relembrar, por ocioso, mas a "gripezinha" virou morte para milhares de pessoas; o descaso chegou a tanto que na área da saúde os ministros se sucedem e os erros não cessam: falta muita coisa, mas chama a atenção a imprevisibilidade, o desconhecimento é substituído por palpites em grande quantidade.

* *O Estado de S. Paulo* e *O Globo*, 6 de dezembro de 2020.

No auge da pandemia, quando liderança, informação verídica e respeito à ciência salvam vidas, o governo federal persiste no negacionismo, na politização e no desprezo ao conhecimento. Isso, que já seria grave em tempos normais, chega às raias do absurdo diante da ameaça que pesa sobre o nosso país.

Agora mesmo, como se não houvesse urgência, há gente na sociedade pondo em dúvida a eficácia das vacinas em geral. Isso num país como o nosso, de amplíssima tradição na matéria. Os dias tristes das revoltas "contra as vacinas", no caso a da varíola e febre amarela, que marcou um tento de Oswaldo Cruz, podem até virar o feitiço contra o feiticeiro. A revolta agora é contra a demora das vacinas quando, na verdade, nunca se viu esforço tão rápido para encontrar alguma que contenha a ação negativa do referido vírus. Mas existe também a descrença nelas. É certo que, por enquanto, por parte de um grupo que se deixa levar pelo que deduz serem as promessas de vacinas com falta de cautela das autoridades.

Ainda bem que a mídia, em geral, procura mostrar o contrário e ressaltar que, enquanto a vacina não chegar, cada um de nós é responsável por atuar: que fiquemos em casa é o refrão.

Refrão correto; mas o que fazer quando não se tem casa confortável ou quando as pessoas vivem amontoadas tanto em suas casas quanto com os vizinhos, como se vê em muitas favelas, casas de cômodos e cortiços que abrigam boa parte da população brasileira? É para essas pessoas, a maioria da população, que o governo precisa olhar em primeiro lugar. E são essas as vítimas preferenciais do novo coronavírus (sobretudo os mais velhos, para os quais o "bichinho" parece ser impiedoso). Sabemos que, no início, os mais atingidos eram os que viajavam, que não fazem parte da maioria pobre. Pouco a pouco, porém, a epidemia foi se alastrando e alcança, é verdade que sem exclusividade, os que menos têm posses e são abrigados pelo sus (bendito sus!).

Daí a enorme responsabilidade dos governos. No plano estadual, alguns estão se saindo bem; não se poderia dizer o mesmo, com simplicidade, sobre o governo federal, pelo menos quando são ouvidas as palavras proferidas por seu maior representante, o presidente. Compreendo que ele não queira ver tudo pelo vitral do pessimismo, mas que veja com algum realismo as coisas sob seu comando, pois elas têm efeito sobre muita gente. É o que se espera de qualquer governo razoável.

Há esperanças, a despeito de tudo. Elas se concentram no fato de a população, no geral, ser receptiva a palavras sensatas (as eleições municipais recém havidas mostram isso). Daí que, quanto mais reforço houver na palavra dos que entendem, os médicos e cientistas, melhor. O que choca é ouvir notas dissonantes vindas de quem deveria ser politicamente responsável. Entendo as aflições e urgências, afinal, completarei em alguns meses noventa anos. Há pressa. Mas o que fazer: não há medicamento específico para o vírus, e a vacina (qualquer delas) ainda não está disponível, embora cada vez mais próxima. Por isso mesmo, é preciso, no mínimo, que as autoridades não aumentem a algazarra dos que pouco sabem e que, ao falar, meçam o peso de suas palavras. Não é compreensível que países com menos recursos estejam mais perto de ter acesso a uma vacina do que nós.

Sei que para muitos (inclusive empresas, não só pessoas) é impossível parar. Mas, mesmo neste caso, que sejam observadas as prevenções que vêm dos que mais sabem de saúde pública. E que os governos, se não puderem ou quiserem ajudar, não atrapalhem. Superaremos estes dias agônicos, sou confiante. Sei que quanto mais depressa chegarem as vacinas, melhor. Enquanto isso, que cada um cumpra seu dever, como disse famoso almirante em momento no qual a guerra era dificultosa para os brasileiros. O momento é duro; confiemos, agindo. E se nada de construtivo pudermos fazer ou dizer, que não atrapalhemos os que sabem e os que estão dando o melhor de si para se manter vivos, eles próprios e a quem tratam.

Estamos a vinte dias do Natal, momento de alegria, fraternidade e renovação. Por uma fatalidade, os dias vindouros serão de máximo perigo. O que se passa nos Estados Unidos já deveria nos bastar como alerta. Uma pandemia fora de controle, com uma previsão assustadora de pico para janeiro de 2021.

87. A hora se aproxima*

A liberdade é como o ar que respiramos: sem que nos demos conta, é dele que vivemos. É hora de promover a junção das forças capazes de se contrapor a eventuais estrebuchamentos autoritários, antes que surjam propostas que nos levem a eles.

A única vantagem que os mais velhos podem eventualmente ter é que já viveram situações difíceis. Elas não deixam saudades. Os que se aproximam dos noventa anos (questão de três meses no meu caso) passaram pela Segunda Guerra; viram a migração do Nordeste tocada pela pobreza e, mais tarde, a do Sul, abrindo fronteiras no Oeste e ocupando terras; passaram pelo golpe de 1937, viram outra vez, de lado político distinto, o movimento de 1964 (em ambos os momentos, carreiras foram cortadas, e mesmo vidas, ceifadas, às vezes pela tortura) e viram a democracia voltar a ser um valor. A liberdade é como o ar que respiramos:

* *O Estado de S. Paulo* e *O Globo*, 4 de abril de 2021.

sem que nos demos conta, é dele que vivemos. Basta cortá-lo para aparecerem consequências nefastas.

Daí eu ver com apreensão o momento atual. O país sofre de uma crise sanitária gravíssima (talvez só comparável com o que ocorreu na "gripe espanhola" em 1918-9); ainda padece de dificuldades econômicas, decorrentes não apenas da recessão, mas também da utilização de tecnologias poupadoras de mão de obra, as quais, sem que haja dinamismo na produção, mostram com clareza as dificuldades para a obtenção de empregos. E, ainda por cima, temos um governo que não oferece o que mais precisamos: serenidade e segurança no rumo que estamos seguindo.

Nem tudo se deve à condução política do presidente. Convém repetir: ele foi eleito pela maioria e disse o que faria... Fez, e não deu certo. Em função disso, para onde vai o país? Primeiro, não julgo que seja suficiente distribuir "culpas". Há várias culpas e vários culpados, interna e externamente. Sejamos realistas: ainda que o presidente fosse capaz de conter seus ímpetos, não nos livraríamos do vírus que nos atormenta. Mas poderia haver menos mortos. A credibilidade dos que mandam é quase tão eficaz para conter desatinos quanto a competência dos serviços de saúde para evitar mortes.

A semana que passou dava a sensação (a meu ver, falsa) de que corríamos o risco da volta ao autoritarismo. O símile com situações autoritárias do passado não ajuda a entender as opções disponíveis. Houve, sim, uma forte movimentação de comandos militares. Mas, para dizer em termos simples: trocamos seis por meia dúzia. Cada chefe militar tem, é natural, suas características e manias. Nenhum dos atuais comandantes, antigos ou novos, nos postos imagina que "um golpe" resolve a situação. Não sei o que se passa na cabeça presidencial, mas, ainda que desejasse um "golpe", com que roupa? Basta ler as declarações dos militares que partiram ou dos que chegaram: quase todos falam em respeitar a Constituição e agir dentro da lei.

Não me parece haver clima, no país e na parte do mundo a que estamos mais vinculados, para aventuras. Dados o porte de nossa economia e a quantidade de questões sociais e econômicas a serem enfrentadas, por que uma pessoa razoável aumentaria nossas angústias? E as que não são razoáveis? Estas precisam dispor de um clima favorável a suas loucuras, o que creio não ser o caso.

Sendo assim, aumenta a responsabilidade de cada um dos cidadãos: devemos dizer, com firmeza, *sim* ao que queremos, e *não* ao que nos assusta. Não é hora de calar nem de fazer algazarra. Aproveitemos o quanto possível para, com equilíbrio, mostrar a insensatez de concentrar poderes nas mãos de quem quer que seja, pessoa ou instituição.

Defendamos a Constituição, que é democrática, e saudemos os políticos que creem que é melhor apoiar quem possa chegar à Presidência sem representar um extremo. Apresentemos aos brasileiros, o quanto antes, um programa de ação realista, que permita juntar ao redor dele os partidos e as pessoas para formar um centro, que seja progressista, social e economicamente. Centro que não pode ser anódino: terá lado, o da maioria, o dos pobres; mas não só, também o dos que têm visão de Brasil e os que são aptos para produzir.

Quem personificará esse centro? É cedo para saber. É cedo para "fulanizar", como diria Ulysses Guimarães. Mas é hora de promover a junção das forças capazes de se contrapor a eventuais estrebuchamentos autoritários, antes que surjam propostas que nos levem a eles. Vejo que alguns políticos se dispõem a agir para evitar que a mesmice predomine. Pelo menos é o que deduzo das declarações recentes de vários líderes da vida brasileira. A eles juntarei minha voz. Sei das minhas limitações e não tenho a ilusão de que, ao escrever que a eles me juntarei, a situação mudará. Mas se cada brasileiro se dispuser a falar e a agir, é de esperar um futuro melhor.

Na política, como na vida, ou se acredita que é possível mudar e obter algo melhor, ou se morre por antecipação. Continuemos, pois, vivendo: propondo mudanças, sempre com a expectativa de que elas podem ocorrer e que com elas o Brasil ficará melhor.

88. A ação indispensável*

> *Vacina boa é vacina no braço das pessoas. Há que buscá-las, custe o que custar. Mas, enquanto não vêm, que pelo menos os que têm autoridade falem com mais compaixão e atuem com maior discernimento.*

O mundo passa por um mau momento: não é só a pandemia, é a aflição do amanhã; olhando-se em volta pouco se vê, a não ser a preocupação com a sobrevivência e o pouco ânimo com as doenças. E não é para menos.

Apesar disso, enquanto estivermos por aqui, é melhor, se não der para agir, pelo menos sonhar. O pior é que se nos envolvermos muito com o dia a dia, mesmo no sonho, o que há é pesadelo. Principalmente se no devaneio aparecer a política. Mas vamos lá...

Nosso presidente não decepciona, atua como se nada houvesse de grave... Mesmo eu, que, por motivos óbvios, prefiro não

---

* *O Estado de S. Paulo* e *O Globo*, 6 de junho de 2021.

falar dos incumbentes, de vez em quando tenho vontade. Não é possível tratar a epidemia com total alheamento. Todos temos a ver com ela. Com mais forte razão aqueles que deveriam cuidar de nosso bem-estar. Não vou exagerar: cada indivíduo precisa cuidar-se. E a crise de saúde não é "culpa do governo". Fizesse o que fizesse o governo, o vírus estaria pronto a atacar.

Mas daria para ter um pouco mais de cuidado. Se a ação for pouco responsável, que pelo menos as palavras sejam cuidadosas. Não é o que se vê.

Deixemos de lado, contudo, o modo de ser e falar. Esqueçamos mesmo o aspecto médico-hospitalar da crise atual: não dá para deixar de lado o óbvio: a recuperação da economia demandará tempo e precisa de ação. Já.

Vejo declarações dizendo que a recuperação econômica será em breve. Confesso que as leio com preocupação. Com base em quê? Talvez, mas, por enquanto, é mais uma aposta do que uma verificação baseada em dados ou na experiência. Ainda que seja essa a tendência, o que sentirão os desempregados que escutam, sem ter poder de decisão, que o futuro será promissor e a recuperação será em breve?

Um pouco de empatia e solidariedade não faz mal a ninguém. Em nosso meio, se não dá para curar, que pelo menos se mostre preocupação com o que está ocorrendo. Tomara que a recuperação da saúde e do bem-estar venha depressa. Para tanto, mais do que nunca, é preciso vacinar. Vacina boa é vacina no braço das pessoas. Há, portanto, que buscá-las, literalmente custe o que custar. Mas, enquanto não vêm, que pelo menos os que têm autoridade falem com mais compaixão e atuem com maior discernimento.

Parece que na Ásia, Japão, Coreia e China à frente, o mal-estar sanitário vai passando sem tantas vítimas (isso se não olharmos para a Índia...). Por quê? Possivelmente, o próprio povo aprendeu a se cuidar, mas não terá sido só por isso. As autoridades também colaboraram. Além da vacinação em massa, os asiáticos e os europeus investiram em testagem, identificação e isolamento dos doentes. Nesse ponto, também estamos mais do que atrasados. Se não sabemos muito bem as causas, tratemos de estudar as experiências bem-sucedidas e aplicar seus ensinamentos.

A ignorância ou a inação diante dos efeitos do coronavírus sobre as pessoas, a sociedade, o emprego e a renda dos que mais precisam é mal de custosa cura. Custosa em termos do número de vítimas diretas causadas pela moléstia e das indiretas, se considerarmos os muitos que são vítimas da retração econômica.

É só andar pelas ruas ou ler os jornais para ver quantas lojas, restaurantes e mesmo empresas produtivas não estão operando; ao voltar à ativa, os que voltarem precisarão de apoio financeiro e de governos. É isso que aumenta a preocupação: a falta de previsão sobre ações de apoio, além da realidade do vírus.

Sei que os atuais governantes foram eleitos e acho que o voto deve ser respeitado. Já tivemos alguns impeachments, e a experiência deixou um sabor amargo em muitos. Por isso mesmo, a pregar tal método, prefiro bater em outra tecla: já que o governo parece não dar a devida atenção à crise de saúde, que pelo menos a dê à saúde econômica. Ainda que movido pelo afã (vão, torço eu) da reeleição, que pelo menos atue logo para evitar que a crise econômica nos atinja por muito tempo.

É disso que precisamos. De governos (e há bons exemplos estaduais e locais) que, além de falarem, prevejam e atuem para, pelo menos no âmbito de suas ações, a sociedade não ter de pagar futuramente preços tão elevados. Graças ao SUS, temos um sistema de saúde eficiente. O trabalho de nossos médicos e cientistas nos orgulha e alenta. Aprendemos a bem cuidar e a vacinar. Usemos plenamente o conhecimento adquirido. Mas não descuidemos da vida produtiva. Enquanto há tempo.

Reitero: de imediato, as pessoas querem se salvar, por isso

mesmo as ações de saúde pública são indispensáveis. Distanciamento social, uso de máscaras, higiene das mãos, ventilação dos ambientes fechados salvam vidas. Cada um que se cuida cuida dos outros. Mas, tão logo terminem essas aflições, vão querer viver: com pouco trabalho e a renda diminuída, a insatisfação poderá aumentar. Se não fosse isso — o que de si já é importante para quem manda —, é obrigação pública cuidar de melhorar as condições de vida do povo e o crescimento do país. Não há desculpas, pois, para a imprevidência. A saúde e o bolso, ambos são indispensáveis.

89. Cuidado, presidente*

Presidente, atue enquanto há tempo. Um pouco mais que ele transcorra e já será tarde. Quando acontecer o inevitável, se não houver reação prática de sua parte, de pouco adiantarão os queixumes.

Tentei escapar, mas é quase inevitável falar sobre a CPI e os fatos que levam a ela. Não gosto de personalizar, menos ainda, por motivos óbvios, quando se trata do presidente. Tratarei de não o fazer, embora seja difícil.

O caso parecia banal: uma tentativa de gastar dinheiro público, sem critério. Mas não era. Não só por haver certa irritação no país com relação ao desvio de finalidades no uso do dinheiro dos contribuintes, mas porque, no caso, se trata de um governo que se jacta de ser cuidadoso nessa matéria (obrigação de qualquer presidente que se preze). E também porque os fatos em tela se dão no âmbito de uma pasta, a da Saúde, diretamente ligada à luta contra

---

* *O Estado de S. Paulo* e *O Globo*, 3 de julho de 2021.

a pandemia, a qual ameaça a vida de cada um de nós. Portanto, o olhar da opinião pública fica ainda mais atento para tudo que se passa em seu âmbito e no dos setores do governo a ele ligados.

Não quero dizer que se deva generalizar o que aconteceu, nem deixar de reconhecer o efeito, louvável, de o governo prestar atenção no que ocorre com os fundos públicos. Não deveria agora desviar o olhar. E não se trata só do presidente, mas do conjunto da administração: o chefe dela paga o preço de erros dos quais nem sequer toma conhecimento. Quem está na chuva se molha, como eu me molhei, mesmo não sendo responsável direto por alguns erros...

Por isso mesmo, pasma ver quanta incompetência e descaso na administração de coisas tão importantes como o que ocorre com recursos do Ministério da Saúde. Pior, chega a assustar o pouco-caso inicial da autoridade máxima para com os eventos que ocorreram naquela pasta. A alegação de desconhecimento pode até ser verdadeira (recordo-me do caso do apagão, quando eu, entusiasmado com a construção de novas hidrelétricas, não me dei conta de outros problemas de distribuição de energia que já atormentavam o povo e terminaram por "balançar o coreto").

Sei, por ter ocupado as funções que ocupei, que o responsável maior não pode saber o que se passa em cada setor da administração, nem a ele se pode atribuir "culpa" por desvio de recursos que não maneja diretamente. Mas, uma vez familiarizado com os casos, há que mostrar irritação e jogar ao mar os "culpados", pois é forte a reação que eles provocam em quem deles não participou e é vítima: o eleitorado. Foi nisso, sobretudo, que falhou o presidente. Passou a sensação à opinião pública de que não avaliou corretamente o tipo de falha que havia, que era grave.

Fica sempre a sensação: se ocorrem desvios na Saúde, por que não em outros casos? E é por aí que os governos podem se perder. A memória coletiva se forma assim nessa matéria. O povo já pensa, em geral, que *los de arriba* de outra coisa não cuidam senão de seus interesses pessoais ou dos de seus familiares e amigos. E logo agora quando temos um governo no qual os filhos, embora alguns eleitos, têm tanta presença. O fato só parece confirmar a crença antecipada do povo.

Não há, portanto, como considerar mero equívoco a pouca atenção inicial dada pelos altos círculos políticos aos acontecimentos. A mídia estará sempre pronta — é seu dever — para fazê-los recordar, seja insistindo em matéria já sabida, seja indicando caminhos que podem levar a outros tropeços.

Não torço por impeachments nem por novos desvios de dinheiro público, mesmo que nos levem a isso. Já votei por um impeachment e acompanhei outro, quando já não era mais senador. O custo para a memória democrática é sempre elevado. Mas... que fazer? Se o próprio presidente não cuidar de inibir os atos capazes de favorecer a ação do Congresso nesse sentido, ela acaba ocorrendo. Ainda há tempo para consertar o rumo. Mas, com a proximidade das eleições, o jogo político voltará a pressionar. Não adianta jogar a culpa na mídia ou "nos políticos": trata-se de um sinal de alerta a ser devidamente compreendido pelos que exercem o poder. E o poder é cruel. Principalmente quando alguém é dele retirado pelo voto dos congressistas e não pelo voto do povo.

Por tudo isso, presidente, atue enquanto há tempo. Um pouco mais que ele transcorra e já será tarde. Quando acontecer o inevitável, se não houver reação prática de sua parte, de pouco adiantarão os queixumes. Ação já, é o que o país espera. Quem elege o presidente é o povo. Este, às vezes, erra. Paciência. É melhor aguentar o quanto possível do que tentar usar o bisturi do Congresso para "acelerar" a história. Não digo isso "da boca para fora". Resisti o quanto pude a impeachments de presidentes, até que... chega a hora. Estamos longe dela e espero que não ocorra. Mas reafirmo: abra os olhos, presidente. Querendo ou não, se for tarde, as lágrimas podem não ser de crocodilo, mas não serão suficientes para evitar o que, por ora, parece ser longínquo.

90. Modernidade e desigualdades*

Ou bem fazemos algo para reduzir a pobreza e as diferenças sociais, ou continuaremos a ser um país com boas condições naturais, mas sem capacidade de entrar na "modernidade" — termo de que não gosto.

Um pouco mais de tempo, em poucos meses, recomeçam as campanhas eleitorais para a Presidência, para a Câmara dos Deputados e para o Senado. Já se veem os arreganhos: é um tal de os eventuais candidatos viajarem, de a imprensa falar deles e de alguns seguidores se animarem, que já é possível prever que, nesse aspecto, pouco muda.

O povo, por enquanto, continua preocupado com o dia a dia: é o salário curto, o emprego que pode faltar (e para muitos já falta), os transportes que custam caro e o ensino cujo custo, quando o pobre não tem a sorte de conseguir uma bolsa ou de

---

* *O Estado de S. Paulo* e *O Globo*, 3 de outubro de 2021.

ter acesso a uma escola pública, assusta os familiares. *Nihil novi sub sole...*

Quase sempre é assim. Mas também é verdade que, em poucos meses, a coorte de novas ideias e de esperanças voltará a motivar o eleitorado. E tomara que assim seja: sinal de que a liberdade e a democracia prevalecerão.

Haverá mesmo novos caminhos? Tomara. De todo modo, é melhor que haja esperança. E se há uma coisa que persiste em nosso meio é isso. Se a esperança se frustra é outro problema. Dependerá de conjunturas mundiais, de políticas locais e de que se candidatem pessoas capazes de exercer o poder dando ânimo ao país.

A despeito de tudo, o certo é que, se eu comparar o Rio de Janeiro do começo dos anos 1930, quando nasci, com o Rio de hoje, para não falar de São Paulo quando vim com a família para cá, na década de 1940, com a cidade de nossos dias, a vida melhorou. Para todos? Talvez não. Mas para a maioria. E olha que eu conheço as favelas do Rio, as casas de cômodos de São Paulo, os bairros mais pobres de Curitiba, Florianópolis e Porto Alegre. Conheço como pesquisador da vida dos negros e como político que precisa de votos.

Mas que ninguém se iluda: por mais que tenha melhorado, há diferenças gritantes entre as várias camadas da população. Do campo, então, nem se fale: e isso que conheço mais o Sul e o Centro-Oeste do que o Nordeste e a Amazônia, onde, em geral, a situação da pobreza é pior. Sem falar do cansaço que a vida urbana causa aos mais pobres. O país se urbanizou para valer, e o sistema de transporte, por mais que se modernize, não diminui o cansaço dos que entram nas filas de espera, nem mesmo o tempo gasto nos longos trajetos de casa ao trabalho.

Como presidente que fui, conheci muitas partes do país; como pesquisador, aprendi a olhar e ver as diferenças. Sei que são grandes e inaceitáveis. E, para dar-se conta desse fato, não é preciso ser sociólogo e muito menos presidente. Mesmo em São Paulo, o olhar treinado vê no centro da cidade os que moram na rua, ou nas escadarias escondidas dos bairros mais ricos, como Higienópolis. Ou a zona sul do Rio, com suas favelas.

Que ninguém se iluda, muito menos os políticos. Ou bem fazemos algo para reduzir a pobreza e as diferenças de situação econômico-social, ou continuaremos a ser o que somos: um país com boas condições naturais, mas sem capacidade de entrar, de verdade, na "modernidade".

Não gosto da última palavra que escrevi, ela pode ser enganosa. Mas se algo caracteriza os países que chamamos de modernos é que eles, a despeito de alguns haverem caminhado para o socialismo e outros se manterem no velho capitalismo de sempre, foram capazes de diminuir as desigualdades, e existem Estados que assistem os que mais precisam.

Nós, no Brasil, caminhamos muito no que se refere à acumulação de riquezas produtivas, mas ainda falta um longo caminho a percorrer para que haja, de fato, mais igualdade. E essa observação vale mesmo em comparação com a menor desigualdade que foi alcançada nos países capitalistas da Europa e nos Estados Unidos.

Esse é um limite para o nosso crescimento como nação. Sei que a afirmação pode soar demagógica. Mas, vá lá: pelo menos pode inquietar os que estão acomodados. A verdade é simples: ou nos esforçamos para diminuir tamanha desigualdade, ou poderá haver ricos no Brasil, existir uma classe média ampla e acomodada, mas as desigualdades sociais e o sentimento de injustiça continuarão a perturbar a paz dos que não querem tudo para si e creem que será bom se for melhor para muitos, para a maioria, tanto quanto possível.

O Brasil possui as condições necessárias para que seu povo viva com maior bem-estar. Aprendemos a cultivar a terra há séculos; a industrialização avançou; conseguimos ligar, com estradas que fizemos, a maior parte do território. Criamos uma base científico-tecnológica razoável e conseguimos até mesmo dar educação fundamental para a maioria dos jovens. O que falta?

Falta o essencial: que o povo pressione por seus direitos, que cumpra seus deveres, e, sobretudo, que a elite olhe ao redor de si e tome consciência de que, com tanta desigualdade, a prosperidade nacional desaparece nas periferias e nos campos. A que existe precisa se expandir, sob pena de continuarmos a ser o que sempre fomos: um país do futuro, mas cujo alcance depende de termos a necessária consciência do quanto falta para sermos, de verdade, "modernos", isto é, mais igualitários.

ESTA OBRA FOI COMPOSTA PELA SPRESS EM MINION E IMPRESSA
EM OFSETE PELA LIS GRÁFICA SOBRE PAPEL PÓLEN SOFT DA
SUZANO S.A. PARA A EDITORA SCHWARCZ EM ABRIL DE 2022

A marca FSC® é a garantia de que a madeira utilizada na fabricação do papel deste livro provém de florestas que foram gerenciadas de maneira ambientalmente correta, socialmente justa e economicamente viável, além de outras fontes de origem controlada.